問道中國哲學
Chinese Philosophy
中國哲學史研究的現狀與前瞻

（修訂版）

郭齊勇
歐陽禎人　編著

目錄

編者說明

前言:「中國哲學史」的學科建設
  一、學科的理解   9
  二、世界性的學科眼光   10
  三、研究的內在性和主體性   12

現代視域與傳統原典的結合
——對中國哲學史書寫的若干思考

符號學是深化先秦名辯學研究的更優範式
  一、以西方傳統形式邏輯為範式研究我國先秦名辯學的得與失   28
  二、符號學概觀   30
  三、符號學是深化先秦名辯學研究的更優範式   36

中國哲學史方法論問題
  一、蕭萐父先生的思考、貢獻與啟示   41
  二、中西互動:中國經典詮釋方法學的展開   52
  三、21世紀中國哲學研究的多重取徑、前景與限制   57

中國哲學史學史的建構及其意義
  一、中國哲學的本來面相及其近代以來的際遇   67

目錄

　　二、中國哲學（史）現代轉化的實績　　　　　　　　69
　　三、中國哲學（史）現代轉化的合理性與必要性　　75

追溯哲學的源頭活水
——「中國哲學的合法性」問題再討論

現象學儒學片論

思想生產與學術研究 —— 中國哲學研究方式之反思
　　引言　　　　　　　　　　　　　　　　　　　　　　101
　　一、哲學與哲學史　　　　　　　　　　　　　　　　101
　　二、思想生產與學術研究　　　　　　　　　　　　　105
　　三、中國傳統立言方式及其啟示意義　　　　　　　109
　　四、中國需要屬於自己的當代思想和哲學理論　　115

中國哲學的現代轉型與傳統更新
—— 關於 19—20 世紀中國哲學史觀的思考
　　一、19—20 世紀中國哲學的主軸線　　　　　　　120
　　二、中國哲學現代轉型的總特點　　　　　　　　　124
　　三、中國哲學現代轉型的基本問題　　　　　　　　130
　　四、中國哲學現代轉型的主要思潮　　　　　　　　134
　　五、中國哲學現代傳統的形成　　　　　　　　　　140
　　六、19—20 世紀中國哲學研究中的歷史主義原則　146

改變從「時代性」的單一維度論衡中國哲學的思維定式

會通思想淵源及現代價值
—— 中國哲學研究方法論的反思與前瞻

  一、中國會通思想的歷史淵源　　　　　　　　　164

  二、中西會通之現實基礎　　　　　　　　　　　168

  三、問題與前瞻　　　　　　　　　　　　　　　170

中國哲學史學科建設的回顧與前瞻

20世紀三四十年代中國哲學史研究的基本方向與多重形式

  一、從哲學發展史的角度研究中國哲學史　　　　187

  二、從思想史的角度研究中國哲學史　　　　　　190

  三、以史論批判的形式研究中國哲學史　　　　　194

  四、以哲學問題史的形式研究中國哲學史　　　　200

實踐過程的理性化：以中國哲學為視域

中國哲學史研究的民族自覺意識及其前景探索

  一、中國哲學史研究的民族自覺意識在中國哲學與西方哲學的關係中顯現出來　　　　　　　　　　　　　　　　　　232

  二、中國哲學史研究的民族自覺意識在中國哲學與馬克思主義哲學的關係中顯現出來　　　　　　　　　　　　　　　234

  三、中國哲學史研究的民族自覺意識在中國哲學與社會歷史的關係中顯現出來　　　　　　　　　　　　　　　　　　238

  四、中國哲學史研究的民族自覺意識的前景探索　240

20世紀中國哲學史的艱難開拓及其未來展望

一、20世紀中國哲學史的開拓 　243

二、20世紀中國哲學史建設提出的核心問題 　246

三、中國哲學史的未來展望 　253

體古今人性之常，通古今人性之變
—— 論中國哲學史研究的意義和目的

論從傳統到現代的創造性轉化

當代中國古代哲學研究的回顧與反思

一、從「在中國的哲學」到「中國的哲學」：「中國哲學」概念的說明

　289

二、民族理性走向成熟的歷程：1949—1999年的中國古代哲學研究

　291

三、結論：「哲學」的期待：中國哲學的世界意義 　297

全球性現代化視域的中國少數民族哲學研究探析

一、全球性現代化理論的哲學史方法論意義 　304

二、全球性現代化視域的少數民族哲學自覺 　309

三、全球性現代化背景下少數民族哲學研究的特殊價值 　315

編者說明

　　2013 年 5 月，中國哲學史學會在武漢大學召開「中國哲學史研究的現狀與前瞻」學術研討會。本來這次會議只是一個常規性的理事會，但是，出席的專家學者居然有 150 多人，中國研究中國哲學的學術帶頭人基本上全部出席。學者的規格之高，研究隊伍之整齊，論文提交的數量之多，品質之好，都是近些年來少見的。出版社本著促進學術交流與發展的宗旨，在諸多論文中確立一個主題，約我們一起編成這本書，名為《問道中國哲學——中國哲學史研究的現狀與前瞻》，予以出版。對於出版社的策劃和資助，我們謹表衷心的感謝！

　　本書凝聚了作者們的辛勤汗水和研究智慧，是各位專家長年累月潛心研究的結晶。在此要感謝本書作者們欣然同意發表諸位的大作，尤其是要感謝中國哲學史學會的陳來會長在百忙之中撰寫了前言。

　　由於出版的主題內容集中在「中國哲學史研究的現狀與前瞻」之上，其他內容的論文就沒有選入，實在是非常可惜，也望諸位作者諒解與海涵。

郭齊勇　歐陽禎人

編者說明

前言：「中國哲學史」的學科建設

陳來[1]

本次會議[2]的題目是「中國哲學史研究的現狀與前瞻」，因此，對於目前中國有關「中國哲學史」的教學培養與學科發展，我想就一些基礎性的問題談一點個人的意見。

一、學科的理解

就概念來說，「中國哲學」作為人類智慧的一個部分，在內容上可以包括整箇中國歷史上出現過的哲學思想體系，如孔子的哲學思想屬於中國哲學，朱熹的哲學也屬於中國哲學。但是作為學科，中國哲學（學科）則是指對於孔子哲學的研究，對於老子哲學的研究，對於朱熹哲學的研究等等，是現代教育與科學研究建制中的一個領域。就中國來說，目前各大學的中國哲學學科點構成了本學科的骨幹。

就歷史而言，「中國哲學史」是我國現代人文學科建制中歷史最長久的學科之一，就歷史的繼承關係來說，我國現在的「中國哲學」學科是從 50 年代以來「中國哲學史」專業的教學研究演變而來的。而目前中國哲學學科的內容，主要是「中國哲學史」專業的教學與研究，這在教學和培養方面尤其是

---

1 陳來，清華大學國學研究院院長、清華大學校學術委員會副主任、清華大學哲學系教授；中央文史研究館館員、中國哲學史學會會長、中華朱子研究會會長。
2 本次會議指中國哲學史學會 2013 年年會。本文為陳來會長在會上的發言，作為本書前言。—— 編者注

如此。這一點應當不避重複地加以強調,即學科給本學科的研究生提供的主要是哲學史的訓練,尤重視古典文本的解讀與分析的訓練,研究生論文以中國哲學史為其內容和範圍(研究生須選修若干西方哲學課程,論文須借助西方哲學的概念方法,則自不待言,不在此處討論)。

自然,所謂「中國哲學學科」的具體內容,除了中國哲學的專業教學和博、碩士生的「培養」以外,也包括有關中國哲學的「研究」。二者並不是截然分開的,培養是研究能力的培養,學位論文都是研究主題的論文,所以培養也和研究有關。培養和研究在學科意義上的分別在於,培養的學科意義限於「中國哲學史」,而研究的學科意義則不限於「中國哲學史」。有的學者以中國哲學的觀念和資料為基礎而發展為哲學的研究,這雖然也屬於中國哲學,但不屬於中國哲學史,就目前來說,這些研究不是學科的主導部分,也不應該成為主導部分。

二、世界性的學科眼光

事實上,「中國哲學史」的研究,早已成為世界性的知識領域和世界性的學術領域,成為一個世界性的學科。因此,在性質上,不能把中國哲學史僅僅看作為一種哲學建構的準備,而完全不理會中國哲學史的獨立的學術意義。近代意義的中國哲學史研究,日本的起步早於我國。日本中國哲學研究的布局完整,研究的力量雄厚,在各個斷代、專書、人物、專題上都取得了不可忽視的成績,在中國的改革開放以前,日本學界曾在很長一個時期成為本學科學研究究的主導力量,其成果為歐美學界所必參考。歐美在總體上的研究固然不及日本,但不僅在中國宗教研究方面有長期積累,在理論分析上往往提出有影響的範式。目前,我國的研究已經在不少方面居於世界前列,但在一些領域仍然發展較慢,而發展我國中國哲學學科的一個目標,就是全面樹立我國學者研究在本學科的主導地位。

推進我國中國哲學史的研究，重要的一點是要使本學科的學者具有世界性的學科眼光，既不能把自己的眼光限制在一個學校的傳統，也不能把眼光只限制在中國的學術界。首先，我們必須把學科的邊界定義到整個世界的中國哲學思想研究，在這樣的學科意識中來確定研究的方向和課題。目前我國本學科的博士點大多不失此種學科意識，但相當多的研究者特別是沒有接受過博士訓練的青年學者仍然缺乏自覺。從現在每年發表（和退稿未能發表）的論文中可見，重複性勞動仍然在本學科中廣泛存在，而大量有意義的課題卻無人研究；研究中不參考已有研究成果的現象相當普遍，更在相當大的程度上妨礙了研究水準的提高，從而無法保證本學科知識與研究的有效增長和進步。其次，我們要在世界性的學科範圍中來把握學科學研究究的評價尺度，也就是要在世界性的學術社群中取得評價的標準，改變自說自話，孤芳自賞，自以為高，而不知道自己在世界上同行評價中的位置的狹隘眼界。這絕不是主張抽象的「接軌」，而是強調要內在於廣大的學術社群來認識自己，真正瞭解本學科學術境界的高低標準，取法乎上，正確制定學術發展的目標。

　　目前，由於資料的限制，我們很多學者對海外的中國哲學研究的成果不瞭解，不熟悉，這已經成為我們學科發展的制約因素，也是我們許多學者研究水準難以提高的重要原因。就中文學界而言，20世紀90年代以來，臺灣中國文史哲類專業的研究者和研究生論文都能較全面地收集參考大陸學者的研究成果，瞭解大陸學者研究的成果，已經成為發表論文規範化寫作的基本要求。但我們許多研究者的論著，在研究文獻的收集方面和寫作的規範化方面還做不到相等的程度。當然收集海外的論著受到各種條件的限制，但我們應當有這樣的意識，從中文學界（大陸港臺等）做起，逐步改善研究的品質。

　　比起哲學一級學科的其他二級學科來說，在總體上，中國哲學學科與歷史學科中的中國思想史學科較為接近，因為中國哲學研究的物件往往與中國

思想史研究的物件是同一的，有時很難區分；另一方面，90年代以來日本和美國的中國思想史研究已經成為國外中國思想研究的主流。所以我們要掌握研究的主動權，我們要參與中國思想史的研究，要回應中國思想史研究的挑戰，這雖然不必是每個學者都須如此，但應當視為學科的總體需要。作為中國學者，我們又必須在世界性的範圍內回應與中國哲學研究相關的各種挑戰，逐步掌握中國哲學研究的主導權。

三、研究的內在性和主體性

在我國，中國哲學學科的建立大概從1910年代算起，學科的歷史還不到百年。我個人認為，近一個世紀以來，我國的中國哲學史研究在總體上「整理」和「重述」的基本任務還沒有完成。整理和重述的基本性乃是基於三項有關近代轉型的挑戰：首先，對古代哲學思想的系統、客觀的整理是近代學術的新任務，這是古代所沒有的；其次，經歷了新文化運動白話語文的轉變，這種整理必然要採取使用現代白話語文重述古代文本的形式；再次，此種現代重述的語言概念必然也必須借助近代轉譯過來的西方哲學概念，因為這些概念已經在一個世紀的發展中構成為現代中文哲學語言的主體。

但是整理和重述必須以內在的理解為基礎。其中的困難，除了語言的轉變之外，冷戰和兩岸對峙及由此而來的意識形態衝突對中文世界中國哲學史研究的影響至今仍未徹底泯除，也是原因之一。1950年代至1970年代，我國的中國哲學史研究在教條主義的方法論思想指導下走了彎路，不僅沒有使我們在整理和重述方面順利發展，反而造成了許多妨礙我們客觀理解的思維定勢，有些至今仍然根深蒂固。而近年傳入的海外中國哲學研究中一些論著也有相當強烈的意識形態背景，往往也影響了對古代思想的理解與呈現，導致瞭解釋的偏差，這些同樣需要加以澄清。整理和重述的工作做好了，中國哲學的研究和發展才能有堅實的基礎。

因此，就「中國哲學史」的研究而言，我一貫提倡「內在的理解」和「客觀的呈現」。內在的理解，就是以對原典文本的深度解讀和分析為基礎，在整理和重述中，注意中國哲學家們的思想的本來用意和主張，內在地把握他們的問題意識和解決之道。這實際涉及到中國哲學意識的主體性問題。先入為主地認為世界各個文化中的哲學問題都與歐洲哲學一樣，然後認為這些問題在歐洲哲學中得到最清楚的表達和呈現，最後在沒有內在理解的狀態下用歐洲哲學的問題規定中國哲學的問題性，用歐洲哲學的概念套釋中國哲學的概念，這些在哲學史的解釋實踐中已經被證明是不能令人滿意的。在這種研究中，中國哲學往往只被當做論證歐洲哲學的例子，而失去了它的主體性。作為整理和重述的工作，我們必須以「心知其意」的還原精神，內在地揭示出中國古代哲人固有的問題意識和解決方式，以瞭解中國哲學問題意識的獨特性和對於普遍問題的獨特解決方式，由此才能確立其在世界哲學中的地位和比較哲學的支點。以此為基礎才可能發展出真正有中國特色的現代哲學，以此為基礎的比較哲學研究也才有真正的意義。當然，整理不可能完全離開詮釋，但就哲學史而言，我們要就文本本身深入做內在的理解，瞭解它要說什麼和要強調什麼；詮釋則是我們在瞭解它在整個哲學中的意義和位置，以及它與西方哲學的相似和差異的關聯中，所發揮的進一步思考。在這一點上必須理直氣壯地反對那種以偽詮釋學觀念，即以所謂前見來模糊乃至取消在文本理解上的對錯高下的差別。事實上，中國哲學史研究的基本功夫端在文本的內在理解和重述的適切呈現。

　　從 1910 年代到 1930 年代，是本學科發展的奠立時期，建立了本學科通史和通論的典範，這就是馮友蘭先生的《中國哲學史》和張岱年先生的《中國哲學大綱》。在 20 世紀本學科的建立和發展中，馮友蘭先生奠立了中國哲學通史研究的典範，張岱年先生奠立了中國哲學通論研究的典範。然而，無論在整理和重述方面都還有待於進一步深入。晚近以來，通史建設主導的時

前言:「中國哲學史」的學科建設

代基本過去,而專人專題的研究大有待於深入。同時,中國哲學史研究領域的宏大問題也需要重新加以關注,以改變目前完全趨向局部和具體研究的偏向。我們學習馮友蘭先生、張岱年先生不是只學他們寫通史的方法,而是要學習他們研究中國哲學史的全部經驗和方法。21世紀我們應當積極建立新的學科典範,這是我們的學術使命。而新的學科典範的建立,只有在內在的理解的基礎之上,才有可能,這也是我強調重視基礎性問題的根本原因。

現代視域與傳統原典的結合
——對中國哲學史書寫的若干思考

柴文華[3]

　　自中國哲學合法性問題的討論以來，人們對中國哲學史的書寫就有過方方面面的思考和討論，但總覺得還是「亂花迷眼」。在確立中國有哲學的前提下，透過對中國哲學史書寫歷程的反思，走自己的路，「海闊天空我自飛」[4]可能是當下難以逆轉的趨勢。在多維度的書寫方式中，現代視域與傳統原典的結合應該是較佳選擇。在這方面，杜維明對儒學的研究和表達會為我們提供重要的借鑑。

一

　　思考中國哲學史的書寫，首先面對的一個問題是：中國有沒有哲學？如果有，可以接著談；如果沒有，何須再談？

　　我覺得提出或支持「中國無哲學」觀點的人都是以西方哲學為唯一的參照，黑格爾、胡塞爾等不用說，即使讚賞中國思想的海德格爾、德里達也是如此。在他們眼裡，中國沒有西方式的形上學、宇宙論、知識論，當然沒有哲學；更何況，中國古代非但沒有哲學學科，甚至「哲學」這個詞彙都沒有，

3　柴文華，黑龍江大學中國近現代思想研究中心、哲學學院教授。主要從事中國現代哲學和中國倫理文化的教學及研究。

4　馮友蘭：《中國現代哲學史》，廣東人民出版社 1999 年版。

怎麼可能有哲學？

這裡一個明顯的問題是怎樣界定哲學。如果說形上學、宇宙論、知識論是哲學，中國古代可能不發達，但說沒有，那不是別人欺騙自己就是自己不把自己當回事。按照馮契的理解，如果廣義認識論也是認識論，如果辯證邏輯也是邏輯學，那麼，中國古代不但倫理學發達，認識論和邏輯學也不算不發達，理所當然的，中國古代哲學在世界哲學史上應該佔有一席之地。[5] 按照牟宗三的界定：「凡是對人性的活動所及，以理智及觀念加以說明的，便是哲學。……中國有數千年的文化史，當然有悠久的人性活動與創造，亦有理智及觀念的反省說明，豈可說沒有哲學？」[6]

總之，無論從哲學的普遍性還是哲學的特殊性出發，中國都有哲學。

二

中國哲學史的書寫有一個從非自覺到自覺的過程。中國有數千年的哲學思維成果，但古代沒人有過哲學視域，所以哲學史自然沒人系統整理，即使是黃宗羲的《明儒學案》，也只是學術思想史。不過，這些學術思想史涉及中國哲學史的很多內容，是一種自髮式、萌芽式、碎片式的書寫。20世紀上半葉，謝無量、胡適、馮友蘭、張岱年、鐘泰、範壽康等人有了自己不同的哲學視域，所以才有了自覺形態的中國哲學史書寫方式。

謝無量1916年出版的《中國哲學史》是中國人寫的第一部中國哲學史，是中國哲學史學科的開山之作，它雖然具有較濃郁的傳統味道，但也不乏對哲學的現代理解，並運用西方哲學的框架對中國哲學做了初步解讀，蘊含了「以西釋中」的書寫傾向。首先，謝無量把哲學分為形而上學、認識論、倫理學，同時還有「純正哲學」和「實踐哲學」的說法，這顯然是一種西方哲學

5　馮契：《中國古代哲學的邏輯發展》（上冊），上海人民出版社1983年版。
6　牟宗三：《中國哲學的特質》，上海古籍出版社1997年版。

分類模式，與後來的胡適、馮友蘭等人的分類思路近同；其次，謝無量運用了許多西方哲學語言或概念來描述中國哲學史的問題，如把道家的本體論概括為「道一元論」，把張載的本體論概括為「氣一元論」，把程頤、朱熹的本體論概括為「理氣二元論」，把孟子的性善說概括為「性善一元說」，把荀子的性惡說概括為「性惡一元說」，把楊朱學說概括為利己主義，把法家的政治學說概括為功利主義，還用同一律探討莊子的《逍遙遊》等。再次，謝無量已經初步具備了中西哲學的比較意識，如認為柏拉圖的哲學王理念僅僅是一種「想望」，而在中國遠古時代卻是一種歷史的事實；認為佛教的慈悲、基督教的博愛、墨子的兼愛雖有不同，但同出於「仁之一念」；認為孔子的仁與佛教、基督教有所不同，佛教、基督教的仁是平等之仁，孔子的仁是差別之仁，等等。

儘管謝無量的《中國哲學史》開了「以西釋中」書寫方式的先河，但僅僅是初步的，而胡適1919年出版的《中國哲學史大綱》（上卷）和馮友蘭1930年代初出版的《中國哲學史》，確立了成熟的「以西釋中」的書寫方式。他們不僅確認了以西方哲學的框架詮釋中國哲學的歷史必然性與合理性，而且提出了一套中國哲學史方法論，為中國哲學史的學科建設作出了重要貢獻。他們書寫的中國哲學史儘管現在看來有一些削足適履的偏向，但在當時確實給人一種新鮮的現代感受。此外，張岱年的《中國哲學大綱》雖然正式出版於1958年，但在1937年就完成了初稿，1943年還印為講義，應該算作建國前的代表作。這是第一部中國哲學問題史、中國哲學範疇史，為中國哲學史的研究開闢了問題史的書寫方式。書中雖然提到過「唯心主義」、「唯物主義」等概念，但從他宇宙論、人生論、致知論的板塊劃分來看，還是以西方哲學為參照的，如張岱年自己所說：「如此區別哲學與非哲學，實在是以西洋哲學為標準，在現代知識情形下，這是不得不然的。」[7] 所以，張岱年的《中國哲

7　張岱年：《中國哲學大綱》，中國社會科學出版社1982年版。

學大綱》也應該算作「以西釋中」中國哲學史書寫方式的代表作之一。

鐘泰1929年出版的《中國哲學史》，立足於中西學術的差異性和獨立性，認為二者不能「強為比附」，否則容易「轉失其真」，這實際上是對西方學術包括西方哲學的一種委婉拒絕。所以他要以傳統的史傳體裁書寫中國哲學史，「一用舊文」、「一從常習」，是一種「以中釋中」的中國哲學史書寫方式，在當時確實有逆歷史潮流而動的傾向，但他依然留給我們今天諸多的回味。

建國前，以郭沫若、侯外廬等為代表的一批馬克思主義學者運用歷史唯物主義研究中國社會、歷史、思想史，開闢了「以馬釋中」的中國思想史書寫模式。在這一過程中，馮友蘭已經開始運用馬克思主義哲學的一些觀點研究中國哲學史，但從總體上說是零散的，而範壽康1937年出版的《中國哲學史通論》則是第一部自覺運用馬克思主義哲學作為詮釋框架系統研究中國哲學史的著作。他運用社會歷史和階級分析的方法，運用辯證分析方法對中國哲學史內容的解讀，深化了人們對中國哲學史的認識，推進了中國哲學史學科的發展，開創了「以馬釋中」的中國哲學史書寫方式。但僅僅是初步的，在許多方面還有待於深化。[8]

不難看出，中國哲學史學科創立時期主要出現了「以西釋中」、「以中釋中」、「以馬釋中」三種典型的中國哲學史書寫方式，其中「以西釋中」是主流。這開闢了中國哲學史書寫方式的自覺時代、現代化時代，對後來的中國哲學史書寫產生了重大影響。

三

中華人民共和國建立以後，馬克思主義哲學成為哲學史書寫的唯一參照，人們接受了日丹諾夫的哲學史定義，中國哲學史變成了兩個對子鬥爭的

8　張岱年：《中國哲學大綱》，中國社會科學出版社1982年版。

歷史，20世紀80年代以後，開發螺旋結構頗為時髦。這一時期影響較大的代表作有馮友蘭的《中國哲學史新編》，任繼愈主編的《中國哲學史》、《中國哲學發展史》，馮契的《中國古代哲學的邏輯發展》、《中國近代哲學的革命歷程》，蕭萐父、李錦全主編的《中國哲學史》等，另外還有楊榮國、孫叔平以及一批中國哲學史專家所撰寫的大量中國哲學史著作。

20世紀80年代之前，人們更多側重於中國哲學史中「對子結構」的開發，把每一個時代的哲學都描繪成唯物主義和唯心主義、辯證法和形而上學相互鬥爭的歷史。另外還過度運用了階級分析方法，幾乎為所有哲學家都定了階級成分，如沒落奴隸主貴族的代表、新興地主階級的代表、門閥士族的代表、中小地主階級的代表、資產階級的代表、小資產階級的代表等。

20世紀80年代之後，人們在反思日丹諾夫哲學史定義的同時，開始研究列寧哲學史的定義，重視「螺旋結構」的總結和哲學範疇的研究，中國哲學史的發展被描繪成大大小小的「圓圈」。比如，馮契就選擇了列寧在《談談辯證法問題》中列舉的歐洲哲學史的幾個圓圈作為參照系，勾畫出了整箇中國哲學發展的螺旋結構。從總體上說，中國哲學的發展經歷了三個大的圓圈，分別以荀子哲學、王夫之哲學、毛澤東哲學的誕生為標誌。馮契先指出：「中國古代哲學開始於原始的陰陽說，先秦時期爭論『天人』、『名實』關係問題，由荀子作了比較正確、比較全面的總結，達到了樸素唯物論與樸素辯證法的統一，彷彿回覆到出發點，這可以說是完成了一個圓圈。秦漢以後，哲學上關於『有無』、『理氣』、『形神』、『心物』等問題的爭論，由王夫之作了比較正確、比較全面的總結，在更高階段上達到樸素唯物論和樸素辯證法的統一，完成了又一個圓圈。」[9]「經過近代哲學一百多年的發展，當毛澤東運用馬克思主義哲學來對歷史觀和認識論中的心物之辯作總結的時候，

9　馮契：《中國古代哲學的邏輯發展》（上冊），上海人民出版社1983年版，第18頁。

彷彿是在向荀子、王夫之複歸……這個『彷彿複歸』，實際上是實現了一次前所未有的哲學革命。」[10] 馮契還重點對中國古代哲學兩個大圓圈中的小圓圈進行了描述。馮契所借用的「圓圈」這一概念只是一個形象的比喻，它所展示的是哲學發展的螺旋式上升的曲線軌跡。

可以說，不論是「對子結構」還是「螺旋結構」，都是建國之後人們運用馬克思主義哲學的基本原理作為詮釋框架對中國哲學史的書寫，其中不乏深刻的地方，但也有教條化的偏向。

需要指出的是，同一時期的港臺也湧現出不少中國哲學史研究的成果，如牟宗三的《中國哲學的特質》、《中國哲學十九講》，唐君毅的《中國哲學原論》，勞思光的《新編中國哲學史》，羅光的《中國哲學思想史》等等，他們的書寫方式離不開中西哲學的融通，或是儒家哲學與西方哲學的對話，或是運用西方邏輯解析這個「思想上的顯微鏡」去探尋中國哲學的「基源問題」，或是基督教文明與中國思想的對話，這些有待於進一步深入研究。

四

在中國大陸當下的語境中，中國哲學史的書寫方式變得模糊起來，長期流行的「以西釋中」、「以馬釋中」雖然取得了重大成就，但也出現了機械化和教條化的偏向，「中國哲學」成為「西方哲學」或「馬克思主義哲學」的註腳，一定程度上湮滅了「中國哲學」的「自我」。[11] 有學者主張用思想史、觀念史的書寫來取代以往的哲學史書寫，這不失為一種書寫方式，但也帶來種種疑惑。那麼，當下和未來的中國哲學史書寫將何去何從呢？可能「海闊天空各自飛」的多元化態勢不可逆轉。在多維度的書寫方式中，現代視域與傳

10　馮契：《中國近代哲學的革命進程》，上海人民出版社 1989 年版，第 564—565 頁。

11　柴文華：《中國哲學史的建構》，《深圳大學學報》2007 年第 1 期。

統原典的結合應該是較佳選擇。在這方面，杜維明對儒學的研究和表達可能會為我們提供重要的借鑑。

杜維明是第三代現代新儒家的主要代表，多年來致力於儒學的第三期發展。他具有開闊的國際學術視野、深厚的中西思想積澱，同時又是一位行動型學者，是他提倡的「公共知識份子」的傑出代表。

杜維明一直把「掘井及泉」即深入挖掘儒學的「活水源頭」作為儒學現代發展的重要前提之一，並身體力行，對儒家思想進行了自己的梳理，體現了儒學研究中的中西匯通的書寫方式。

杜維明是以現代視域或概念來解讀儒學的，他認為，儒學的精神方向以人為主，是一種「哲學的人學」、「哲學人類學」、「涵蓋性極強的人文主義」、「儒教人本主義」等。杜維明指出，人不僅是動物的存在，是社會的存在，也是神聖的體現，人有永恆、超越的一面。如何對人的問題進行全盤的反省，人與天道如何結合，也就是說如何建立「哲學的人學」，這已不僅是哲學課題，而且也成為宗教神學的課題。儒學對這一課題可以提供一條線索，這條線索對20世紀乃至21世紀人類的自我反省應有相當的啟發性。[12] 儒學的「哲學的人學」也是指儒學的宗教性。關於儒家是否是宗教問題的討論由來已久，觀點莫衷一是，杜維明的看法是，儒家不是一個有組織的宗教，可是卻有很強烈的宗教性，儒家有它獨特的終極關懷，這種終極關懷和社會實踐是緊密結合的，是一個體現宗教性的特殊形式。[13] 儒學所代表的是一種涵蓋性特強的人文主義。這種人文主義提倡天人合一、萬物一體。這種人文主義，是入世的，要參與現實政治的，但它又不是現實政權勢力中的一個環節。其實，儒家的人文主義具有相當深厚的批判精神，即力圖透過道德理想來轉化

12　郭齊勇、鄭文龍編：《杜維明文集》第一卷，武漢出版社2002年版，第303頁。
13　郭齊勇、鄭文龍編：《杜維明文集》第二卷，武漢出版社2002年版，第605頁。

現實政治。所謂的「聖王」思想,才是儒學的真血脈。[14] 杜維明還比較了啟蒙心態所代表的人文主義和儒家的人文主義,從而進一步突出儒家人文主義的特點。杜維明把啟蒙以後發展起來的人文精神稱作「狹隘的人文精神」、「排斥性的人文精神」、「世俗的人文主義」等,因為它是人類中心主義的,是排斥宗教、排斥自然的。而儒家的人文精神是「涵蓋性的人文精神」,它有四個側面要同時顧及:一個是自我問題,一個是群體問題,一個是自然問題,還有一個是天道問題。其中的基本問題是:個人與群體應該透過怎樣的管道進行健康的互動?人類和自然之間怎樣長期取得和諧、協調的關係?人心和天道如何取得合一?這些問題中每一種關係都有一個非常複雜的向度,但它的客觀存在所展示出來的人文圖像是涵蓋性的。這個涵蓋性的圖像不排斥宗教,不排斥神性,不排斥終極關懷,同時要和自然保持和諧。[15] 儒家的「哲學的人學」和「涵蓋性極強的人文主義」的總體特徵是「極高明而道中庸」,其所指示的是在人倫日用中體現終極關懷,通俗地講,就是把最高的哲理和最平實、最簡單、最容易為大家所理解的人們在日常生活中的本性、本能結合起來。也就是說,儒家的人生哲學雖然入世,但卻有嚮往天道的維度,在人倫日用之間體現終極關懷的價值取向。

既然儒學是「哲學的人學」和「涵蓋性極強的人文主義」,那它是怎樣理解人的呢?杜維明指出,儒學的焦點是個人,但這個個人不是孤立的個人,而是處在各種關係網絡中的人,同時又是關係網絡的圓心。從這樣一個方法論的視角來考察人,人顯然是一個多樣態的存在。儒家用五個互相聯繫的觀點給人下了定義:1. 人是感性的存在。2. 人是社會的存在。3. 人是政治的存在。4. 人是歷史的存在。5. 人又是形而上的存在。[16] 既然人是一個多樣態的

14 郭齊勇、鄭文龍編:《杜維明文集》第一卷,武漢出版社 2002 年版,第 552—553 頁。

15 郭齊勇、鄭文龍編:《杜維明文集》第五卷,武漢出版社 2002 年版,第 515 頁。

16 杜維明:《超越啟蒙心態》,《國外社會科學》2001 年第 2 期。

存在，他們要實現自我，必須進行自我超越。杜維明勾畫了儒學的理論體系：自我→家庭→社群→國家→民族→世界→宇宙，這是一個不斷超越的過程。這種自我超越的精神可以描述為，當一個人把關心的中心從自己轉向自己的家庭時，他超越了自私主義；從家庭轉向社群，他超越了裙帶關係；從社群轉向國家，他超越了狹隘主義；再轉向所有人類，他就超越了大國沙文主義；再轉向天人合一，他就超越了世俗人文主義（即啟蒙心態帶有的一種明顯的人類中心主義特徵）。[17]

杜維明還從現代視域出發肯認了儒學的價值。他指出，近年來特別在西方有四個突出的思潮，第一是生態意識；第二是女性主義；第三是宗教多元；第四是全球倫理。從生態意識來看，儒家的「天人合一」、「仁者與天地萬物為一體」的宏觀視野，為人們重新建構人類社會與自然的關係，解決生態問題提供了啟示。從女性主義來看，人文思潮意義上的女性主義，除了自由之外還注重公義；除了理性以外還注重同情；除了法治以外還要注重禮；除了權利之外還注重義務；除了尊重個人之外還要注重人是關係網絡的中心點，也就是群體的價值。而注重公義、注重同情、注重禮、注重義務、注重群體的價值則與儒學資源關係密切。從宗教多元來看，也就是回到雅斯貝爾斯提出的軸心文明，其中中國的儒家、道家和其他宗教一樣，都應該是 21 世紀現代文明的重要資源。從全球倫理而言，1993 年的世界宗教大會討論了和平共存的兩個基本原則，杜維明把它歸結為儒家原則，也就是說，可以用儒家的語言來概括，一個原則是「己所不欲，勿施於人」，另一個是「己欲立而立人，己欲達而達人」。此外儒家把人的自我轉化看做一項共同的事業，這是它對全球倫理的一大貢獻。儒家認為修身不僅必要而且有著深遠的意義，這一點對於希望在個人、家、國乃至天下各個層面建立全球倫理的人們來說不無

17　同上。

啟發。[18]

綜上，杜維明把儒學稱為「哲學的人學」，有益於糾正「黑格爾偏見」，即認為孔子的學說只是道德常識，而無任何思辨的東西，即沒有哲學。事實上，孔學及其整個儒學是有哲學的，有自身形上學的道，有極高的境界，有終極的關切，所以是一種「哲學的人學」，當然，形上學的道、極高的境界、終極的關切在儒學中並不是懸空的，而是落實到人倫日用中的，如「水中鹽」、「鏡中花」、「無痕有味」。杜維明把儒學稱為「涵蓋性極強的人文主義」，是試圖與啟蒙心態「世俗人文主義」做出區分，也為伸張儒學的現代價值做了鋪墊。其他如對儒家以個人為原點的自我超越論的闡釋都有自己一些獨到的見解，為我們把握儒學的真實精神提供了重要的借鑑。杜維明站在世界思潮的角度對儒學現代價值的分析為我們加深對儒學的認知提供了重要的思路。就生態意識而言，儒學確有可借鑑的資源。世界宗教大會把孔子的「己所不欲，勿施於人」列為道德金律，表明儒家倫理有可能為全球倫理的建構提供重要資源。

杜維明的儒學研究表明，他既有現代視域，如「哲學人類學」、「新人文主義」、「生態意識」、「女性主義」、「宗教多元」、「全球倫理」等，又對儒家原典有深入的把握。把現代視域和傳統原典結合起來，可能仍然是目前中國思想史、中國哲學史書寫的較佳選擇。恩斯特·凱西爾說：「在哲學上屬於過去的那些事實，如偉大思想家的學說和體系，如果不作解釋那就是無意義的。而這種解釋的過程是永無止境的。當我們的思想達到新的中心和新的視野時，我們就一定會修改自己的看法。」[19] 新的中心和新的視野就是現代視域，有了這個視域，我們才會發現過去沒有發現的古代思想的豐富意蘊，這

18　杜維明：《儒家傳統與文明對話》，彭國翔編譯，人民出版社2010年版，第76頁。

19　凱西爾：《人論》，甘陽譯，上海譯文出版社1985年版，第228頁。

種意蘊並非現代人強加的，而是古代思想所本有的。這種見解胡適在研究墨學時就表達過，他指出，後期墨家的著作長期沒有人研究，但「到了近幾年之中，有些人懂得幾何算學了，方才知道那幾篇裡有幾何算學的道理。後來有些人懂得光學力學了，方才知道那幾篇裡又有光學力學的道理。後來有些人懂得印度的名學心理學，方才知道那幾篇裡又有不少知識論的道理」。[20] 就是說，只有具備了科學、邏輯學、知識論的視域，才有可能發現墨經中的科學、邏輯學和知識論的思想，不然，對於不懂音樂的耳朵，再美的音樂也沒有意義。[21] 胡適接著說：「我做這部哲學史的最大奢望，在於把各家的哲學融會貫通，要使他們各成有頭緒條理的學說。我所用的比較參證的材料，便是西洋的哲學。」[22] 明確宣稱他編撰中國哲學史的參照是西方哲學，而且這種參照是有價值的：「我比過去的校勘者和訓釋者較為幸運，因為我從歐洲哲學史的研究中得到了許多有益的啟示。只有那些在比較研究中（例如在比較語言學中）有類似經驗的人，才能真正領會西方哲學在幫助我解釋中國古代思想體系時的價值。」[23] 從一定意義上說，視域決定了原典的意義，如果我們今天沒有哲學人類學的視域，就沒有中國傳統哲學人類學思想的研究；如果我們今天沒有生態倫理學的視域，就沒有中國生態倫理思想的研究。因此，以現代視域研究傳統原典可能會產生貼標籤、牽強附會、教條化或湮滅中國哲學的主體性等一系列問題，但也符合中國哲學走向世界的歷史發展趨勢，是我們今天的中國哲學史書寫所無法繞開的。

20　姜義華主編：《胡適學術文集》，中華書局 1991 年版，第 28 頁。
21　柴文華：《略論 20 世紀上半葉胡適和馮友蘭墨學觀的契合及其意義》，《哲學研究》2012 年第 9 期。
22　姜義華主編：《胡適學術文集》，中華書局 1991 年版，第 28 頁。
23　同上書，第 767 頁。

現代視域與傳統原典的結合—對中國哲學史書寫的若干思考

符號學是深化先秦名辯學研究的更優範式

陳道德[24]

「範式」這個術語是美國著名哲學家庫恩（Kuhn，Th.）從語言學裡借用來的，原意是語法中表示詞形的變化規則，如名詞變格、動詞人稱變化等，由此可以引申出模式、模型、範例等義。庫恩在《科學革命的結構》一書的序中給「範式」下的定義是：「我所謂的範式通常是那些公認的科學成就，它們在一段時間裡為實踐共同體提供典型的問題和解答」，[25]「為特定的連貫的科學研究的傳統提供模型。」[26]

上世紀初，西方傳統形式邏輯譯介到我國後，當時的一大批名辯學研究者這一「實踐共同體」就把它作為範式來研究先秦時期的名辯學。在這一百多年的研究歷程中雖然取得了很大的成就，但也存在一些問題。進入新的世紀後，怎樣深化先秦名辯學的研究是擺在當前中國學者面前的一個重要課題。

---

24 陳道德，湖北大學哲學學院教授，湖北省邏輯學會會長、中國邏輯學會常務理事。
25 庫恩：《科學革命的結構》，金吾倫、胡新和譯，北京大學出版社 2003 年版，第 4 頁。
26 同上書，第 9 頁。

一、以西方傳統形式邏輯為範式研究我國先秦名辯學的得與失

我國先秦名辯學的研究興起於 20 世紀初。在西學東漸的過程中，西方傳統形式邏輯被譯介到中國，這種具有方法論性質的學科介紹到我國以後，立刻引起了廣大學者的興趣，很多學者開始在我國傳統文化中尋找這方面的思想資源。孫詒讓第一個認識到《墨經》諸篇中有亞里斯多德的演繹法和培根的歸納法。受孫詒讓的啟發，梁啟超開啟了以西方傳統形式邏輯為範式詮釋《墨經》中名辯學的先河，按照概念、判斷、推理的理論框架詮釋《墨經》中有關名、辯的思想資料。

梁啟超之後，胡適、章太炎、章士釗、譚戒甫、沈有鼎、詹劍峰等學者繼續沿用這種範式研究先秦名辯學，他們透過發掘先秦思想史上的資料，然後比照傳統形式邏輯中的概念、判斷、推理和論辯的理論體系整理史料。從而把先秦諸子著作中的「名」解釋成為概念；「辭」解釋成為判斷；「說」解釋成為推理；「辯」解釋成為論辯。透過這些學者的努力，「邏輯」思想資料的發掘更為豐富了，比較研究的視野也進一步擴大和加深了。

十一屆三中全會以後，中國迎來了科學的春天，也迎來了中國邏輯史研究的春天，一大批學者投入到中國邏輯史的研究中，20 世紀 80 年代是中國邏輯史研究空前繁榮的時期，這一時期成長起來了一批知名學者，出版、發表了大量有較大影響的研究成果。尤其是 1989 年至 1991 年由甘肅人民出版社出版的五卷本《中國邏輯史》和與之配套的《中國邏輯史資料選》，是這一時期研究成果的代表作。這一成果集中了當時 20 多位元中國邏輯史研究者的智慧，具有里程碑的意義。這種以西方傳統形式邏輯為範式，詮釋中國先秦時期名辯學的模式，取得了令人矚目的成績。它有力地推動了先秦名辯學研究的深入，極大地提高了名辯學研究在學術界的地位，擴大了其影響。

這種研究範式在取得豐碩研究成果的同時，也存在一些問題，而且這些問題受到越來越多的批評。從梁啟超的《墨子之論理學》一出版，就有學者提出異議。1925年吳熙在《墨子的名學》一文中指出：「墨子的名學，在形式和理論二方面，都和西人的邏輯學完全相反，如果不悉心研究，強合西人的邏輯學，便要弄得十分的『支離破碎』的。」[27]20世紀90年代以來，對這種研究範式的批評更為激烈。劉培育先生曾指出：「……但以傳統邏輯體系為範本去剪裁與建構中國名辯學體系，卻發生了明顯的負面效應：（1）扭曲了名辯學體系的原貌，或使其原貌變得模糊不清。（2）為適應傳統邏輯體系的內容，而造成對名辯學史料的誤解和強解。」[28] 曾祥雲先生說：「我們看到，在我國近現代的名辯邏輯化過程中，研究者在『吾國固有』這樣一種狹隘民族文化心理的影響下，一味熱衷於以西方邏輯詮釋名辯、比附名辯。」[29] 程仲棠先生進一步指出：「把墨辯過度詮釋為『邏輯學』，就無異於偽造歷史。」[30] 這些批評無疑是切中要害的，的確以西方傳統形式邏輯為參照系，對中國古代名辯學進行比較研究，造成了比附之風盛行和對史料的「過度詮釋」。

　　但我們要進一步追問的是：為什麼會出現這種現象？是比較研究這種方法的問題呢？還是參照範式的問題呢？我們認為比較研究方法是沒有問題的，問題就出在比較研究中選擇的參照範式不恰當。就中國古代的語言文字特點來看，漢字是表意文字，每個字元和它表達的意義緊密聯繫在一起，很難從漢字中抽象出一些符號做邏輯常項或邏輯變項，因此就不能對語言進行形式刻畫。從先秦的文獻中很難找到像西方傳統邏輯那樣的「形式」，就名辯

27　吳熙：《墨子的名學》，載周雲之：《中國邏輯史資料選》（現代卷下），甘肅人民出版社1991年版，第439頁。

28　劉培育：《名辯學與中國古代邏輯》，《哲學研究》（增刊），1998年，第13頁。

29　曾祥雲：《中國邏輯史研究的失誤》，《長沙電力學院學報》（哲社版）2003年第4期。

30　程仲棠：《從詮釋學看墨辯研究的邏輯學範式》，《學術研究》2005年第1期。

學原典自身來說，既沒有像亞里斯多德邏輯那樣的變項，也沒有亞里斯多德邏輯那樣的推理形式的刻畫，因此，用西方傳統形式邏輯為研究範式詮釋中國古代的名辯學就必然會出現牽強附會的現象。透過以上的分析我們可以看出，要想深化先秦名辯學的研究，開創中國邏輯史研究的新局面，就要尋找新的參照範式。我們認為符號學是深化先秦名辯學研究的更優範式。

二、符號學概觀

符號學（Semiotics）是 20 世紀初發展起來的一門新興學科。符號學方法是一種當代思維方法，也是一種語言分析方法。瑞士語言學家索緒爾（Saussure，F.D. 1857—1913）和美國哲學家皮爾斯（Peirce，C.S. 1839—1934）是世上公認的現代符號學的兩位元奠基人。

（一）符號

在索緒爾看來，符號不是別的，而是能指和所指的二元關係。在《普通語言學教程》一書中，索緒爾所說的「能指」（signifier），指的是語言符號的「音響形象」，所指（signified）是它所表達的概念。索緒爾把它們比作一張紙，思想（概念）是紙的正面，聲音是紙的反面，它們永遠處在不可分離的統一體中。他還認為，這是語言符號兩個最為重要的特徵。索緒爾說：「我們建議保留用『符號』這個詞表示整體，用所指和能指分別代替『概念』和『音響形象』。後兩個術語的好處是既能表明它們彼此間的對立，又能表明它們和它們所從屬的整體間的對立。至於『符號』，如果我們認為可以滿意，那是因為我們不知道該用什麼去代替，日常用語沒有提出任何別的術語。」[31] 索緒爾關於符號的二元關係理論，很快得到學術界的公認，因而也就澄清了兩千多年來對於「符號」一詞的混亂解釋。其實，符號就是一種關係。索緒

31　索緒爾：《普通語言學教程》，高名凱譯，商務印書館 1980 年版，第 102 頁。

爾所說的「能指」是指符號形式,亦即符號的形體;「所指」是指符號內容,也就是符號能指所傳達的思想感情,或曰「意義」。符號就是能指和所指,亦即形式和內容之間的二元關係。

在索緒爾提出符號二元關係理論的同時,美國哲學家皮爾斯提出了符號的三元關係理論。皮爾斯把符號看作符號形體(representamen)、符號物件(object)和符號解釋(interpretant)之間的三元關係。他說:「對於符號,我的意思是指任何一個真實的或塑造的東西,它可以具有一種感性的形式,可以應用於它本身之外的另一個已知的東西,並可以用另一個我稱之為『解釋』的符號去加以解釋,以轉達在此之前還不知道的關於其物件的某種資訊。這樣在任何一個符號、物件與解釋者之間就存在一個三元關係。」[32] 在皮爾斯看來,正是這種三元關係決定了符號過程(semiosis)的本質。

由於索緒爾和皮爾斯關於符號的定義是各自在不同的背景下提出來的,不可避免地存在一些差別。但是在我們看來,他們彼此之間是有一定聯繫的。我們認為,索緒爾的「能指」相當於皮爾斯所說的「符號形體」,人們通常稱之為「符形」;索緒爾所說的「所指」,大體上相當於皮爾斯的「符號解釋」,人們通常稱之為「意義」或「訊息」。索緒爾和皮爾斯關於符號的「二元關係」和「三元關係」學說,奠定了現代符號學堅實的理論基礎。

皮爾斯之後的另一位元著名的美國符號學家莫里斯(Morris, C.W. 1901—1979)給符號下的定義是:「如果某個東西 A 是用這樣一個方式控制了指向某個目標的行為,而這種方式類似於(但不必等同於)另一個東西乃在它被觀察到的情況下用以控制指向這個目標的行為的那種方式,那麼,A 就是一個符號。」[33] 莫里斯有時也將符號稱為「符號媒介物」(sign

---

[32] 皮爾斯:《皮爾斯手稿》,英文版,第 654 號,第 7 頁。

[33] 莫里斯:《指號、語言和行為》,羅蘭、周易譯,上海人民出版社 1989 年版,第 9 頁。符號(sign)原文譯為「指號」,下同。

vehicle），莫里斯定義的一個特點就在於符號不僅與它所代表的物件以及心靈體現者的解釋相聯繫，而且與解釋者的行為相聯繫。

從上面幾個定義可以看出，「符號」並不是一個孤零零的某種事物、某個現象，而是體現解釋者的心靈與所對應的物件的一種關係。「符號」既是物質的，同時也是一種心靈的現象，它在人的認知和交際行為過程中產生。「符號是用甲事物表徵乙事物，並且透過甲事物來傳達關於乙事物的訊息。」[34]

（二）語形學、語義學和語用學

在符號學的發展歷史上，莫里斯第一次明確地把符號學的研究內容分為三個組成部分：語形學（syntactics）、語義學（semantics）和語用學（pragmatics）。目前，莫里斯關於符號學三個組成部分的學說已為學術界所公認，並且成為符號學基礎理論之一。

1. 語形學研究符號系統內的符號能指與能指之間的關係

1938年，莫里斯在《符號學一般原理》一書裡是這樣定義語形學的：「語形學研究『符號相互間的形式關係』。」[35] 1946年，他在《符號、語言和行為》一書中對這個定義又作了一些改進：「語形學研究符號的種種聯合，而不考慮這些聯合的意謂，也不考慮這些聯合和它們在其出現的那種行為之間的關係。」[36]

莫里斯關於語形學的思想很快得到美籍德裔哲學家卡爾納普（Carnap, R.）的積極回應。卡爾納普在1942年出版的《語義學導論》一書中更加清晰地表述說：「如果我們不考慮語言的使用者，……也不考慮所指謂，而只分析

34　黃華新：《符號學導論》，河南人民出版社2004年版，第8頁。

35　莫里斯：《指號、語言和行為》，羅蘭、周易譯，上海人民出版社1989年版，第261頁。

36　同上書，第262頁。

運算式之間的關係,我們就是從事(邏輯的)語形學的工作。」[37]

莫里斯說語形學不研究符號的意謂和行為,只研究符號的種種聯合;卡爾納普也指出,語形學不考慮符號的使用者,也不考慮符號的所指謂,只分析運算式之間的關係。這些論述都非常明確地把語形學和語義學、語用學嚴格地區分開來。值得注意的是,莫里斯所說的符號並不是指符號的整體,而僅僅指的是符形,也就是索緒爾所說的「能指」;卡爾納普所說的運算式也不是指運算式的整體,僅指運算式的形式,即運算式的「能指」。透過細細品味這兩位哲學家的論述,我們就能夠非常明確地體會到:語形學的任務就是研究符號系統內的符號能指與能指之間的關係。

2. 語義學研究符號的能指與所指之間的意指關係,研究符號的指謂意義(不依賴於符號情境的意義)

莫里斯在《符號學一般原理》一書裡關於語義學的定義是這樣的:「語義學研究『符號和其所指示的物件之間的關係』。」[38] 在《符號、語言和行為》一書中他對這個定義又作了一些修改:「語義學研究符號所具有的各種方式的意謂。」[39]

卡爾納普在《語義學導論》一書中更加明確指出:「如果我們不考慮語言的使用者而只分析運算式和它們的所指謂,我們就是從事語義學領域內的工作。」[40]

莫里斯所說的「意謂」和卡爾納普所說的「所指謂」實際上就是符號的能

37　同上書,第 261 頁。
38　同上。
39　同上書,第 262 頁。
40　莫里斯:《指號、語言和行為》,羅蘭、周易譯,上海人民出版社 1989 年版,第 261 頁。

指和所指之間的意指關係。也就是說語義學是研究符號的能指與所指之間的意指關係。需要注意的是這種意指關係是「不考慮語言的使用者」的，更明確地說語義學所研究的符號的指謂意義是不依賴於符號情境的意義，這是它和語用學最顯著的區別。

3. 語用學研究符號情境中的意義

莫里斯在《符號學一般原理》一書裡對語用學的定義是：「語用學研究『符號和解釋者之間的關係』。」[41] 在《符號、語言和行為》一書中修改為：「語用學是符號學的這樣一個部分，它在符號出現的行為中研究符號的起源、應用與效果」。[42]

卡爾納普在《語義學導論》一書中進一步清晰地表述說：「如果在一個研究中明白地涉及了說話者，或者換一個更為普遍的說法，涉及了語言的使用者，那麼我們就把這個研究歸入語用學的領域中……」[43]

從這兩位哲學家關於語用學的定義中我們可以清楚看到，語用學所研究的符號的意義不同於語義學，語用學研究的是「符號和符號的使用者」之間的關係，除此之外，還要研究「符號的起源、應用與效果」，這些內容就是人們所說的「符號情境」。

關於語形學、語義學、語用學三者之間的聯繫，瑞士邏輯學家鮑亨斯基（Bocbenski，J.) 在其著作《當代思維方法》一書中作過精闢的論述。他說：句法（語形）關係、語義關係、語用關係以一種特殊方式交織在一起，它們的基礎是句法即語形關係。語用關係以語義關係和句法關係為前提，而語義關係則以句法關係為前提。一個無意義的詞對於人類理解毫無用處，而為了

41　同上。
42　同上書，第 262 頁。
43　同上書，第 261 頁。

具有意義，它必須同其他詞具有某種關係。另一方面，句法（語形）關係則並不以語義關係和語用關係為前提，語義關係也可以在不涉及語用關係的情況下加以研究。即使對一個完全沒有意義的語言，也可以構造出一個完整的句法；例如，我們可以形成這樣一種簡單的語言，其中只出現符號 P 和 X，並且把 P 永遠先於 X 作為一條句法規則，並不一定要知道 P 或 X 實際意味著什麼。

作為符號學的一個分支，語形學同語義學、語用學之間的區分是比較容易的。然而語義學和語用學之間的區分就比較困難了，它們研究的問題有些是相互交織的。究竟怎樣明確地把語用學同語義學區別開來，英國語言學家利奇（Leech，G.）在《語義學》一書中作出了比較充分的論述。他認為語義學和語用學雖然都研究意義，但是語義學研究的是「sense」（字義），是語言片段的抽象和字面的意義；語用學研究的是「force」（用意），是語言片段在特定場合中的意義。前者為：X 的意思是 Y；後者為：透過 X，S 的意思是 Y。利奇還對意義的某種討論是否屬於語用學的範圍，提出四條區分的標準：(1) 是否考慮了發話人或受話人（言者或聽者）；(2) 是否考慮了言者的意圖或聽者的解釋；(3) 是否考慮了語境；(4) 是否考慮了透過使用語言或依靠使用語言而施行的那種行為或行動。他說：「如果對這些問題的回答有一個或一個以上是肯定的，就有理由認為我們是在討論語用學。」[44]

我國著名邏輯學家周禮全先生把語言運算式分為四個層次：抽象語句、語句、話語、交際語境中的話語，與此相對應的運算式的意義也分為四個層次：抽象語句的意義——命題；語句的意義——命題態度；話語的意義——意謂；交際語境中的話語的意義——意思。[45]

44　利奇：《語義學》，李瑞華等譯，上海外語教育出版社 1987 年版，第 455 頁。
45　周禮全：《邏輯：正確思維和有效交際的理論》，人民出版社 1994 年版，第 16—20 頁。

根據利奇的四條標準，我們就清楚知道只有「抽象語句的意義——命題」是語義學的研究物件，其他三個層次的意義都是語用學的研究物件，因為這三種意義都考慮了語言的使用者和語境。

三、符號學是深化先秦名辯學研究的更優範式

從上面對符號學的介紹中，我們可以看到與西方傳統形式邏輯相比，用符號學做範式研究我國先秦的名辯學有更多的優勢。

傳統形式邏輯的主要內容包括概念、判斷和推理三大部分。「概念」用索緒爾的話來說是符號的「所指」，也就是說在傳統形式邏輯中根本沒有考慮符號的「能指」，而先秦名辯學中的「名」恰恰是能指和所指的結合體，是語詞符號。「判斷」和「推理」主要研究推理形式的有效性，屬於語形學的研究內容，遺憾的是先秦名辯學中根本沒有涉及推理有效的問題，也就是說根本沒有語形學的內容。名辯學中所討論的推理都是語用推理，而西方傳統形式邏輯中又根本沒有研究語用推理的問題。與此相反，符號和語用推理在符號學中都給予了充分的研究，據此我們認為符號學是深化先秦名辯學研究的更優範式。

下面我們以「名」的符號性質和「譬」、「侔」、「援」、「推」、「止」五種論式為例來說明符號學範式的優越性。

（一）「名」是語詞符號

用西方傳統形式邏輯為研究範式，把「名」解釋為「概念」，我們透過閱讀分析名辯學的原典，就會感受到這樣解釋太牽強。

首先，我們看看《墨經》中關於名的論述。《墨經·小取》:「以名舉實。」《經上》31說:「舉，擬實也。」「擬」的含義就是摹擬，即按照事物的樣子畫下來就像原物那樣。《易·繫辭》:「擬諸形容，像其物宜。」這和許慎說

的象形字如出一轍，許慎說：「象形者，畫成其物，隨體詰出，日月是也。」《經說上》32 講得更明白：「名若畫虎。」即寫「虎」字，就像畫虎一樣。顯然「以名舉實」，「名若畫虎」中的名不是概念，而是符號。

其次，我們再看看《荀子》中關於名的定義：「名也者，所以期累實也。」根據許慎《說文解字》，「期」有約定之義，「累」有附加之意。因此我們可以把荀子的定義理解為「名」是透過約定，附加在「實」上的符號。《荀子》另一段著名的論述進一步證明了名的符號性：「名無固宜，約之以命，約定俗成謂之宜，異於約則謂之不宜。名無固實，約之以命實，約定俗成謂之實名。」名和實之間是沒有必然聯繫的（概念和事物之間是有必然聯繫的），某個「實」用什麼「名」來表達，某個「名」表示什麼「實」，既沒有自然的法則，也沒有固定的模式，而是約定俗成的結果。

符號和概念的區別在哪裡？概念是反映事物屬性的思維形式，是思維領域內的東西，是索緒爾所說的「所指」。符號則是符形和符義的結合體，用索緒爾的話來說是能指和所指的結合體，它們就像一張紙的兩面是不能分開的。先秦文獻中的「名」既可指文字符號，也可指聲音符號。如果指文字符號，它就是字形和字義的結合體，如果是聲音符號，它就是音響形象和概念的結合體。

(二)「譬」、「侔」、「援」、「推」、「止」五種論式都是語用推理

1.「辟」式推論

惠施給「譬」下的定義是：「以其所知諭其所不知而使人知之。」（《說苑‧善說》）《墨經》的定義是：「辟（譬）也者，舉他物而以明之也。」（《小取》）《墨辯》的「譬」是作為一種推論形式提出來的。「舉他物以明之」的「明」指明類。乙物與甲物本質（共性）相同，舉乙物作譬，達到獲得甲物與乙物為同類的認識的目的。涉及論辯雙方的背景知識，顯然具有語用推理的性質。

符號學是深化先秦名辯學研究的更優範式

例如《墨子·耕柱》說：「曰：大國之攻小國，譬猶童子之為馬也。童子之為馬，不足用而勞。今大國之攻小國也……農夫不得耕，婦人不得織，以攻為事。故大國之攻小國也，譬猶童子之為馬也。」兒童騎竹馬，是一種白費力氣，沒有用處的兒戲，這和大國攻小國的「百姓苦其勞，而弗為用」（《墨子·魯問》）在本質上相同，因而大國攻小國和「童子之為馬」為同類，它們都是勞而無功的兒戲。

2.「侔」式推論

「侔也者，比辭而俱行也。」（《小取》）

「比」，「其本義謂相親密也」（《說文》段注）。比的引申義有類等、齊等、同等。據此，「比辭」可以理解為兩個命題相類、相等或相同。「比辭而俱行」就是比較作為前提與結論的命題，並以其相類、相等或相同為根據而進行的推演，這也正是「侔」式推理的特徵。這種推理涉及上下文，是典型的語用推理。

白馬，馬也；乘白馬，乘馬也。

驪馬，馬也；乘驪馬，乘馬也。

獲，人也；愛獲，愛人也。

臧，人也，愛臧，愛人也。

「白馬，馬也；乘白馬，乘馬也」，這句話應譯為：「白馬是馬，所以，騎白馬是騎馬。」這一推理的前提與結論均為直言命題，結論的主、謂項是由在前提中主、謂項上附加相同語詞而構成的複雜語詞，表達這些複雜語詞的是由若干詞構成的片語（「乘白馬」與「乘馬」均為動賓片語），而不是句子。這些實例表明，前提與結論之間的齊等之處不在於具體內容的無差別，而是它們的主、謂項之間均具有屬種關係，即主項包含於謂項。就這點而言，作為前提與結論之間的兩個命題可視為類同，這種「類同」正是「侔」式推理的根據。

3.「援」式推論

援也者，曰：「子然，我奚獨不可以然也？」（《小取》）

「援，引也。」（《說文》）「援」式推理的特點是：引述對方的論點與自己的論點進行比較，以雙方論點屬同類為根據，駁斥對方對己方所持觀點的否定是站不住腳的，這一特點被孫詒讓概括為：「引彼以例此。」[46] 這種論式是透過指出對方所贊同的觀點與其企圖反駁的觀點是相同的，從而說明對方是自相矛盾的。它依賴於語境，是語用推理。

《小取》的一段論述可以作為「援」式推理的例子，世人有「盜人，人也；多盜，非多人也」的論點，墨者有「盜人，人也；殺盜，非殺人也」的論點，「引彼以例此」，二者同類。因此，「世有彼而不自非也，墨者有此而非之」就站不住腳了。這個例子表明「援」兼有證明和反駁的作用，反駁是主要的。「援」是十分有力的論辯手段。

4.「推」式推論

「推也者，以其所不取同於其所取者予之也。『是猶謂』也者，同也；『吾豈謂』也者，異也。」（《小取》）

所謂「推」式，就是揭示對方所否定（「所不取」）的命題和對方所肯定（「所取」）的命題為同類，從而推知其結論只能是要麼都肯定，要麼都否定，而不能肯定一個而否定另一個。這也和論辯的語境密切相關，毫無疑問屬於語用推理。

「推」式推論既可用於證明也可用於反駁，更多是用於反駁，例如：「公孟子曰：『無鬼神』，又曰：『君子必學祭禮。』子墨子曰：執無鬼而學祭禮，是猶無客而學客禮也，是猶無魚而為魚罟也。」（《墨子·公孟》）

「是猶」，即《小取》「是猶謂也者，同也」的「是猶」。「執無鬼而學祭禮」和「無客而學客禮，無魚而為魚罟」也是「是猶」關係，即同類關係。按「法

46　孫詒讓：《墨子閒詁》，中華書局1986年版，第380頁。

同則觀其同」，兩者要麼同真，要麼同假，而不能一真一假。

5.「止」式推論

「止」式論式是《墨辯》在《經說》中明確總結了的一種論式：

「止，因以別道。」（《經上》99）

「止：彼舉然者，以為此其然也，則舉不然者而問之……」（《經說上》99）

「止，類以行之，說在同。」（《經下》101）

「止：彼以此其然也，說是其然也；我們以此其不然也，疑是其然也。」（《經說下》101）

「因以別道」，是指把不同的、別的情況（這裡是指具有矛盾關係的命題）指出來加以反駁。但這個不同情況的命題必須限於同類（「類以行之」），即命題的主賓項同一。比如對方舉出一個正面事例，得出關於這類事物都是這樣的一個全稱命題（「彼舉然者，以為此其然也」），這是由個別到一般的類取，是簡單歸納。我們只要舉出這類事物中有不是這樣的例子，就可以推翻對方這個全稱肯定的命題。這就是「止」式推論。

又如，對方舉出這類事物都是這樣（「彼以此其然也」），推出這一類事物中某物也是這樣（「說是其然也」），我只要舉出這類事物並非這樣（「我以此其不然也」）的一個全稱否定命題，就可以證明對方那個某事物是這樣的特稱肯定命題為假（「疑是其然也」），這同樣也是「止」式推論。

可見，「止」式推論是利用命題之間矛盾關係進行的推論，這也是和語境密切相關的，因而也是語用推理。

從以上的論述中我們可以看出，用符號學作範式研究先秦的名辯學，能夠對「名、辯」問題作出更加合情合理的闡釋。由此我們堅信：符號學是深化先秦名辯學研究的更優範式。

中國哲學史方法論問題

郭齊勇 [47]

本文有三個方面的內容：第一是我們的老前輩蕭萐父先生的思考、貢獻與啟示；第二是中西互動中的中國經典詮釋的方法學及其展開；第三是關於中國哲學研究的多重取徑、前景與限制問題。

一、蕭萐父先生的思考、貢獻與啟示

（一）蕭先生對方法論問題思考的背景、過程與重點

改革開放以來，武漢大學哲學系由陳修齋老師、楊祖陶老師掛帥的外國哲學史教研室和蕭萐父老師、李德永老師、唐明邦老師主持的中國哲學史教研室一起開了一門課，中、西哲學的研究生一起來聽，一起來切磋，一起來討論，這門課就是哲學史方法論。這當然也源自於院系調整後的北京大學。「哲學史方法論」這門課是陳修齋、蕭萐父與楊祖陶先生為中外哲學史的研究生共同開設的特色課程。我們在 20 世紀 80 年代初，在陳老師、蕭老師、楊老師的帶領下受學。當時還有王蔭庭老師講普列漢諾夫，徐瑞康老師也講了課，也請了校外的老師授課，確實使我們受益匪淺。[48] 那時碩士生的課主要

47　郭齊勇，武漢大學國學院院長，國際中國哲學會會長、中國哲學史學會副會長。
48　當時的部分講義後來編入陳修齋、蕭萐父主編：《哲學史方法論研究》，武漢大學出版社 1984 年版。此外，在蕭萐父老師指導與安排下，1989 年以武大哲學

是討論課，我們讀了大量的馬克思主義的經典著作，比如馬克思的《〈黑格爾法哲學批判〉導言》、《政治經濟學批判導言》、《1844年經濟學哲學手稿》，還有馬克思晚年的人類學筆記數種，恩格斯的《卡爾‧馬克思〈政治經濟學批判〉》、《德國農民戰爭》、《家庭、私有制與國家的起源》、《費爾巴哈與德國古典哲學的終結》、《自然辯證法》，馬‧恩合著的《神聖家族》、《德意志意識形態》及他們的通信，列寧的《哲學筆記》等，對涉及黑格爾哲學史觀的《哲學史講演錄》導言部分更是反覆地研讀，還有康得《判斷力批判》導言等。蕭先生又很重視引導我們對《莊子‧天下》、《荀子‧非十二子》、《韓非子‧顯學》、《淮南子‧要略》、司馬談《論六家要旨》諸篇反映的古代學術史論與劉知幾、王夫之、章學誠的歷史哲學的研讀，以為從中吸取我們民族哲學思想的方法學。

蕭萐父老師的《吹沙集》現已出了新版，四川的巴蜀書社出了《吹沙集》三卷，武漢大學出版社也出版了蕭老師的論著集及蕭師與師母的詩書畫集等。這些著作裡面有關於「方法芻議」的七篇論文及其他欄目的若干論文，這些文章我們都曾學習和討論過，有的我也曾參與了整理。現在，溫故而知新，每讀一遍都有很深的感情。改革開放以來，全國的哲學界、哲學史界是如何艱難地跨越了這一步，來真正瞭解人類文明史上最輝煌的西洋哲學與中國哲學的核心問題，及如何探討方法學問題，我們是見證人。

我們可以說是在陳修齋老師、蕭萐父老師、楊祖陶老師等前輩指導並與我們一起討論的過程中，打下了方法論的基礎的。老師們是結合自己的專長與研究心得來講方法論的，蕭先生結合明清哲學的研究，陳先生結合西方唯理論、經驗論與萊布尼茲的研究，楊先生結合德國古典哲學，主要是康得與黑格爾哲學的研究，王蔭庭先生結合普列漢諾夫五項論的研究。陳修齋老師系名義出了打字油印本《哲學史方法論新探》，由校印刷廠印出，用於研究生的哲學史方法論課程。

的有關論著，請參見段德智教授編的《陳修齋哲學與哲學史論文集》等，楊祖陶老師的論著有《德國古典哲學邏輯進程》、《康得黑格爾哲學研究》等，以上幾種精專傳世之作都是武漢大學出版社出版的，陳先生的書新版為《陳修齋論哲學與哲學史》，由人民出版社出版。當時我們還修了江天驥先生的科學哲學的課，亦很受庫恩的《科學革命的結構》的啟發。江先生關於西方科學哲學的書，我們也是人手一冊。以上諸先生的影響，從我1983年所寫的一篇方法論的文章中可以看到。[49]

六十年來，一個甲子的中國哲學和西洋哲學關於方法學的討論，的確是非常有深意的。改革開放剛開始，1978年至1979年中外哲學史界著名的蕪湖會議、太原會議，1981年杭州宋明理學討論會等，都是很重要的會議。透過我們中外哲學史兩個學科長期在一起討論，對教條化、庸俗化、貧乏化的前蘇聯日丹諾夫式的哲學史方法論予以了檢討。關於哲學史研究的對象、範圍、重點、方法問題一直是蕭老師等前輩們思考的重點。我們知道，這一思考的道路不是平坦的。最近我看到坊間有的雜誌上有批評蕭老師和李錦全老師主編的《中國哲學史》教材的文章。我不是說我的老師就不能批評，而是說批評一定要知人論世，一定要同情地理解。我們老一輩先生編的《中國哲學史》雖然在我們現在看來有一些不盡如人意的地方，但在當時來說那其實是非常了不起的貢獻。而且這套書出版了十幾萬冊，被許多本科階段的大學生們捧讀，的確是非常了不起的。因為它在方法學上有一個自覺，這個自覺表現在對我們中國哲學史研究的重點、範圍、物件問題是加以思考與簡擇了的。蕭先生主要是根據馬克思主義方法學的理論和原理來思考和構建中國哲學史的，當時對哲學史的定義就曾參考學習了列寧的《哲學筆記》。蕭先生講關於自然、社會和思維的一般認識的歷史，以此來定義哲學史，以區別於

49　參見郭齊勇：《哲學史方法論學習劄記》，《武漢大學學報》（社科版）1984年第4期。

哲學與非哲學的界限。大家都知道，當時哲學界有一個認識論的轉向，這個認識論的轉向使得蕭先生的認識史觀特重梳理、篩選在宗教、藝術、道德、社會、政治、法律資料中涉及的規律、本質的哲學問題。至於這些學科中的具體問題，則由這些學科自行解決。如若把哲學史作為一門學科加以定義、研究，則一定關涉上述各學科裡面的本質、規律等哲學問題。蕭先生以黑格爾—馬克思的「邏輯與歷史相統一」的哲學史觀與列寧《哲學筆記》的有關論斷為方法論主調，且受到前面所說的哲學界「認識論」轉向的影響。

武漢大學、中山大學等九校合編的，蕭先生與李先生主編的中哲史教材就是用「螺旋結構」、「歷史圓圈」、「範疇研究」、「哲學史是認識史」等路數來重新架構或解讀中國哲學的，力圖從此前的泛政治化走向學術化。同時，作者非常有深度地研討了中國哲學的範疇問題。我們知道，要瞭解中國哲學的範疇問題，首先應對此加以提煉與辨析。我們須探討中國哲學的天、人、道、氣、性、命、心、理、德、知等範疇，宇宙論、本體論、心性論、認識論學說及如何與西方哲學相比照並加以調適上遂的發展的問題。且為了使這些哲學資料更加適合於我們的學子討論和閱讀，就須在教材中梳理出這些主要思想之邏輯發展的規則、軌跡。作者從中提煉出一些非常具有價值的範疇和範疇體系來加以建構。當然，在建構過程中也不免出現削足適履的情況，這是難以避免的，但是中國哲學的哲學性就開始得到了特別的重視。這就是在20世紀70年代末80年代初，也就是在我們讀本科生和碩士研究生的時候，整個學界特別是中外哲學史界的一個主要的走向。馮契先生的《中國古代哲學的邏輯發展》及「智慧說」三部曲與蕭萐父、李錦全先生主編的《中國哲學史》及蕭先生的論著——《吹沙集》三卷，算是一種路數的代表。這是承接著邏輯與歷史統一、哲學史就是認識史的路數展開的。另一方面，李澤厚先生的中國古代、近代、現代思想史論之三部曲及80年代的文化討論、文化熱，產生了湯一介、龐樸先生的一些論著，影響極大。大家知道，我們

曾經都是李澤厚先生的粉絲。可以說，當時全國的人文學的研究生，其案頭上幾乎沒有不擺放李澤厚的書的。這就是 80 年代初期中國思想界的一種狀況。但我們比較偏重於馮契先生和蕭先生這樣一個脈絡。這個脈絡非常重視中西馬的融通。對西方哲學的研討，上至古希臘哲學，下至康得、黑格爾等的德國觀念論，一直到馬克思主義的經典導讀，實與中國哲學相發明。可以說中西馬的互動促成了當時這樣一種哲學史觀與方法學的討論。

當然，今天我們檢討和回顧一個甲子的中國哲學史的研究及其方法論問題，不能不更往前推。我們這個學科的建設、它的自覺化有將近一個世紀的歷程。我們知道，最早是胡適先生的《中國哲學史大綱》捲上。還有馮友蘭先生 30 年代出版的《中國哲學史》上下卷，兩卷本。這個兩卷本《中國哲學史》由卜德翻譯成英文。這個英譯本結合了西南聯大時期馮先生《新原道》中的思想，在英文世界流行甚廣，至今仍在起作用。這個英譯本因為吸收了《新原道》中的思想，且採用了馮先生一邊講述、譯者一邊翻譯的形式，因此比中文本更好，更能體現馮先生自覺地對於中國哲學史的解讀。

我們看金岳霖先生給馮友蘭先生的《中國哲學史》所作的審查報告，就特別強調了胡適先生的半部中國哲學史中所帶有的那樣一種強勢的西方人特別是美國商人的眼光。後來經馮先生建議，金先生把「商」字去掉了。這種眼光難免造成諸多成見。按梁任公先生的評價，胡適先生的哲學史大綱，對知識論、邏輯學有石破天驚的創發，但是中國人最得心應手、最有創造性智慧的社會哲學、政治哲學、倫理學、人生哲學卻暗而不彰。當然，我們也知道，當時胡適之很困難，他能夠從西方的實驗主義、邏輯學出發來解讀一部分中國哲學史的材料就很了不起了。當時對胡適先生這半部哲學史的推崇，是以蔡元培先生的評價為標準的，那評價是非常高的，認為是創造性的開天闢地之作。當然胡著是一個斬頭的哲學史，它把前面很長一段哲學史都斬掉了。我們每一個人都有一定的限制，每一個學者也是這樣，不可能不在時代

的氛圍內做自己的學術研究，因為他（她）必須有學術前史作為基礎。所以，胡適、馮友蘭，特別是胡先生還是非常了不起的具有開拓性的人物。

蕭老師他們反省中國哲學（史）以及方法學的建構時，特別重視的還有他們的前驅，像郭沫若、侯外廬的這樣一種研究範式。可以說，1949年以前，有兩種範式占主導地位。前面一種範式是用美國或說西方的哲學解釋框架或者某一種路數來解讀傳統中國哲學。比如，馮先生是新實在論的路數，用共相的觀念來談問題，而用共相來談的「理」就可能成了一個空套子。但不管怎樣，他有自己的優長。而馮先生晚年則特重人生哲學、社會哲學等。

郭沫若、侯外廬先生的方式是以唯物史觀作為中國哲學討論的最主要的一個理論指導。在這種框架之下，侯外廬、杜國庠、趙紀彬、邱漢生等的《中國思想通史》於解放前出版了幾卷，且解放後繼續出版，這成為六十年來中國哲學史和中國思想史最重要的參照，非常了不起。當年，侯外廬專門談《資本論》、談亞細亞生產方式，都是我們今天還在討論的問題。但是我們要看到，當時的討論的確是以唯物史觀作指導來研究中國哲學、中國思想的，這也是具開創性意義的，有很多值得我們肯定的思想財富。此外，張岱年先生解放前寫的《中國哲學大綱》，之前出版了一個小本子，但卻淹沒無聞，一直到80年代初期才由中國社會科學出版社正式出版，這時才有了一些影響。但張先生是以範疇論的方式來寫這部大綱的。任繼愈先生掛帥主編的幾個版本的《中國哲學史》也是一個重要的參照。特別是四卷本的那套，「文革」前已出版，1979年又重新修訂出版，成為我們好幾代學生重要的教材和參考書。這些都是蕭先生那一代人思考中國哲學及其方法論的重要前史。特別值得參考的是，他們用唯物史觀的理論與方法來指導中國哲學的研究，重視哲學思想產生的社會歷史背景及其對哲學觀念的影響，重視發掘被正統史家所淹沒的民間下層的思想代表等，都很了不起。

蕭先生會通中西印哲學，非常重視中西印各哲學傳統的發展。金克木先

生、湯用彤先生都是他的老師，彼此之間特有慧心。蕭先生以批評的精神和創造性智慧，轉化、發展儒釋道、諸子百家思想資源。為總結歷史經驗教訓，他從哲學史方法論的問題意識切入，盡力突破左的教條主義的束縛，引入螺旋結構代替對子結構。對子結構也就是唯物主義與唯心主義、辯證法與形而上學對立的這樣一種結構。蕭先生重視邏輯與歷史的一致，強調普遍、特殊、個別的辯證聯結，認真探究中國哲學範疇史的邏輯發展與哲學觀念史發展的歷史圓圈。蕭先生由對哲學史方法論問題的咀嚼，提出了哲學史的純化與泛化的有張力的統一觀（純化是把哲學問題提煉出來，泛化是還原到思想史、學術史、文化史或某個部類中去），努力改變五四以降中國哲學依傍、移植、臨摹西方哲學或以西方哲學的某家某派理論與方法對中國哲學的史料任意地簡單比附、「削足適履」的狀況。這可以說是蕭先生方法學思考的理論貢獻。

（二）蕭先生關於經典與史料的研讀

蕭先生也特別強調經典與史料的研讀。我們討論的是中國哲學。在文史哲分科之前，我國只有經、史、子、集四部這樣一種圖書分類方法，還有就是清代的義理、考據、辭章三種學問路向，但這些都不是今天西方社會科學的分科。分科當然非常好，但分科也會帶來一些盲點。比如說，經學是中國文化最重要的根源，但經學透過這種分科反而得不到很好的研究。今天我們適度地提倡國學，國學這一學科不可以替代文史哲的分科，但是它可以補救現行文史哲分科後出現的問題。例如，經學中的《詩經》放在了文學科，但放在文學中夠嗎？《詩經》討論的只是今天文學範疇內的問題嗎？當然不是。《易經》、《書經》、《春秋》、三《禮》等呢？

蕭先生在重視經典和史料研讀的過程中，非常重視方法論之前的方法或解釋學之前的解釋。有的人認為訓詁、考據或者文獻學的研討，包括文字、

音韻、訓詁，一直到校勘、辨偽與輯佚等，不能算作解釋學的內容，但它們肯定是解釋學之前即我們研讀中國哲學文本之前必須要做的基礎工作。

我們讀書的時候，蕭老師給我們開了史料學的課程，專門讀梁啟超先生的《清代學術概論》等書籍。梁任公論樸學，主張「凡立一義，必憑證據；無證據而以臆度者，在所必擯。」[50]且強調：「孤證不為定說。其無反證者姑存之，得有續證則漸信之，遇有力之反證則棄之。」[51]還有，作為一名學者為了證明自己的看法或觀點，「隱匿證據或曲解證據，皆認為不德」。「最喜羅列事項之同類者，為比較的研究，而求得其公則。」「所見不合，則相辯詰，雖弟子駁難本師，亦所不避，受之者從不以為忤。」「文體貴樸實簡絜，最忌『言有枝葉』。」[52]即語言不要太枝蔓，要集中到你的論證上來。此外，蕭先生還讓我們討論陳垣先生的《元典章校補釋例》之《校法四例》，即對校法、他校法、本校法、綜合考證法。這都是我們切實研讀文獻時須討論的。關於考據，清儒考據功夫很深，但蕭先生啟發我們對此也不要迷信。

不要迷信已有考據的成果，清儒考據也有自身的限制。例如關於《大學》，清儒毛奇齡認為《大學》的單行本出現很早，以為《論語》、《孟子》、《大學》、《中庸》、《孝經》乃小經，在漢唐時早已單篇獨行，不始於宋儒。全祖望《蕭山毛檢討別傳》就指陳其謬，而且舉出的例子有很多實證的方面。比如說，關於毛奇齡對於《新唐書》所載材料的誤讀就是一例。《新唐書》說修小經、中經、大經，指的是學年時間的概念，並不是說有所謂小經、中經、大經的一個內容上的區別。《新唐書》卷四十四載，《孝經》、《論語》一年修，《尚書》、《公羊傳》、《穀梁傳》一年半修，《周易》、《詩經》、《周禮》、《儀禮》兩年修，《禮記》、《左傳》三年修。不能因《新唐書》的這條材料，我們就把

50　梁啟超：《清代學術概論》，上海古籍出版社1998年版，第47頁。
51　同上。
52　同上。

小經當做單篇別出。清儒朱彝尊這一了不起的學者，也指出單篇別出的《大學》、《中庸》出現非常早，不始於宋代，尤其不始於南宋。朱彝尊甚至說司馬光所注的《大學廣義》是單行的開始，好像鐵證如山。但實際上，《禮記》有十多篇在宋代以前已有專篇註解了，並不能因此斷言單篇獨行。司馬光所注《大學》，仍是作為《禮記》的一篇。如按《經義考》，《禮記》有四分之一強的篇章早已單行。我們今天來瞭解《大學》、《中庸》形成的歷史，就知道這些問題都較容易解決。《大學》、《中庸》單篇別出不是如毛奇齡、朱彝尊所理解的那樣的。[53]

我們還注意到《資治通鑒》幾位撰寫者的分工問題。胡三省在《新注資治通鑒序》中說：「修書分屬，漢則劉攽，三國訖於南北朝則劉恕，唐則範祖禹，各因其所長屬之，皆天下選也。」但清人全祖望在《通鑒分修諸子考》中提出一條材料，是司馬光寫給範祖禹的信，信中說：你要看到魏晉南北朝的材料就給劉攽，五代的材料就給劉恕。全祖望據此說胡三省注裡講的分工不對。抗戰期間，陳垣先生帶研究生，就叫研究生自己寫文章來討論全祖望的說法是否可靠。陳垣先生的意見是，司馬光的這封信的確是信史，確有其事。但那只是他初步的想法，是收集資料作長編時候的考慮，後來並沒有這樣做。解放後翦伯贊先生寫過一篇文章，裡面關於《通鑒》的分工，還是按胡三省的說法。馬上就有人寫文反駁，批評翦伯贊，並舉全祖望之說云云。翦伯贊先生回應說，全祖望的說法不對，你還須考證。[54] 從這些材料的甄別可以看出，中國哲學的難度也在其史料、資料的辨析上。

在我校 2009 年舉辦的明清學術會議上，一位域外學者引用了鄧豁渠《南詢錄》的材料。他用的是發表在《中國哲學》輯刊第 19 輯上的材料。我就告訴他，那個材料不可用。《南詢錄》的材料日本人很重視，收藏在他們的

53　詳見岑溢成：《大學義理疏解》，臺北，鵝湖出版社 2000 年第 7 版，第 4—8 頁。
54　詳見柴德賡：《資治通鑒介紹》，求實出版社 1981 年版，第 13—14 頁。

東洋文庫即內閣文庫中,而在中國卻失傳了。日本有幾位大學者如島田虔次先生、荒木見悟先生等都寫了關於《南詢錄》的論文。有的先生做事疏忽或訓詁方面的修養不夠,整理中的問題很多。點校是要功夫的。比如說,該書前面引的白沙子的話,其實只有短短一句話,整理者卻把一長段話都打上引號,當做陳白沙的話。其實白沙子的書都已整理出版,可以查對。有關《南詢錄》,應看鄧紅的整理本。[55]

又如,有人講莊子的「判天地之美,析萬物之理」如何了不起,值得大力提倡雲雲,這是對《莊子‧天下篇》的誤解。其實這本來是莊子學派所批評的一曲之見。《天下篇》作者認為把握道體之「全」,才能「原天地之美,達萬物之理」。

我舉以上幾個例子是想說明,蕭先生在訓練我們的時候特別重視資料、文獻的鑑別、爬梳與點校。這是非常難又很重要的一種訓練。蕭先生的史料學課程的講義,透過我們前幾屆研究生聽課並不斷整理,老師反覆加以修訂而成。[56] 這是作為我校研究生院的教材,由武漢大學出版社出版的,理應成為我們專業博、碩士生的案頭書,這本書不僅講史料,也講方法。其中第二講《古史袪疑》,就是對疑古思潮的反思,屬於方法論問題,第三講《樸學簡介》,就是講文獻識別與把握的門徑與方法,第四講則講地下考古資料與傳世文獻的互證等,也是方法,即二重證據法。

(三) 蕭先生強調對已有成果的把握

蕭先生不僅非常重視第一手原始資料與文獻,而且非常重視對於海內外已有成果的研讀,即學術前史的通曉。他訓練我們的碩、博士生時,強調一定要能夠做一個非常好的文獻綜述。做文獻綜述中也要貫穿著問題意識。任

55　(明)鄧豁渠著、鄧紅校注:《南詢錄校注》,武漢理工大學出版社 2008 年版。
56　蕭萐父:《中國哲學史史料源流舉要》,武漢大學出版社 1998 年版。

何思想史上的人物都是接著講的。當你做碩士論文或博士論文時，一定要切實梳理你的研究方向、論題的現有成果。從對已有成果的反思中發現問題，然後抓住問題深入研究，超越已有成果。我們做的是有思想的學術和有學術的思想。思想離開了學術是空疏的，學術離開了思想是盲目的。「竭澤而漁」是陳垣先生宣導的治學方法。那時蕭老師就讓我們讀《勵耘書屋問學記》，讓我們反覆體會大學問家的治學精神。傅斯年先生講「上窮碧落下黃泉，動手動腳找東西」。傅斯年先生成立史語所的時候，其宣言儘管用的是唯科學主義的方法，存在問題。但我們知道，現代學術的規範就是要充分理解你所研究的物件，並儘量掌握已有的成果。因此，要全面理解中國的、外國的包括漢學家的、中國學家的、日本的、歐美的已有成果來做學術前史的梳理。所以，假如我們沒有對已有成果的研讀和學術前史的梳理，每做一篇文章都有可能失敗，因為別人已經說過了，只是你不知道而已。有的人自說自話，孤芳自賞，根本不瞭解海內外有關人物、課題、著作研究的進展與前沿，那當然不能稱之為真正的學術研究。我們現在指導研究生時發現，有些同學比較偷巧，在網上查資料，但找的都是一些地方師專學報等刊物上的文章。而對於研究物件所涉及的一些最重要的文獻卻並沒有去找，特別是其思想的演進過程。我們認為，學術方法與學術態度是連在一起的。做學問就要老老實實。「知之為知之，不知為不知，是知也。」在一定意義上，老老實實既是態度，也是方法。誠實地做學問既是態度，又是方法。這是我們的老先生們一再強調的。因此，蕭老師、陳修齋老師、楊祖陶老師、李德永老師、唐明邦老師都非常重視做人與做學問的一致。對此，蕭先生提出二十字方針：「德業雙修，學思並重，史論結合，中西對比，古今貫通。」這是一種開放的、以做人為前提的學問之道。我以為這裡麵包含的內容非常深廣。以湯用彤先生、金克木先生為榜樣的蕭先生有一副對聯，也是他一生的努力過程：「多維互動，漫汗通觀儒釋道；積雜成純，從容涵化印中西。」蕭先生和師母的骨

灰現安葬在他們的家鄉成都，墓碑上的碑文就是這副對聯。這是我們武漢大學以及哲學學院最重要的一個學術傳統，也是最重要的一個方法學。我們不應把方法與方法學太過於拘束化了。總之，一定要有廣博的知識背景與扎實的學問工夫，精讀經典，打好基礎。

二、中西互動：中國經典詮釋方法學的展開

前面談了第一個問題，即蕭先生的致思趨向、方法學思考與治學方法。這裡講第二個問題，討論的是中國經典詮釋方法學的展開。

（一）詮釋學與創造的詮釋學

這就要提到美國天普大學教授傅偉勳先生。他和蕭先生、劉綱紀先生都是非常好的朋友。傅偉勳先生一共來過武大兩次，蕭先生邀請並讓我接待、陪同。傅偉勳先生的創造的詮釋學是 20 世紀 80 年代中後期首次在武漢大學講的，後來又有所修改。關於詮釋學，他很敏感。那時大家還沒有像今天這樣重視伽達默爾的詮釋學。那時傅先生用五層辯證的關係來討論中國經典詮釋。首先是「實謂」，即這個文本實際上了說了什麼？這一層實際涵蓋了我前面所說的點校、訓詁、考據、辨偽、輯軼等。要想弄清文本實際上說了什麼，就離不開文字訓詁等一系列小學功夫與文獻學的功夫。假如對前面的思想史遺產完全不瞭解，就沒有辦法做個案的研究。第二層是「意謂」，即作者想要表達什麼？或他所說的意思到底是什麼？這一點傅先生認為非常重要。後來有人討論說，這才是開始了真正的詮釋學。第三層是「蘊謂」，即作者可能要說什麼？或他所說的可能蘊涵著什麼？第四層是「當謂」，即原思想家本來應當說出什麼？或創造的詮釋學者應當為原思想家說出什麼？最後一層是「必謂」（後來傅先生修改為「創謂」），即原思想家現在必須說出什麼？或為瞭解決原思想家未能完成的思想課題，創造的詮釋學者現在必須踐行什麼？

[57] 有人批評說，必謂（或創謂）也應放在詮釋學之外。也就是說，屬於詮釋學之內的只有意謂、蘊謂和當謂。實謂是進入詮釋學的一個功夫與前提，是前面的準備工作。意謂、蘊謂和當謂才是詮釋的過程。必謂（或創謂）則是今人的解讀，應排除在詮釋過程之外。香港中文大學劉昌元先生對傅偉勳先生創造的詮釋學也有所批評。他認為，假如存在這五層創造的詮釋的話，就有過度詮釋的嫌疑。他強調孟子所說的讀《詩》時「以意逆志」的方法。要分析「說話的主體」與「實際的主體」，以期做到不「以文害辭」，不「以辭害意」。人的意識總是處在一定的處境、制度與風俗之中。[58] 還有，詮釋者總是使用一定的語言，這也是伽達默爾所強調的一種詮釋對話的理論。我們要勇於突破權威的、獨斷的說法給我們的限制。這就必須有開放的心態。關於「成見」，伽達默爾也有他自己的解讀，大家想必也很熟悉了。此外，劉昌元先生提出了「歷史的具體化原則」、「融合原則」和「豐富性原則」。比如，他說方東美先生用道體、道用、道相、道征四方面來解讀「道」，就把《老子》的「道」解釋為在形上學上有一超本體論的層次。[59] 這些都是劉昌元先生在解釋學層面對傅偉勳先生的批評。劉先生還提出有所謂「尊敬的解釋學」與「懷疑的解釋學」等相對應的觀點。關於伽達默爾的詮釋學，我們有很多很好的學者來做這方面的研究。伽達默爾所反省的是西方啟蒙主義的兩大精神：一個是強調理性，一個是否定傳統。

（二）從黑格爾轉向後黑格爾

我接手哲學史方法論這門課程到 2009 年約有十五個年頭。我們這門課

---

[57] 參見傅偉勳：《從西方哲學到禪佛教》，生活・讀書・新知三聯書店 1992 年版，第 51—52 頁。
[58] 參見劉昌元：《研究中國哲學所需遵循的解釋學原則》，載沈清松主編：《跨世紀的中國哲學》，臺北，五南出版公司 2001 年版，第 77—98 頁。
[59] 同上。

中國哲學史方法論問題

原來是中西哲學史的老師一起上，後因工作量的問題，就分開了。分開後，我和田文軍教授一起來負責。原來這門課是兩個學期即一個學年的課，田文軍老師與我各帶一學期課，後來壓縮為一個學期了，我們各帶半學期課。我主持這門課時曾請鄧曉芒教授、彭富春教授、何衛平教授等到我們這個班給中國哲學專業的研究生來講西方哲學中最重要的哲學家的方法學。我們一直強調中西互通。我接手之後對這門課程的轉型，就是從黑格爾轉向後黑格爾。一方面，我們繼續研讀黑格爾《哲學史講演錄》的導言，對其進行細緻的討論。另一方面，我們更重要的是學習並檢討馬克斯·韋伯，學習並反思西方著名漢學家的新成果，學習並討論伽達默爾的詮釋學在中國哲學詮釋中的意義。伽達默爾認為，如果否定傳統就喪失了我們所理解的視域，而令純理性的作用幾乎成為不可能。現代並不與傳統相對立，而是以嶄新的方式來形成新的傳統。真正達到理解時，社會對現代與傳統的理解就實現了「視域融合」。洪漢鼎、沈清松、陳榮華、何衛平等教授在這一方面都有很多貢獻，我們主要讀洪漢鼎譯《真理與方法》及洪先生書數種，沈清松先生著《現代哲學論衡》有專章論哲學詮釋學，陳榮華先生著有《葛達瑪詮釋學與中國哲學的詮釋》。沈清松據伽達默爾思想指出，每個人都必須意識到自己隸屬於一個傳統；同時，我們必須知道我們的歷史傳統只是各種傳統中的一個傳統而已。因此，我們必須保持開放性，向印度、西方等不同傳統開放。另外，我們最需珍視的是語言的傳統。而語言的傳統則存在於我們的經典、典章文物、聖賢人格、言論、經史子集、民間民俗文化中。

解釋學有它的「遊戲」觀念，而遊戲中又有規則。這一規則與自然科學中的規則不同。自然科學的規則是主客對立。西方社會科學也受到了自然科學這一規則的限制。主客二分作為所謂的普遍規則理論，用到對具體事物的把握上，就造成了像我們今天生態環境遭受嚴重破壞等後果，這就是科技文化所產生的弊端。所以，須理解老子所謂「道法自然」。我們要費很多口舌來

向我們的聽眾表明「道法自然」這一「自然」不是西方觀念下的那個對象化的「自然」。「道法自然」就是道向自己的那個樣子而已。有一次一位院士問我，「道法自然」怎麼解釋，我費了很多口舌來向這位自然科學家解釋。伽達默爾詮釋學講到了詮釋活動的預設，認為客觀的詮釋是不可能的，我們的理解總是在先設結構（所有、觀念、概念等）的框架內才能實現。比如說，我們解讀孟子的「盡其心者，知其性也。知其性，則知天矣。存其心，養其性，所以事天也」，盡心、知性、知天，存心、養性、事天只有從《孟子》全書的脈絡中才能得到理解。不僅如此，我們甚至只有從先秦儒學發展的脈絡中才能理解這句話。這就是一種先設所有。所以任何一種創造性的理解都離不開我們的傳統。我們現在認為理性與傳統之間是可以各自分離、彼此獨立的。然而解釋學告訴我們，在我們彼此之間，在問題與答案之間，透過詮釋經驗中的對話性，雙方可以達到一種互動。這就是一種人文主義的方法學。

(三) 中國經典詮釋的方法論啟示

中國哲學史界近年來的方法學討論，我覺得最值得重視的是成中英先生的本體詮釋學，湯一介先生的中國解釋學，黃俊傑先生以孟子詮釋為中心的經典詮釋學與東亞經典的詮釋學，李明輝先生的康得與儒學的互釋，劉笑敢先生的「反向格義」說，還有借現象學解釋的路子，如張祥龍教授與陳少明教授等所做的工作。成中英先生認為，西方古典的形上學是尋找本體的詮釋，而他所探討的中國詮釋學是基於本體的詮釋。他要重新建構中國詮釋學視域下的本體論。黃俊傑先生把兩千年來《孟子》的詮釋歷史加以分析與提煉，總結中國詮釋的方法學及時代所附加在《孟子》詮釋上的一些內容，使經典與文本得以有新的敞開。此外，日本、朝鮮半島、越南學者對於四書、儒學也有自己不同的詮釋，並在此方面作出了積極的貢獻。湯一介先生總結了中國古代經典詮釋的三種路向：一是「歷史事件的解釋」；二是「整體性

的哲學解釋」；三是「社會政治運作型的解釋」。這些都是值得我們討論的問題，都可以豐富我們的哲學史研究。伽達默爾一百零一歲時告誡中國學者，不應忽視自己本民族及文化傳統中豐富的具有特色的解釋學思想的分析與提煉，它也可以給西方提供某種借鑑與啟示。[60] 我們有自己的解釋學傳統，我們的經學、子學、佛學、理學中都有自身的解釋學傳統。對此我們應倍加珍惜，我們相信伽達默爾的這番話具有重大的意義。

　　前些年還有所謂中國哲學「合法性」問題的討論。關於中國有沒有哲學，不能因為一個洋大人來中國走了一遭，說中國沒有哲學，只有思想，我們就亦步亦趨。其實，沒有必要去爭論中國有沒有哲學，因為哲學的定義本來就非常繁複。但有人又提出，這麼多年以來我們中國哲學的解釋完全是「漢話胡說」。那麼，我們是不是不要用外國人的思想作為參照，不要「胡說」了呢？還有人提出，我們不要「哲學」這一詞彙，就用古代的「道術」替代算了。此外，我們該如何應對「以西釋中」，是不是可以開出一條「以中釋中」的路子呢？有的先生主張「自己講」和「講自己」。我們今天已經到了一箇中西不可分割的對話的時代，個人以為，已經不可能自說自話了。既然我們處在一箇中西互動的時代，那麼前面所面臨的疑問自然就好回答了。看來，固步自封是不行的。「中國哲學」學科的完善與發展，仍然離不開中外哲學的多方面的更加廣泛深入的交流、對話與溝通。今天，我們的解釋學處境是在中外古今之間，故針對「以西釋中」回到所謂「以中釋中」，是不妥當的，其實「中」、「西」都是流動的、變化著的。透過對近十幾年來中國經典詮釋的方法學及專家們所提出的各種問題進行討論、解讀，可以引發我們對於中國哲學方法學的新思考。

60　參見余敦康、黃俊傑、洪漢鼎、李明輝：《中國詮釋學是一座橋》，《光明日報》2002年9月26日。

三、21世紀中國哲學研究的多重取徑、前景與限制

下面，我講第三大問題：本世紀中國哲學研究的多重取徑、前景與限制。近十五年來，我在為研究生講授哲學史方法論課程的教學計畫中，有關教學目的，我一直寫著這樣一句話：「重點理解和討論中國哲學史的特殊的方法論，即不以西方範型為框架的中國人文的方法論，破除將西方社會科學與哲學方法作為普遍方法的迷信，理解中國哲學範疇、價值、意境的特殊性及其普式化。」在我佈置的思考題中，有一個題目是：「治中國哲學史的一個難題，就是人們的視域、思考方式、方法學訓練，主要是依從西方的。試問，您認為如何從心態、方法（包括思想方法和範疇詮釋方式）上更好地解釋傳統？」我開的長長的書單中有張岱年先生的《中國哲學史方法論發凡》和韋政通先生編的《中國思想史方法論文選集》等。近些年，我也發表了好幾篇關於哲學史方法論的文章，[61] 以下綜合這些論文，簡略地談幾個問題。

（一）「中國哲學」學科的主體性與中西哲學的對話性

中國哲學與西方哲學是兩種不同的哲學形態，我們不能把西方哲學定於一尊。當年金岳霖先生預設的「普遍哲學」仍然只是以歐洲哲學為藍本的，是西方一部分哲學的抽象。他以所謂的「普遍哲學」作為唯一尺度，衡量、評估非西方的豐富多彩的哲學。這種觀點是應予以檢討的。但凡思考宇宙、人生諸大問題，追求大智慧的，都屬於哲學的範疇。關於人在宇宙中的地位、人的尊嚴與價值、人的安身立命之道等等，都是哲學的題中應有之義。中國哲學在這些方面有自己的智慧。中國哲學與西方哲學當然可以通約，可

---

61 郭齊勇：《中國哲學：保持世界性與本土化之間的必要的張力》，《天津社會科學》2004年第1期；郭齊勇：《「中國哲學」及其自主性》，《文史哲》2005年第3期；郭齊勇：《中國哲學的自主性與哲學對話》，《中國哲學年鑒》(2006)，哲學研究雜誌社；郭齊勇：《建構中國哲學的方法論反思》，《學術月刊》2007年第3期；郭齊勇：《內在式批判與繼承性創新》，《河北學刊》2009年第2期。

以比較。不同文化背景下產生的哲學具有某種一致性、互通性，因此相互翻譯、詮釋、比較的哲學研究工作不僅有可能，而且有意義與價值。所謂內在與超越的關係，學界討論有沒有「內在超越」，或者說超越就一定是外在的嗎？關於這個問題，完全可以在中國的天人之學中加以探討。

我們強調「中國哲學」學科成立的正當性，強調「中國哲學」學科自身的特色，並不是把「中國哲學」做靜態的處理，其本身即是一個動態的過程。中國哲學（儒、釋、道諸家等）有自己的特性。一般說來，中國哲學的實踐性很強，不停留於「概念王國」，沒有西方哲學中的上帝與塵世、超越與內在、本體與現象、主觀與客觀、身體與心靈、事實與價值等絕對二分的框架。以天、天命、天道為背景，中國哲人有神聖、高遠且強烈的終極關切、理想境界、形上追求、精神信念，同時又有現實關懷，力圖把理想在社會大群生活和現世人生中實現出來，其內聖與外王是打通的。有人說「中國人沒有信仰」，我看中國人、外國人中都有沒有信仰的人，也都有有信仰的人。不能籠統地講。我是中國人，我就有信仰，當然不能由此推論所有中國人都如此。中國人的信仰在今天的民間仍保留著。我們的老師蕭先生、陳先生、楊先生等都有著很深沉的信仰。我們在他們身邊能強烈地感受到這種信仰支撐的學術人生。他們的所言、所思、所行無不讓我們感覺到，這是有信仰的人。

（二）理解的歷史性與詮釋的相應性

一旦涉及中國哲學史的方法論問題，當然離不開「理解」與「批判」、「繼承」與「原創」、「傳統」與「現實」等關係問題。所謂「批判」，是在全面深入理解基礎上所做的內在性的批評，而不是不相干的外在批評；所謂「原創」「創新」，不是無源之水、無本之木，不是玄想，不是標新立異，不是劍走偏鋒，而是真正在全面繼承基礎上所做的開拓，是揚棄（既保留又克服）；弘揚

傳統並不意味著脫離現實，而是調動並創造性轉化傳統文化資源，以其中的某些因素介入、參與、批判、提升現實，促使傳統與現代的互動。

如何歷史地、相應地詮釋中國哲學，值得我們思考。余英時先生是歷史學家，他在解讀中國思想史時有很多重要的創獲。他所強調的「內在理路說」有一定意義。關於清儒與宋儒的關係問題，就值得深思。因此，我們如果強調問題意識和方法學自覺的話，就要對這些前輩學人的重要的思想成果加以認真研讀。海外一些漢學家的成果，我們相當重視。例如葛瑞漢、列文森、史華慈、狄百瑞、杜維明、安樂哲教授等，還有一些日本學者。安樂哲先生曾來我校授課、講學，他有很多重要的創獲，當然也有限制。我們做中國哲學研究的學者、學生有著更加麻煩的工作，就是必須對西方哲學、對海內外的現有成果都給予足夠的重視，並加以細緻的研讀，否則根本談不上創新。

「五四」以來，片面的、平面的西化思潮及教育體制，使得我們這一代甚至前後幾代人逐漸喪失瞭解讀前現代文明（或文獻）的能力。故現在我們帶領同學們讀經，就是拿十三經原本來讀，連註疏一起讀，從識字、斷句開始，慢慢培養我們解讀原典的能力。我們請同學們不要看白話解釋，所有的白話翻譯都是有弊病的。我們要看就直接看古文獻。對於自己民族的文化及其經典，應有起碼的尊重，起碼的虛心的態度，不要信口雌黃，不要相信有所謂名家的中國文化如何如何，西方文化如何如何，那都靠不住。有所謂「新批判主義者」，比「老批判主義者」更荒唐，更靠不住，他們對中國傳統哲學的批評，絕大多數是站不住的，因為它斷章取義，而且是暴力強加式的，武斷宰割的，先入為主的。沒有相應的理解，不可能有相應的批評，這是非常重要的方法論問題。

（三）「中國哲學」的特殊性與豐富性

關於有沒有所謂「普遍哲學」，剛才我們討論金岳霖先生的論點時已有所

涉及。其實，把西方哲學作為一種普遍性的哲學，把中國哲學作為一種特殊性的哲學，這本身就是有問題的。我們中國哲學不能用狹隘的西方哲學的觀念來加以範圍。用純西方哲學的觀念來研究中國哲學，收穫會讓人覺得非常遺憾和有限。我們相信，方法多元與成果多樣肯定是未來這個時代的哲學方法學和哲學解釋狀況的前景。但是任何方法與方法學都有它的限制。

勞思光先生用「基源問題研究法」對中國哲學進行解讀，很有創意，很有收穫。他認為中國哲學有三種基本的形態。一種是心性論的形態，一種是宇宙論的形態，還有一種是形上學的形態。他的這一特定內涵，分別指向三種建構道德價值之門徑。他認為，主體性之自覺活動內在於心性主體之中，從而確定善的價值方向。在勞先生看來，孔、孟哲學就是這種心性論哲學的典範。他認為，以宇宙論為中心的哲學太注重於外在的「天」，這個「天」是以漢儒董仲舒為代表的宇宙論的趨向。形上學的形態則是將價值建基於超經驗之「實有」(Reality) 上。他認為，北宋的二程哲學是形上學最純粹的表現。如果要加以定位，他認為宇宙論的哲學是最低的一種形態。形上學的哲學是中間的形態。心性論的哲學則是最高的形態。由此，他對宋明理學的解讀展開了所謂一系三向或三系的說法，這與牟宗三先生的三系說不一樣。他在這裡就把二程放在中間的層次，把周敦頤、張載隸屬於宇宙論的形態，即最低的一個層次。而到陸象山、王陽明則越發凸顯心性論這一形態，屬於最高的一個層次。他的這種判教的確有新見，當然也有一些限制。因此，大家在檢討勞思光先生四卷本的《中國哲學史》及這種「基源問題研究法」時，提出了一些問題與批評。比如，他的這種架構本身就難免對中國哲學造成傷害。考慮到中國哲學的特殊性，這種方法是否適用於中國哲學的研究值得我們進一步討論。

哪怕是研究中國的名學、邏輯學、正名學說，如若以西方的純邏輯的觀點或方法來加以解讀的話，也不可能得到一個恰當的理解。有時候我們的確

需要抽象、分析及理論推演，但我們中國人更重視的是當下的體驗，更重視一種特殊的、具體的情勢。這種體驗方式，當然有它自身的侷限性。但我們仍要虛懷地去瞭解這種生命的、生活的體驗方式之重要性。西方人對哲學的分類方法也不適用於中國哲學。我們的天道、人性學說，假若用西方的宇宙論、倫理學來加以解讀，就會完全不相干。我們對於中國傳統哲學自身的特性及治中國哲學史的方法學，仍在摸索之中。我們應有自覺自識，發掘中華民族原創性的智慧與古已有之的治學方法，予以創造性轉化。中國有自己的語言學與語言哲學的傳統。中國先民仰觀天象，俯察地理，近取諸身，遠取諸物，以「六書」為特點的漢字、生命體驗、經子之學，有自身詮釋文獻的方法與智慧。中國人強調經驗直觀與理性直觀地把握、領會物件之全體或底蘊的思維方式，有賴於以身「體」之，即身心交感地「體悟」。這種「知」、「感」、「悟」是體驗之知，感同身受，與形身融在一起。我們要超越西方一般知識論或認識論的框架、結構、範疇的束縛，發掘反歸約主義、揚棄線性推理的「中國理性」、「中國認識論」的特色。

（四）內在性的批評與思想的訓練

我們批評、超越傳統，我們從來不拒絕批評。所謂「批評」，是在全面深入理解的基礎上所作的內在性的批評，而不是不相干的外在批評。但內在性的批評與思想的訓練一定要以同情的瞭解為前提。因為，必須有深刻的同情的瞭解才能做好哲學思想史研究，而同情的瞭解要靠相應的才具。劉述先先生講：「要瞭解一家哲學，我們必須要瞭解這一家哲學產生的時代和文化的背景是什麼，所感受到的問題是什麼，所提出的解決問題的方向是什麼，獨特的哲學心靈尤其需要獨特的處理，庸俗的眼光未必能夠瞭解崇高的哲學的境界。」「缺乏同情的瞭解是研究傳統中國哲學的一大限制，而時代氣氛不同，尤其使我們難於領略過去時代的問題。……故此研究思想史貴在作深入的內

在的探討，外在的論議是其餘事。從這一個觀點看，胡適與馮友蘭的哲學史都不能夠算是深刻，因為它們不能作足夠的內在的深刻的討論的緣故。大抵在中國哲學史上，以佛學與理學最不容易處理，以其牽涉到內在的體驗的緣故。如果缺乏體驗，根本就看不出這些東西的意義。入乎其內，而後才能出乎其外，這是研究一家哲學的不二法門。要瞭解一個哲學所要解決的問題是什麼，著手的方法是什麼，所根據的經驗基礎是什麼，這樣才能看出這一哲學的優點與缺點所在。」[62] 劉先生認為，由此我們才能理解古人的陳述與陳述背後的洞識，顯發古人思想中所潛在的邏輯性，使其具備與內容相適應的理論結構。

　　我所主張的方法是一種「謙虛」的方法。所謂「謙虛」，或「同情的」、「客觀的」理解，或「以繼承為前提的創新」、「弱勢或軟性的詮釋」等，不僅是態度，而且是方法。文化立場、心態作為一種做學問的態度或方法對詮釋的效果也會產生很大的影響。但它本身也有侷限。我們不是不要批評、反思，而是要作難度更大的內在性、相乾性的批評與反思。反思是辯證的揚棄，既保留又克服。反思不是全盤否定或恣意的無根據的亂說。王元化先生曾經說過：「黑格爾學說具體的普遍性不同於抽象的普遍性，前者可以將特殊性和個體性統攝於自身之內。我認為這只是存在於黑格爾的邏輯學中，而並不存在於現實中。實際上，普遍性愈大，它所能概括的特殊性和個體性則愈小。設想有一種不同於抽象普遍性的具體普遍性，使這種概括可以放之四海而皆準，那只是美好的空想。」[63] 因此，我們在擁護這種具體普遍性時，也應看到它自身的侷限。主張弘大傳統文化精神並不意味著沒有現實感、不關注現實或脫離現實，而恰好包含著批判現實，批判現代性的負面與偏弊，批判時

62　劉述先：《研究中國史學與哲學的方法與態度》，載韋政通編《中國思想史方法論文選集》，臺北，水牛出版社 1987 年版，第 221—223、224—225 頁。

63　王元化：《談談我的反思》，《文匯報》1995 年 10 月 22 日。

俗流弊，批判五四以來相沿成習的某些誤解。我們努力對傳統儒釋道與宋明理學等思想傳統作創造性轉化，主要是透過生活化的管道浸潤到民間，在現代生活中起作用。

此外，還要注重思想訓練與思想力的培養。徐複觀先生說：「某人的思想固然要透過考證（包括訓詁、校勘等）而始能確定；但考證中的判斷，也常要憑思想的把握而始能確定。……前後相關的文句，是有思想的脈絡在裡面的。這即說明考證與義理在研究歷程中的不可分割性。就研究的人來講，作考證工作，蒐集材料，要靠思想去導引；檢別材料，解釋材料，組織材料，都是工作者的思想在操作。而『思想力』的培養，必須透過瞭解古人的、他人的思想，而始能得到鍛鍊、拓展、提升的機會。所以思想力的培養，是教學與治學上的基本要求。豈有不求瞭解古人的、他人的思想而能培養自己的思想力？豈有沒有思想力的人能做考據工作？」[64] 他主張透過瞭解古人的、他人的思想來鍛鍊、提升、培養「思想力」，尤其要學會把握古人思想的內在脈絡，這才是批判的基礎。因此，我們要時時理解中國哲學（每家每派）的邊界與限制。當然，首先是自己要老老實實地讀書，不要說大話，要有自知之明，自虛其心，自空其說。這並不妨礙問題意識的產生，而是盡可能避免劍走偏鋒。

（五）回顧與瞻望

回顧近 30 年中國哲學之研究，中外哲學（及漢學、中國學）與各宗教間的對話逐漸加強，古今會通也受到重視。研讀第一手資料的功夫更加扎實，也重視海內外已有的研究成果即研究前史，在此基礎上提出創新性見解並給予詳實的分析、論證。研究領域進一步擴大，各個時段的思潮、流派、

---

64 徐複觀：《治古代思想史方法》，載韋政通編《中國思想史方法論文選集》，臺北，水牛出版社 1987 年版，第 170 頁。

人物、著作與哲學問題的研究都有許多成就。傳統哲學與當代的關係、經與經學、佛教、道家與道教、宋明理學、現當代新儒學、出土簡帛中的哲學思想研究、從政治哲學的視域研究中國哲學等，已成為熱門或顯學。當然，這其中也有不盡如人意的地方。如何做到小中見大仍是我們面臨的難題。我們研究的物件越小，背景越大，才能越有深度。此外，把東亞（中國、越南、朝鮮半島與日本）的哲學思想史作為一個整體來研究，把整個東亞作為一個思想背景和解釋學處境加以對待，也是富有創新性的思路，這種研究業已展開。

　　當前的中國哲學研究也存在不少的問題或缺失：第一，學科間交叉、對話不夠。第二，學術品質與水準及對古典的研讀能力下降。第三，現實向度不夠。第四，面向世界的能力尚待加強。第五，問題意識和理論深度還有待提升。第六，關於少數民族的哲學與古代科學中的哲學問題的研究還比較薄弱。第七，中國哲學史研究在少數重要人物（如孔、孟、老、莊、程、朱、陸、王）及其著作上紮堆的現象急需改變，有許多在歷史的某時段某地域頗有影響的人物、學術共同體、著作等都沒有得到很好的發掘、整理與細緻的研究。中哲史上有很多二三流的人物，其實也非常了不起，在某時某地很有影響，都亟待我們結合東亞史、地域文化思想史去開拓，首先要下工夫把第一、二手資料給予整理、出版。

　　中國哲學或中國哲學史當然不同於中國學術史、中國思想史，其研究範圍、對象與方法自有不同。中國哲學更重視哲學形上學與哲學問題的討論。另一方面，中國哲學研究者並不排斥，相反更重視哲學思想、理念對社會民俗、政治與各種社會制度的作用與影響。這種關懷與對哲學理念的關懷相輔相成。我們的任務是彰明中國哲學之為中國哲學的自身的哲學問題、精神、方法、範疇、特點、風格與傳統，深度建構、闡發中華民族幾千年來的哲學思維發展史，體現中國人的哲學智慧，特別是在天人之間即超越境界、自然

天地與俗世生活之間的體驗，社會治理的經驗，身心性命的修煉與人生意境，言說論辯方式的特色及其與歐洲、印度、阿拉伯等哲學智慧的同異及世界上幾大哲學傳統在中華文化區的碰撞與交融。

瞻望未來，我們預計中國哲學界將會在中國哲學學科主體性的確立，中國經典詮釋的多樣性，中國哲學範疇、命題與精神、智慧的準確把握，西方哲學的中國化與中國哲學的世界化，中國哲學的創造性轉化，中國哲學智慧對現代化的參與及對人類社會的貢獻等方面繼續取得重要進展。[65]

---

[65] 參見郭齊勇、廖曉煒：《60年來中國哲學思想史研究的思考》，《文史知識》2009年第9期，第4—10頁。

中國哲學史學史的建構及其意義

胡治洪[66]

田文軍教授近年來在「中國哲學史學史研究」領域取得了一系列成果，這些成果具有豐厚的學術內容，並直接或間接涉及與中國哲學（史）相關的一些重大理論問題，諸如究竟中國有無哲學、究竟如何看待百年來中國哲學（史）的現代轉化等，值得學界和社會關注。在此將這些成果的內容略加表彰，並對有關問題稍陳管見。

一、中國哲學的本來面相及其近代以來的際遇

中華民族是擁有悠久哲學思維傳統、高明哲學思想智慧和豐富哲學理論資源的偉大民族。筆者曾經透過梳理八卦、五行、陰陽、太極觀念的發生與形成過程，並抉發這些觀念的哲學內涵，認定「從傳說為伏羲始創而至遲在西元前 11 世紀便已形成的八卦觀念，到同樣於西元前 11 世紀便已形成而可追溯到西元前 21 世紀甚至更早的五行觀念，再到西元前 8 世紀早期便已成熟的陰陽觀念，乃至西元前 4 世紀至 3 世紀出現的太極觀念，所有這些都表明，中華民族是一個具有悠久而一貫的哲學思維傳統的偉大民族。中國古代哲學思想的發生，非但不落後於世界上其他的古老民族，而且甚至早於其他古老民族。透過對中國古代哲學思想起源的梳理，可以斷言，那種認為『中國無哲學』的論點，完全是傲慢的偏見或無知的臆說」。[67]

66　胡治洪，武漢大學中國傳統文化研究中心教授。
67　見郭齊勇主編：《簡明中國哲學》，高等教育出版社 2010 年版，第 12 頁。

不過，中國雖然擁有悠久、高明、豐富的哲學思想和理論，但直到 19 世紀末葉都沒有「哲學」這一名稱，當然也就沒有專門的哲學學科。中國古代可以被歸入現代所謂「哲學」範疇的關於宇宙、人生、社會、歷史之根本問題的論說，都渾融於經子之學乃至史學和文學之中。中國古代學術的這種特點，當與中華民族傳統思維方式相關，我們的先人在面對當下問題時，並不僅僅侷限於這些問題本身，而是往往從根本處、總體上以及歷史傳承中設思，窮原竟委，比類屬義，從而貞定思想立場，這樣，他們的認識成果就不免具有渾融的特點了。反映中華民族傳統思維方式的中國古代學術特點自有其價值所在，僅從它積累了堪稱世界上最為博大精深、宏富賅備的學術文化資源這一端即可證明。只是在近代西方憑藉富強優勢而逐步獲得全球文化主導話語權之後，中國古代學術相對於西方分類學術標準才日益顯得不合時宜，學術分類也就成為時代的要求。於是，隨著 19 世紀末維新人物將日本學者西周借用漢字對譯西語 philosophy 所新創的「哲學」一詞引入中國，中國古代哲學思想理論便逐漸被從渾融的學術資源中提取到專門的哲學範疇，中國哲學也就開始了學科化的歷程。

從有實無名到名實俱備，從渾融到專門，從學科體制中的附庸到蔚為大國，亦即從古代形態到現代形態，中國哲學的這一轉變至今業已經過百年發展。一般人對這一過程不知其詳，往往以為現代形態的中國哲學振古如茲；而業內人士對這一過程則頗多爭論。堅持中國學術根源性的人士認為，以西方哲學的框架和結構來切割中國傳統思想資源，造成了中國傳統思想資源內在神氣的喪失；以西化的現代語言來表述中國傳統觀念（所謂「漢話胡說」），又造成了中國學術的「失語」，由此質疑中國哲學現代轉化的必要性。而執守西方哲學標準的人士則認為，所謂「中國哲學」在內容上缺乏哲學的某些根本要素（如沒有絕對抽象的 Being），在形式上不過是對西方哲學的模仿，因

而否認「中國哲學的合法性」。[68] 這兩種觀點大相逕庭，但在拒斥現代形態的中國哲學這一點上卻是一致的。在這種背景下，田文軍教授近年來圍繞「中國哲學史學史研究」課題撰寫的一組論文，便顯得頗具學術價值和現實意義。

二、中國哲學（史）現代轉化的實績

田教授關於「中國哲學史學史研究」的論文主要有《馮友蘭與中國哲學史學》（《學術月刊》1999 年第 4 期；收入氏著《珞珈思存錄》，中華書局 2009 年版）、《謝無量與中國哲學史》（《江海學刊》2007 年第 5 期；收入《珞珈思存錄》）、《張岱年與中國哲學問題史研究》（《周易研究》2009 年第 6 期）、《陳黻宸與中國哲學史》（《武漢大學學報·人文科學版》2010 年第 1 期）、《王國維與中國哲學史》（《人文雜誌》2011 年第 5 期）、《蕭萐父先生與現代中國哲學史學》（《多元範式下的明清思想研究》，北京：生活·讀書·新知三聯書店 2011 年 8 月版）等篇。這些論文展示了百年來幾代學者在中國哲學以及由中國哲學的承傳發展所構成的中國哲學史的現代轉化方面所取得的實績，勾稽出他們在進行中國哲學（史）現代轉化的實踐中所形成的具有中國哲學史學意義的思想認識，指出了他們在理論和實踐方面的貢獻與侷限，肯定了中國哲學（史）的哲學性質及其現代轉化的必要性與合理性。

關於中國哲學（史）現代轉化的實績，首先表現在中國哲學（史）學科的建立，對此作出突出貢獻的當推王國維。《王國維與中國哲學史》一文第一節拈出王氏《哲學辨惑》（1903）、《論哲學家與美術家之天職》（1905）、《論近年之學術界》（1905）、《奏定經學科大學文學科大學章程書後》（1906）四篇文章，闡發了王氏關於「哲學非有害之學」、「哲學非無益之學」、「中國現時研究哲學之必要」、「哲學為中國固有之學」、「研究西洋哲學之必要」以及

---

[68] 主要參見邢賁思等主編：《新時期中西哲學大論辯》第十一章「中國哲學的合法性問題」，百花洲文藝出版社 2006 年版。

「近世教育變遷之次第,無不本於哲學的思想之影響者」等觀點,陳述了王氏對「今則大學分科,不列哲學,士夫談論,動詆異端,國家以政治上之騷動,而疑西洋之思想皆釀亂之麴糵;小民以宗教上之嫌忌,而視歐美之學術皆兩約之懸談」這類現象的批評,表彰了王氏對張之洞等朝廷重臣將哲學排斥於大學教育和現代學術門類之外這種不當做法的批駁及其針鋒相對提出的包括「中國哲學史」在內的大學哲學學科課程設想。儘管作為布衣書生的王國維並沒有也不可能直接促成中國哲學(史)學科在當時的體制內得以確立,但是,「王國維早年給予哲學的關注與熱情,對於後來哲學在現代中國學術建設中獨立發展的影響,卻少有與他同時代的學者所能比擬。同時,在現代中國學術領域,哲學學科的確立,當是中國哲學史學科得以形成的基礎與前提,而王國維對於哲學的推崇與辨析,對於確立這樣的基礎與前提,也可以說是居功甚偉」。[69] 即是說,中國哲學(史)學科在民國初年最終得以確立,王國維功莫大焉。

中國哲學(史)學科的建立,當然要求相應的教材和學術成果建設,百年來在這一方面也取得了豐碩的實績。王國維由於學術志趣的轉移,未能完成系統的中國哲學史著作,但在傾心哲學的數年間,他仍在先秦哲學、宋代哲學、清代哲學以及中國哲學範疇研究等領域留下了諸多「轉移一時之風氣,而示來者以軌則」[70] 的精彩篇章,其犖犖大者有《孔子之學說》、《子思之學說》、《孟子之學說》、《孟子之倫理思想一斑》、《荀子之學說》、《老子之學說》、《列子之學說》、《墨子之學說》、《周秦諸子之名學》、《周濂溪之哲學說》、《國朝漢學派戴阮二家之哲學說》、《論性》、《釋理》、《原命》等。而陳黻宸、謝無量、馮友蘭、張岱年、蕭萐父則都編撰了中國哲學史著作。陳著

69　見田文軍:《王國維與中國哲學史》,《人文雜誌》2011 年第 5 期,第 50 頁。
70　陳寅恪:《王靜安先生遺書序》,轉引自周錫山編校:《王國維集》第 4 冊,中國社會科學出版社 2008 年版,第 479 頁。

作為北京大學哲學門中國哲學史課程講義,部分稿成於1916年,內容起自遠古伏羲,但甫及殷周之際便因作者於1917年溘逝而中止,成為一項未竟的事業。因此,謝無量出版於1916年、內容肇自遠古而收束於清代的《中國哲學史》,便成為「中國現代學術史上第一部以中國哲學史命名的學術著作」,「中國哲學史由古典形態向現代形態轉型時期的開山之作」。[71] 爾後馮友蘭於1934年出版兩卷本《中國哲學史》、於1948年出版英文《中國哲學簡史》、於1962—1964年出版兩卷本《中國哲學史新編》、於1982—1990年陸續出版七卷本《中國哲學史新編》,張岱年於1937年寫成、至1958年出版《中國哲學大綱》,蕭萐父於1982年主編出版兩卷本《中國哲學史》,踵事增華,為中國哲學(史)學科奠定了愈益厚實的基礎。實際上,田教授的系列論文還述及胡適出版於1919年的《中國哲學史大綱》(卷上),[72] 鍾泰出版於1929年的《中國哲學史》,[73] 侯外廬於1963年出齊的五卷六冊《中國思想通史》,[74] 並提到章太炎、梁啟超、劉師培、郭沫若、錢穆、範壽康、蕭公權、唐君毅、牟宗三、馮契等在中國哲學史或相關領域的研撰工作。所有這些足以證明百年來中國哲學史教材和學術成果建設的豐碩實績。[75]

寬泛地說,專門的中國哲學(史)學科的成立以及中國哲學史著作的構撰,即已意味著中國哲學實現了從古代形態向現代形態的轉化,但在嚴格意

71　見田文軍:《謝無量與中國哲學史》,《珞珈思存錄》,中華書局2009年版,第39、43頁。

72　見田文軍:《謝無量與中國哲學史》、《馮友蘭與中國哲學史學》,《珞珈思存錄》,中華書局2009年版,第48、55頁。又見田文軍:《張岱年與中國哲學問題史研究》,《周易研究》2009年第6期,第25頁。

73　見田文軍:《張岱年與中國哲學問題史研究》,《周易研究》2009年第6期,第25頁。

74　見田文軍:《王國維與中國哲學史》,《人文雜誌》2011年第5期,第53頁。

75　百年來對中國哲學史教材和學術成果建設做出貢獻的犖犖大家還有蔣維喬、李石岑、孫叔平、任繼愈、勞思光、馮達文、郭齊勇等。

義上，中國哲學（史）的現代轉化必須先之以參與者的觀念轉變，否則，專門的中國哲學（史）學科和中國哲學史著作可能徒具現代形式。例如，「《中國哲學史》成書之後，陳黻宸具體論釋自己的中國哲學史研究方法時曾說：『不佞上觀於《莊子》道術方術之辯，而下參諸太史公《六家要旨》與劉氏父子《七略》之義，輯成是篇，自伏羲始。其略而不存者多矣！』這種論述表明，他的中國哲學史研究方法，仍在司馬談、劉向、劉歆父子的學術研究方法範圍之內。……其對於西方學術的瞭解實際上還十分膚淺。……這使得他還沒有可能從現代哲學史學科的角度確定中國哲學史所應當探討的問題的範圍和內容」，正因此，陳黻宸的中國哲學史研究成果體現出「早期形態」和「不成熟性」。[76] 同樣，從謝無量的《中國哲學史》中，「我們雖可以看到他從辭源、意蘊、內容等方面對西方哲學有所論述，認定哲學有別於科學，但也可以發現他並未真正依照現代學科觀念，嚴格地從學科類別的角度理解哲學，這使得他認定中國的儒學、道學以及印度的佛學即等於西方的哲學……在儒學、道學、理學、佛學中，既包含屬於哲學的內容，也包含許多非哲學的，或說可以歸屬於其他學科門類的內容。謝無量將哲學等同於儒學、道學、理學、佛學，表明他對於哲學的理解尚停留於對哲學表層特徵的把握，未能真正理解哲學的學科內涵與本質特徵」，因此，「在某種意義上說，這樣的中國哲學史著作，雖具備形式的系統，但也只能停留於形式的系統而已，不可能在建立起形式的系統的基礎上，再建構起實質的系統」。[77] 陳、謝二氏中國哲學史著作的侷限性，實質上是觀念滯後的反映，因此，他們雖然都有中國哲學史著作，卻並沒有真正實現中國哲學（史）的現代轉化。當然，作為中國哲學（史）研究起步階段的成果，他們的著作具有篳路藍縷之功，他

76　見田文軍：《陳黻宸與中國哲學史》，《武漢大學學報》（人文科學版）2010年第1期，第51頁。

77　見田文軍：《謝無量與中國哲學史》，《珞珈思存錄》，中華書局2009年版，第47—48、50頁。

們關於中國哲學（史）研究的思考和論說，也為中國哲學史學史留下了值得重視的素材，這些都是不可抹殺的貢獻。

關於中國哲學（史）的現代轉化，馮友蘭、張岱年、蕭萐父都進行了更加深入的思考，觀念上有了更加深刻的新變。他們的思考主要集中在哲學（包括中國哲學和中國哲學史）的特定研究物件及其特殊研究方法，亦即哲學（包括中國哲學和中國哲學史）應該研究什麼和如何進行研究的問題。「馮友蘭把哲學理解為『對於認識的認識』，認為『哲學是人類精神的反思』，這種反思涉及自然、社會、個人，也涉及這三個方面之間的相互關係。這三個方面以及其間相互關係的問題，是人類精神反思的物件，也就是哲學的物件。這種理解使馮友蘭認同西方的哲學觀念，將歷史上形成的宇宙論、人生論、知識論或所謂形上學、價值論、方法論都看作哲學所應包含的內容。肯定哲學作為一種歷史的發展的理論形態，其內容的表現形式會有許多差別；但就中西哲學發展的歷史和現狀來看，其內容仍不外這幾個部分。」基於對哲學的這種理解，馮友蘭確定了區別於傳統學術的中國哲學（史）研究物件，又透過相應的古籍辨偽、史料取捨、語義分析、脈絡清理、認識深化、中西融會等方法，「寫出具有現代學術性質的完整的中國哲學史著作」。[78] 張岱年「在綜觀西方哲學家哲學觀念的基礎上，認定『哲學是研討宇宙人生之究竟原理及認識此種原理的方法之學問』。正是這樣的哲學觀念，使他在總體上將中國哲學問題區別為『宇宙論』、『人生論』、『致知論』，並具體在『宇宙論』中探討『本根論』、『大化論』，在『人生論』中探討『天人關係論』、『人性論』『人生理想論』、『人生問題論』，在『致知論』中探討『知論』、『方法論』，勾畫出了中國哲學問題史的基本線索與理論框架」。針對釐定的中國哲學問題，張岱年採取分析、比較、概括、源流、融貫等方法，完成了《中國哲學大綱》

78　見田文軍：《馮友蘭與中國哲學史學》，《珞珈思存錄》，中華書局2009年版，第56—62頁。

這樣一部體例上別具一格、既參照西方哲學觀念又特別突出中國哲學特點、「將中國哲人所討論的主要哲學問題選出,而分別敘述其源流發展,以顯出中國哲學之整個的條理系統」的中國哲學史著作。[79] 蕭萐父以馬克思主義為指導,著眼於哲學史既屬於一般歷史學科、又具有哲學的特殊性這種特點,在把握歷史學和哲學研究物件的基礎上,將哲學史的研究物件規定為「哲學認識的矛盾發展史」,肯定哲學史研究的僅是「既區別於宗教、藝術、道德,又區別於各門科學而專屬於哲學的『一般認識』的歷史」,進而確定中國哲學史的特定研究任務是「揭示出這些哲學的本質矛盾在中國哲學發展中的表現形態和歷史特點,揭示出矛盾的普遍性與特殊性的具體聯結」,這就「釐清了哲學史與社會學史、政治學史、法學史、倫理學史、美學史、教育學史等專門學科史的界線,比以往的哲學史研究成果,更加真實地展現了中國哲學發展的歷史實際」。[80] 為了達成研究任務,蕭萐父對哲學史研究方法作了系統的探討,「在他看來,哲學史研究方法本身應當是一個包含多層面內容的理論系統,這種方法理論系統,涉及哲學史研究對象的理解、確立,哲學史史料的考訂、選擇,哲學理論的比較、鑑別,哲學思潮演變的歷史考察,哲學家歷史貢獻的分析、評斷等。因此,在實際的哲學史研究中,構成哲學史方法系統的任何一個環節,對於哲學史研究的指導作用都不宜忽略」,而由於哲學史這門學科既屬於史學又屬於哲學,所以蕭萐父強調「就哲學史這個特殊領域來說,歷史和邏輯的統一,是一個具有特別重要意義的指導原則和方法」。[81] 正是在釐清研究物件並確定研究方法的基礎上,蕭萐父主編的兩卷本《中國

---

79 見田文軍:《張岱年與中國哲學問題史研究》,《周易研究》2009 年第 6 期,第 26 頁。

80 見田文軍:《蕭萐父先生與現代中國哲學史學》,《多元範式下的明清思想研究》,生活‧讀書‧新知三聯書店 2011 年版,第 557—558 頁。

81 見田文軍:《蕭萐父先生與現代中國哲學史學》,《多元範式下的明清思想研究》,生活‧讀書‧新知三聯書店 2011 年版,第 559 頁。

哲學史》成為「20 世紀 80 年代最具範式性質的中國哲學史研究成果之一」，「構成了中國哲學史學科建設中的一個重要環節」[82]

三、中國哲學（史）現代轉化的合理性與必要性

透過展示百年來中國哲學（史）現代轉化的實績，並呈現在這一過程中幾代學者形成的具有中國哲學史學意義的思想認識及其理論和實踐上的貢獻與侷限，田文軍教授建構了中國哲學史學史的基本框架，理出了其中的主要脈絡，取得了可觀的學術成就。這一工作對於把握現代形態的中國哲學（史）的既有面相及其未來取徑，以及中國哲學史學史研究的進一步開展，都具有不容忽視的意義。猶有進者，田教授的工作實際上次應了對中國哲學（史）的哲學性質及其現代轉化的合理性與必要性的疑問。從他的文章中可見，百年來幾代學者在中國哲學（史）領域的研探創構，是在愈益清晰地領會西方哲學實質的前提下進行的，他們參照西方哲學，從「渾融一體，原無區分」的中國學術資源中爬搜剔抉的關於本體論、宇宙論、人性論、認識論等方面的思想資料，無疑具有與西方哲學相同的哲學性質，所以王國維說「哲學為中國固有之學」。誠然，在中國哲學思想資料中並無西方哲學的那些概念和範疇，但這正如西方哲學的概念和範疇只是表現其哲學個性一樣，中國哲學思想資料中沒有西方哲學的概念和範疇而擁有自己的一套概念和範疇，也正體現了中國哲學的個性，正是有鑒於此，張岱年「主張對於中國哲學問題的歸納應對於中國哲學的『原來面目無所虧損』」，因而他在《中國哲學大綱》中「沒有一般性的套用本體之類西方哲學術語，而是以『本根』、『大化』之類的傳統概念解析有關宇宙論的問題。講到知識論問題時，也未直接運用知識論之類的術語，而是以『致知論』來概述中國哲學中涉及的知識論問題，對

82　同上，第 559、550 頁。

其他中國哲學問題的總結也是如此」；[83] 由此還可聯想到馮友蘭以理、氣、太極、無極、道體、大全來架構其本體論哲學，金嶽霖一定要用「道」來命名其哲學體系的本體範疇，這種突出哲學個性的做法絲毫不影響他們的哲學之為哲學。

肯定了中國哲學的哲學性質，則所謂「中國哲學的合法性」問題就只是一個純形式的問題了。中國古代沒有「哲學」一名，當然也就沒有形式化的哲學。現代形態的中國哲學之具備專門的體系結構形式，確實拜西方哲學之賜，因此要說現代形態的中國哲學在形式上模仿了西方哲學，也是無可否認的事實。但深入追究現代形態的中國哲學之所以在形式上模仿西方哲學，可以發現其根本原因在於近代西方文化憑藉富強優勢而獲得世界文化主導話語權之後，儼然成為對非西方文化的帶有強制性的衡斷標準——所有非西方文化要麼按照西方文化進行現代轉化，要麼不免作為前現代孑遺而喪失發展乃至存在的權利。在這種時代條件下，數千年來一直自足的中國文化和學術按照西方分類標準進行轉化，從而中國哲學形成專門體系，無論是不得已而為之還是心悅誠服地仿效，都不存在不合法的問題，相反對於西方文化來說恰恰應該是合於其目的的。如果將現代形態的中國哲學在形式上模仿西方哲學指為「不合法」，那就無異於某個強人單方面制定了普遍的遊戲規則，卻又禁止他人運用這種規則參與遊戲，此非霸道邏輯而何？[84]

如果說否認「中國哲學合法性」的人士不允許中國哲學在形式上模仿西方哲學，那麼質疑中國哲學現代轉化必要性的人士則拒絕這種模仿，其理由已如前述，其中蘊含的則是強烈的民族文化自尊感，這是可以同情的。但是，缺乏必要的形式畢竟是學術的缺失，陳黻宸將這種缺失與民族的先進與

83　見田文軍：《張岱年與中國哲學問題史研究》，《周易研究》2009 年第 6 期，第 27 頁。

84　確切地說，制定遊戲規則者倒沒有禁止他人運用規則，而是某些自封的幫閒者假權行令。

落後聯繫起來,認為「東西方的一些優秀民族之所以『強且智』,一個重要原因,就在於他們『人各有學,學各有科,一理之存,源流畢貫,一事之具,顛末必詳。』而近代中國的學術文化落後則因其有『學』無『科』」。[85] 張岱年則認為,體系化的形式並不會斲喪中國哲學的神氣,反而可以彰顯中國哲學的精義,「因為,『中國哲學實本有其內在的條理』,給中國哲學以形式的系統,『實乃是「因其固然」,依其原來隱含的分理,而加以解析,並非強加割裂』」。[86] 無論如何,在西方學術形式事實上成為普世性的知識格套的現代世界,一切古老的地方知識如果不按照這一格套進行轉化,便不免由於沒有公共性的表現方式而自外於主流社會,因自小門戶而歸於湮滅;唯有透過西方學術形式的「格義」,古老的地方知識才可能發揚光大。[87] 中國哲學自不例外。不過又當看到,西方學術形式作為普世性的知識格套,只是歷史過程中的歷史現象,必然在歷史中被揚棄。杜維明曾經對他以西方學術形式「格義」中國傳統思想資源的工作做過一個比況,他說:

假如說中國文化是強勢,而德國文化是弱勢。一位德國學者在北京提出對於德國理想主義的觀點,希望擁有文化強勢的中國學者能夠瞭解他在講什麼。顯然他必須使用中文,並運用中國哲學中的諸多範疇,諸如心、性、理、氣、仁、義、禮、智等等,而不能運用德國哲學中的主體性、道德自律、絕對命令等觀念;所有這些德國哲學中的觀念都要透過中國語境的詮釋而表達出來,從而才能與中國學者進行交流並引起他們的興趣。如果在這一過程中,德國中國一批學者逐漸獲得了文化自覺,對自身傳統中的深刻意義

---

85 見田文軍:《陳黻宸與中國哲學史》,《武漢大學學報》(人文科學版) 2010 年第 1 期,第 49 頁。

86 見田文軍:《張岱年與中國哲學問題史研究》,《周易研究》2009 年第 6 期,第 26—27 頁。

87 筆者對此做過深入闡述,具見拙著《全球語境中的儒家論說:杜維明新儒學思想研究》,生活‧讀書‧新知三聯書店 2004 年版,第 45—49 頁。

加以反思，於是把前面那位學者在北京用中文發表的關於德國哲學的一些理念再譯成德文，並在德國學術界進行討論，這可能導致以下多種反應。或者認為那位學者的行為是荒謬的：「他透過中文的轉譯而消解了我們傳統中十分豐富的資源，僅僅豐富了中國文化資源。」或者會感到奇怪：「居然我們那些帶有特殊的地方性的觀念被譯成中文後，還會引起中國學者的興趣，還能擴展他們的視野。」另一種可能會認為：「他根本不是一個德國哲學家，他只是一個在中國的德國哲學家。」還有一種可能就是認為，這位學者經過很多格義功夫做出來的東西，與當下正在德國發展的理想主義的方向性及其內在資源之間，存在著不可踰越的鴻溝。另一方面，這位學者懷抱的在中國文化氛圍中透過對德國理想主義的進一步闡發來開闢強勢的中國文化視域的願望，無疑會被人們視為癡人說夢。這位學者的工作還能不能做下去？如果做下去能不能獲得預期的效果？這就需要對於發展前景具有信念，同時需要自我積蓄，需要待以「十年機緣」。[88]

這一比況的意味是十分豐富而深長的。百年來幾代學者對於中國哲學（史）的現代轉化，不正是追求著將杜維明虛擬的境況變為現實嗎？田文軍教授的系列論文大體呈現了這一過程以及貫穿其中的思想脈絡，從而為中國哲學（史）的繼往開來留下了一批既有學術性、又有思想性的階段性成果，值得學界和社會關注。

88　見《全球語境中的儒家論說：杜維明新儒學思想研究》，生活‧讀書‧新知三聯書店 2004 年版，第 48—49 頁。

追溯哲學的源頭活水
——「中國哲學的合法性」問題再討論

黃玉順[89]

目前中國哲學研究界在關注「中國哲學的學科發展」問題。然而談到這個問題，首先有一點是繞不開的，那就是十年前那場關於「中國哲學的合法性」問題的大討論及隨後關於「重寫中國哲學史」的討論。這是探討中國哲學學科發展問題的一個基本前提，因為假如所謂「中國哲學」學科本身就是虛妄的，則討論其「發展」就是同樣虛妄的。

在那場討論中，一些學者對中國哲學的合法性提出質疑，這種質疑儘管本身就存在著合法性問題，但未必就是所謂「偽問題」；另一些學者則為中國哲學的合法性進行辯護，但這些辯護其實並未真正有效地回應這種質疑。因此，那場討論的結局可謂不了了之。

其所以如此，是因為：不論是對中國哲學的合法性提出質疑者還是為之辯護者，都事先預設了所謂「哲學」的某種固定標準模式，即哲學之「法」或「跡」，而沒有觸及哲學之「所以為法」、「所以跡」的問題，即沒有觸及哲學的源頭活水——生活或存在及哲學由此源頭活水而流變的問題，這就使得所謂「哲學」成為了一種凝固不變的東西，一種與現實生活無關的東西，成為了一種關於「器」而不是「道」的言說，從而喪失了存在的開放性、發展的可能性。

89　黃玉順，山東大學儒學高等研究院副院長、教授。

追溯哲學的源頭活水──「中國哲學的合法性」問題再討論

一

十年前率先撰文引發「中國哲學的合法性」問題大討論的鄭家棟提出：討論「中國哲學之合法性」問題，實際上已經預設了「中國哲學」（中國的哲學）與「哲學在中國」的區分，後者是泛指發生在中國土地上的一切哲學運動、活動、事件，哲學討論與爭論，哲學研究、創作及其成果等等；前者則是特指中國傳統哲學及其現代發展。「中國哲學的合法性」問題的真實涵義在於：中國歷史上存在著某種獨立於歐洲傳統之外的「中國哲學」嗎？或者說，「哲學」是我們解釋中國傳統思想之一種恰當的方式嗎？又究竟在什麼意義上「中國哲學」概念及其所表述的內涵能夠得到恰當的說明，並取得充分的理據呢？[90]

由於作為近現代意義上的知識系統和學科門類的「中國哲學」是中西文化交流後的產物，確切地說，是引進西方哲學的概念系統詮釋中國思想的結果，這就出現一個問題：對於「中國哲學」來說，西方哲學概念及方法的引進是建立了某種不同於中國傳統哲學的話語系統和表述方式，還是建立了「中國哲學」本身？換句話說，抑或中國歷史上本不存在「哲學」這種東西，今天所謂「中國哲學」，乃是人們以某種取自歐美的「哲學的方式」解讀中國歷史上非哲學的文本創造出來的。此問題關係甚大，因為如果此一論斷成立，則只存在「中國現代哲學史」，而並不存在一般意義上的「中國哲學史」，「中國哲學」一語的涵義也就可以等同於「哲學在中國」。[91]

其意是說：儘管無法否認一百年來「哲學在中國」（philosophy in China）存在的事實，但這種存在未必可以合法地叫做「中國哲學」（Chinese philosophy），未必就是中國傳統的現代發展，倒毋寧說它「僅僅是一種現

---

[90] 鄭家棟：《「中國哲學」的「合法性」問題》，原載《世紀中國》（www.cc.org.cn）、《中國哲學年鑒》（2001年），轉載於《中國社會科學文摘》2002年第2期。
[91] 同上。

代的事業（而與歷史和傳統無關），正如現代中國的許多學科門類（如社會學等）都僅僅是現代的事業一樣」[92]。

這似乎頗切合於「中國哲學」之歷史實際。「中國哲學」學科的建立，有幾個標誌性事件：約 1895 年，由日本學者西周以漢字翻譯「Philosophy」而得的「哲學」一詞傳入中國；1914 年，北京大學設立「中國哲學門」；1919 年，蔡元培改之為「哲學系」；同年，胡適《中國哲學史大綱》上捲出版；1934 年，馮友蘭《中國哲學史》問世。這就是說，所謂「中國哲學」和「中國哲學史」只有一百來年的歷史。儘管一百年來「中國哲學」已經成為了中國現代學術的大宗之一，即所謂「文史哲」之一，但與此同時，「中國哲學」的學科「合法性」始終遭遇質疑。

關於「中國哲學的合法性」問題的看法，大致有以下三類觀點：①西方哲學特有論：哲學是西方所特有的思想形態。②中國哲學特殊論：西方哲學為哲學的一般標準形態，而中國哲學只是哲學的一種特殊形態。③中西哲學同屬特殊論：西方哲學、中國哲學都是哲學的特殊形態。評述如下。

二

第一類觀點：西方哲學特有論。這類觀點認為：哲學是西方特有的思想形態，西方之外無所謂哲學；換句話說，說「哲學」和說「西方哲學」其實是一回事。因此，所謂「中國哲學」其實是「（西方）哲學在中國」。

引發爭論的鄭家棟本人大致就是持這種觀點的。他說：

中國歷史上本不存在「哲學」這種東西，今天所謂「中國哲學」乃是人們以某種取自歐美的「哲學的方式」解讀中國歷史上非哲學的文本創造出來的。如果後一種論斷成立，則只存在「中國現代哲學史」，而並不存在一般意義上的「中國哲學史」，「中國哲學」（Chinese Philosophy）一語的含義也就可

---

[92] 鄭家棟：《「中國哲學」的「合法性」問題》。

追溯哲學的源頭活水—「中國哲學的合法性」問題再討論

以等同於「哲學在中國」(philosophy in China)。[93]

當然,他在這個問題上的立場是游移的。他「承認在所謂『中國的』與『哲學的』之間能夠達成某種妥協或尋找到某種通道,或許問題的關鍵也不在於『哲學』是否構成了中國歷史上所固有的一種思想形態,而更在於當我們使用『哲學』一詞來表述和規範中國思想的某些內容的時候,是否能夠真正接得上中國本土的歷史脈絡和精神傳統」[94]。但是無論如何,「『哲學』所具有的普遍性品格及其所包含的與西方的學術和文化傳統相關聯的一整套預設,決定了把『哲學』運用於中國傳統思想的闡釋,『以西解中』或『以中附西』乃是必由之路」。[95]

其實,所謂「中國哲學的合法性」本是西方人提出的問題,「就國際學壇而言,對於『中國哲學』概念、學科及其所代表的思想學術脈絡的質疑,差不多是一個專屬於歐洲學術界的問題。我們且不論黑格爾、胡塞爾、海德格爾、伽達默爾、德里達等著名哲學家的說法,就是近十幾年來討論相關問題的文章,也基本上是出自歐洲(主要是德、法)學者之手,作者的專業背景均屬於漢學家。而哲學與漢學兩條線索之間在論述方式及其結論方面又表現出高度的一致性,都是強調『哲學』乃是歐洲所特有的傳統、話語或論說方式。」[96] 西方學者對西方之外是否存在著哲學,始終持有一種質疑的態度。

胡適當年儘管寫過《中國哲學史大綱》,但他後來的立場其實也是這種觀點。《中國哲學史大綱》只出了捲上,而卷下始終沒有下文,就是他後來對哲學的態度發生轉變的結果。這是因為他的思想方法是科學主義、實證主義的,而非哲學的。胡適寫道:「過去的哲學只是幼稚的、錯誤的,或失敗了

93　鄭家棟:《「中國哲學史」寫作與中國思想傳統的現代困境》,《中國人民大學學報》2004 年第 3 期。

94　同上。

95　同上。

96　同上。

~82~

的科學。」「問題可解決的,都解決了。一時不能解決的,如將來有解決的可能,還得靠科學實驗的幫助與證實,科學不能解決的,哲學也休想解決。」「故哲學自然消滅,變成普通思想的一部分。」「將來只有一種知識:科學知識。將來只有一種知識思想的方法:科學實驗的方法。將來只有思想家而無哲學家:他們的思想,已證實的便成為科學的一部分;未證實的叫做待證的假設。」[97] 這意味著他事實上不再認為中國有所謂「哲學」。這與傅斯年對胡適的影響有關。[98] 傅斯年在1926年致胡適的信中表達了對哲學的反感,認為德國哲學只是出自「德國語言的惡習慣」[99]。他說:「中國本沒有所謂哲學,多謝上帝給我們民族這麼一個健康的習慣。」[100] 傅斯年之厭惡哲學,也不是出於中國文化本位立場,而是出於科學實證主義的史學立場。所以,胡適後來轉而提倡科學實證主義的「國故學」或者「國學」。

其結果是:儘管在實際研究中哲學史和思想史的界線模糊不清、很難截然劃分,但在中國現代學科分類體系中,兩者卻是被明確地分離、對立起來的:哲學史屬於哲學門類,而思想史則屬於史學門類。所以葛兆光才會說:「關於古代中國有沒有『哲學』……從根本上來說,它卻是一個偽問題,因為它可能永遠沒有結論」[101];「相比起來,『思想史』在描述中國歷史上的各種學問時更顯得從容和適當」。[102]

97　見胡適1929年6月3日的日記,《胡適日記全編》五,安徽教育出版社2001年版,第427—430頁。

98　王汎森:《中國近代思想與學術譜系》,河北教育出版社2001年版,第304—306頁。

99　見《胡適遺稿及祕藏書信》第三十七冊,黃山書社影印本,第359頁。

100　傅斯年:《與顧頡剛論古史書》,見《傅斯年全集》第四冊,臺北,聯經出版事業公司1980年版。

101　葛兆光:《穿一件不合尺寸的衣衫——關於中國哲學和儒教定義的爭論》,《開放時代》2001年第6期。

102　葛兆光:《中國思想史》第一卷,復旦大學出版社1998年版。

但是，從科學實證主義的立場來說中國沒有哲學，只有思想，也會面臨同樣的質疑：如果說中國古代沒有西方哲學意義上的「哲學」，難道就有西方科學實證主義意義上的「思想」嗎？如果同樣沒有，那麼所謂「中國思想史」的「合法性」又何在？不同樣是「一件不合尺寸的衣衫」嗎？這是論者沒有意識到的問題。當然，近年也有學者不從科學實證主義而從後現代主義或海德格爾現象學的立場上來闡述中國古代的「思想」；但這樣的闡述會面臨同樣的質疑：難道中國古代就有西方後現代主義或現象學意義上的所謂「思想」嗎？顯然，比較起那種用西方哲學來剪裁中國傳統的做法來，這種用西方哲學之外的其他學術來剪裁中國古代學術的做法也不過是五十步笑百步而已。其實，真正的問題不在於應該用「哲學史」模式還是「思想史」模式，而在於是否具有一種更為徹底的思考方式：難道「哲學」和「思想」就只是這種既成固有的模式嗎？

三

第二類觀點：中國哲學特殊論。這類觀點認為，中國哲學和西方哲學之間的關係乃是特殊和普遍之間的關係，西方哲學就是一般哲學的標準形態。鄭家棟提出「中國哲學的合法性」問題，主要就是針對這種觀點的：「『中國哲學之合法性』問題的出現，是以『哲學』觀念的引進和『西方哲學』作為某種參照和尺度的存在為前提。」[103] 具體來說，他主要針對的是馮友蘭的中國哲學史範式，因為現代「中國哲學」和「中國哲學史」的基本範式，實際上是由馮友蘭奠定的。馮友蘭範式有三個要點：第一，中國古代是有哲學的，但是只有實質的系統，缺乏形式的系統。「所謂系統有二：即形式上的系統與實質上的系統。此兩者並無連帶的關係。中國哲學家的哲學，雖無形式上的系統；但如謂中國哲學家的哲學無實質上的系統，則即等於謂中國哲學家之

---

103 鄭家棟：《「中國哲學」的「合法性」問題》。

哲學不成東西,中國無哲學。」[104]「中國哲學家之哲學之形式上的系統,雖不如西洋哲學家;但實質上的系統,則同有也。講哲學史之一要義,即是要在形式上無系統之哲學中,找出其實質的系統。」[105]

第二,就他努力的目標來看,哲學的標準恰恰在於形式的系統,或曰邏輯的系統;這種形式系統是西方哲學所提供的,在這個意義上,西方哲學才是標準的哲學。

第三,因此,這等於說:西方哲學乃是哲學的一般標準形態。這就意味著:中國哲學只是哲學的一種特殊形態,或者說不成熟的形態,需要按照西方哲學的形式標準加以改進。所以馮友蘭說:

哲學本一西洋名詞。今欲講中國哲學史,其主要工作之一,即就中國歷史上各種學問中,將其可以西洋所謂哲學名之者,選出而敘述之。[106]

所謂中國哲學者,即中國之某種學問或某種學問之某部分之可以西洋所謂哲學名之者。[107]

張岱年完稿於 1937 年的《中國哲學大綱》也屬於這種觀點:他一方面認為中國有哲學,「中國哲學與西洋哲學在根本態度上未必同;然而在問題及物件上及其在諸學術中的位置上,則與西洋哲學頗為相當」[108];但另一方面認為,「區別哲學與非哲學,實在是以西洋哲學為標準,在現代知識情形下,這是不得不然的」。[109]

這是迄今為止詬病最多的觀點。尤其是近年來,伴隨著中國國力的提升、文化自信心的增強,許多人感到這種觀點傷害了中國人的文化自尊心。

104　馮友蘭:《中國哲學史》(上冊),中華書局 1961 年版,第 13 頁。
105　同上書,第 14 頁。
106　馮友蘭:《中國哲學史》(上冊),第 1 頁。
107　同上書,第 8 頁。
108　張岱年:《中國哲學大綱》,中國社會科學出版社 1982 年版,第 2 頁。
109　張岱年:《中國哲學大綱》,自序,第 17—18 頁。

此乃是「重寫中國哲學史」的一種強大的社會心理背景。不僅如此,「中國哲學特殊論」在「道理」上確實存在著某種問題:憑什麼要「人為刀俎,我為魚肉」、「以西律中」?為什麼不能反過來「以中律西」,或者至少中西「平起平坐」、「平分秋色」?究其原因,「中國哲學特殊論」基於某種「歷史進步」的觀念,而反對者並不承認這種觀念。

然而深究起來,對立雙方其實都是基於以下觀念的:一是「中西」對峙的思維方式,這是近代以來的一種相當普遍然而未必透徹的思考模式;二是對於「西方哲學」模式、「中國哲學」模式的凝固認識。這些觀念都拘泥於「跡」或「法」,而未及「所以跡」或「所以為法」。而事實上,不論中國哲學還是西方哲學,都是隨生活而流變的;而中國與西方在生活中之存在,未必只是對峙。特別是在全球化的今天,中與西愈益「共在」——「共同生活」;其在哲學上的表現,決非「普遍與特殊」這樣的範疇可以說明的。

四

第三類觀點:中西哲學同屬特殊論。這類觀點認為,不論中國哲學還是西方哲學,都是一般哲學的某種特殊表現形式。在這類觀點中,鄭家棟歸納出兩種觀點:一種是「主張擴大『哲學』概念的內涵與外延,認為西方有關『哲學』的理解及其範圍的限定,似未免過於褊狹,『中國哲學』的闡釋與發展,可以(也應當)為之增加某些內容,諸如中國特色的『人生修養論』,等等」;另一種則是「強調『哲學』概念的相對性及其與歷史文化傳統的相關性,認為並不存在一般意義的所謂『哲學』,『哲學』本質上只能是一個『文化的』概念,任何『哲學』都只有透過文化和傳統的帷幕加以理解和限定」。[110] 這兩種觀點其實是同屬一類的,均認為不論中國哲學還是西方哲學都只是特殊的東西;只不過前者認為在中國哲學和西方哲學之上還有一般普遍的哲學,而

---

110 鄭家棟:《「中國哲學」的「合法性」問題》。

後者認為根本就不存在什麼一般普遍的哲學。在這種一致前提下，我們可以討論兩者之間的區別：

(1) 中國哲學、西方哲學都是一般哲學的特殊形態

胡適早期事實上是主張這種觀點的，因為他當時承認中國有哲學，而且這種哲學又有所不同於西方的哲學。胡適給出了一個「哲學」定義：「凡研究人生切要的問題從根本上著想，要尋一個根本的解決：這種學問叫做哲學。」[111] 這就是當時胡適心目中的一般普遍的哲學。但是，所謂「人生切要的問題」、「根本的解決」其實都是含糊不清的說法，胡適不僅談到宇宙論、名學或知識論、人生哲學或倫理學，還談到教育哲學、政治哲學、宗教哲學（這些都與胡適接受杜威實用主義的特殊立場有關），這些問題與其說是「根本」的，不如說是「要緊」的。（馮友蘭《中國哲學史》則是採取的宇宙論、人生論、知識論三分架構。胡適後來放棄了哲學和「中國哲學」的立場；「國故學」其實屬於現代實證主義史學的範疇。）

牟宗三的看法也屬於這種觀點。他從哲學與文化傳統的關聯性來強調「中國哲學」的特殊性：「如果瞭解了文化系統的特殊性，就能瞭解哲學的特殊性。」[112] 他說：「道是完整的，它是個全。由於人各得一察焉以自好，於是『道術將為天下裂』。」[113] 如此說來，中國哲學、西方哲學都不過是「道術將為天下裂」的結果，都是「得一察焉以自好」而已。兩者不同之處，即其特殊之點：西方哲學主要是外在的邏輯與知識論，中國哲學則主要是「內在超越」的心性論。但牟宗三同時認為，中國哲學與西方哲學之間，例如儒家哲學與康得哲學之間也有其相同之處，這表明存在著一般的哲學，這就是「道」或者未曾分裂的「道術」。因此，他既批評那種認為「哲學是普遍的，所以

111　胡適：《中國哲學史大綱》（捲上），商務印書館 1919 年版，第 1 頁。
112　牟宗三：《中國哲學十九講》，臺北，學生書局 1983 年版，第 3 頁。
113　同上書，第 7 頁。

追溯哲學的源頭活水──「中國哲學的合法性」問題再討論

哲學只有一個，沒有所謂中國哲學，也沒有所謂西方哲學」的觀點，也批評那種認為「無所謂普遍的哲學，就是沒有 philosophy as such，也即只有個別的，如各個不同民族的，國家的或個人的哲學，而沒有所謂 universal philosophy」的觀點。[114] 在他看來：「哲學雖然是普遍的真理，但有其特殊性，故有中國的哲學也有西方的哲學，普遍性與特殊性均要承認。」[115] 因此，在這個問題上，牟宗三與早期胡適其實是很一致的；區別在於牟宗三認為中國哲學比西方哲學高明，甚至實際上認為中國哲學才是一般普遍的哲學。這就陷入了某種程度的自相矛盾：中國哲學既是特殊的，又是普遍的。

值得注意的是，近些年來，許多試圖論證中國哲學的合法性的學者，都是從這個角度立論的。茲不贅述。這些論述都是基於兩種思維模式的：「特殊與普遍」的對立範疇模式；凝固化的「中國哲學」和「西方哲學」模式。

(2) 並不存在一般普遍的哲學，中國哲學、西方哲學都是特殊哲學

有趣的是，這種觀點來自兩種截然不同的思想背景：前現代主義和後現代主義。

A. 前現代主義的哲學特殊論

按照這種觀點，倒是謝無量的《中國哲學史》應該算「中國哲學史」的標準。謝說：

> 至於哲學史之作，則在述自來哲學變遷之大勢，因其世以論其人，掇學說之要刪，考思想之同異，以史傳之體裁，兼流略之義旨。溯厥前例，遠自孔門，如《論語‧堯舜》章述堯、舜、禹執中之傳，而《繫辭》載伏羲至堯、舜之取於易道者，宜是哲學史之濫觴也。若夫莊子之《天下篇》，荀卿之《非十二子》，司馬談之《論六家》，淮南子之《要略》，劉向之《別錄》，班固之《藝文志》，雖辭有詳略，而誼貴通方，皆折群言以居要，綜百氏以辨類。於

---

114 牟宗三：《中西哲學之會通十四講》，臺北，學生書局 1990 年版，第 6、7 頁。
115 同上書，第 9 頁。

是又有列史之「儒林傳」，創自馬遷，而後世承之。唯《宋史》別出《道學傳》。蓋「儒林傳」本以識經術之傳授，其後義例稍廣，所取或雜，故宋世理學大興，遂創為「道學傳」以居純理之儒也。至記述一學派之源流而為書者，莫精於朱晦庵之《伊洛淵源錄》。統一代之學派而為書者，莫詳於黃宗羲之《宋元學案》及《明儒學案》。此其體例皆近於今之所謂哲學史者。[116]

這種操作很簡單，實際上不過是給中國傳統學術換上一個「哲學」的名目，即硬生生地貼上一個標籤而已。近年來也確有一些學者在嘗試這樣來「還原」中國哲學史的「本來面目」，謂之反對「漢話胡說」，宣導「漢話漢說」。然而這種前現代主義立場存在著許多問題。最大的問題是：所謂「哲學」成為脫離當下生活的東西。這實際上是行不通的，難怪儘管早在 1919 年胡適《中國哲學史大綱》出版之前的 1916 年，謝無量《中國哲學史》作為第一部冠名為「中國哲學史」的著作就已經出版了，但人們並不認為謝著是第一部《中國哲學史》。這一點是耐人尋味的，因為這種做法的要害在於照搬古代傳統的學術，只是「照著講」，而不「接著講」，使哲學成為與我們當下的現實生活無關的東西，成為無本之木、無源之水。

B. 後現代主義的哲學特殊論

鄭家棟曾指出：「目前所見到的較為徹底地依據後現代主義的立場來詮釋和處理『中國哲學』者，或許可以舉出美國方面的安樂哲（Roger T. Ames）、郝大維（David L. Hall）作為代表。他們從『情境主義』、『特殊主義』、『過程哲學』的立場來處理『中國哲學』，認為中國哲學精神與西方哲學的主流傳統格格不入，而唯其如此，中國哲學更具有『後現代的敏感性』和優位性。」[117]

---

116 謝無量：《中國哲學史》，中華書局 1916 年版，第 2 頁。

117 David L. Hall，Roger T. Ames，Thinking Through Confucius (State University of New York Press，1987); David L. Hall，Roger T. Ames，Anticipating China：Thinking through the Narratives of Chinese and

追溯哲學的源頭活水——「中國哲學的合法性」問題再討論

鄭家棟本人也在一定程度上具有這種傾向。他傾向於中國古代並無哲學；至於未來的中國哲學：

至少在我看來，或許「中國哲學」的詮釋進路不應當是內在於「形而上學」的，而應當是相對於「形而上學」的。從此種意義上說，它應當成為一種「後哲學」的哲學或曰「後形而上學」的哲學。而選擇「非形而上學的」（不一定是「反形而上學的」）詮釋進路，也並不一定意味著「哲學」與「非哲學」之間的劃界，倒可以理解為是豐富與開掘哲學的維度與可能性，這也正是海德格爾等人所從事的。[118]

這種後現代主義立場有其合理性，那就是對前現代主義、原教旨主義的「解構」，使我們有可能回到「源始的生存經驗」——當下本真的生活感悟——來理解哲學、中國哲學的源頭活水，從而面對當下的生活現實問題。但無論如何，後現代主義那種拒絕任何形而上學的立場則是值得懷疑的。沒有形而上學的「哲學」還是不是哲學？這實在是一個問題。所謂「『後哲學』的哲學」這個弔詭的說法本身顯然是自相矛盾的；如果取消了「『哲學』與『非哲學』之間的劃界」，那麼是否史學也是哲學，文學也是哲學？哲學又何以獨立於學術之林？

這也涉及另外一個重大問題：今天是否仍然需要形而上學或者哲學？按照 20 世紀以來的思潮（分析哲學、後現代主義甚至海德格爾現象學），哲學形而上學應該「終結」了。這樣一來，所謂「中國哲學的學科發展」就成了逆歷史潮流而動的大笑話！事實上，中國哲學今天已經是腹背受敵：前現代主義的「原教旨」立場反對哲學的所謂「發展」；後現代主義的立場則乾脆宣佈

Western Culture (State University of New York Press，1995)；David L. Hall，Roger T. Ames，Thinking From the Han，Self，Truth，and Transcendence in Chinese and Western Culture (State University of New York Press，1998).

118 鄭家棟：《「中國哲學史」寫作與中國思想傳統的現代困境》。

哲學形而上學的「終結」。不僅腹背受敵，而且四面楚歌，科學主義也以咄咄逼人之勢威脅著哲學形而上學的生存空間，例如前述胡適的科學主義態度在今天似乎有了更大的市場。因此，要談「中國哲學的學科發展」，首先就得闡明哲學形而上學為什麼是不可取消的。這已超出本文的話題，我曾在拙文中從學理和現實兩個方面論證了重建形而上學之必要性，茲不贅述。[119]

五

當年關於「中國哲學的合法性」問題的討論為什麼不了了之？在我看來，那是因為這個問題的提出以及各家解決問題的方式，本身就存在著「合法性」問題，或者說是存在著思想方法上的問題：只著眼於「法」，而沒有注意到「之所以為法」；只著眼於「跡」，而沒有注意到「所以跡」。莊子借老子之口說：「夫六經，先王之陳跡也，豈其所以跡哉！」（《莊子·天運》）同理，任何法都是「跡」，而不是「所以跡」。哲學亦然。

鄭家棟自己已經意識到：「討論『中國哲學之合法性』問題，實際上已經預設了『中國哲學』（中國的哲學）與『哲學在中國』的區分。」[120] 這裡其實已經承認了「中國哲學的合法性」問題的提出是基於一種預設的。那麼，我們要問：這個預設能夠成立嗎？

其實，鄭家棟也在一定程度上承認下述事實：

「中國哲學」作為一個專業學科已經存在了近一個世紀，我們已經寫作出版了近百種各種類型的「中國哲學史」，中國外學術界亦有許多冠以「中國哲學會」、「中國哲學史學會」一類的學術組織，這些似乎都是以肯定存在這樣一種學問或思想脈絡為前提：它既是「中國的」，又是「哲學的」。那麼，「中

---

[119] 黃玉順：《複歸生活、重建儒學——儒學與現象學比較研究綱領》，《人文雜誌》2005 年第 6 期，人大複印資料《中國哲學》2006 年第 1 期全文轉載，Frontiers of Philosophy in China 2007 年第 2 卷第 3 期全文譯載。

[120] 鄭家棟：《「中國哲學」的「合法性」問題》。

國哲學之合法性」還會成為一個問題嗎？[121]

然而鄭家棟認為：這是「訴諸於常識」，「實際上是取消了問題」，[122] 即是無效的。殊不知，我們今天需要做的工作恰恰應該是：承認中國哲學存在的事實，「取消」所謂「中國哲學的合法性」問題。

問題僅僅在於：如何「取消」這個問題？我們並不像有的學者那樣簡單地判定「中國哲學的合法性」問題只是一個「偽問題」。[123] 它確實是一個真問題，否則不會有那麼多學者熱情而真誠地投入爭論。鄭家棟對現有「中國哲學」和「中國哲學史」的質疑確實在一定程度上切中了問題：「就現有的『中國哲學史』寫作而言，傳統典籍差不多完全淪為某種被動的『材料』，思想架構與詮釋方法、尺度等等都不再是來自典籍自身，而是從外部引進和強加的」；「『中國哲學』作為一種形成於 20 世紀的話語系統與表述方式，是否真正接得上中國傳統思想的歷史脈絡和精神土壤？經過幾代人艱苦卓絕的努力，『中國哲學』的現代發展是否真正成就了這樣一種學問系統和思想形態：它既是『中國的』也是『哲學的』？換句話說，『中國哲學』是否真正具有了『中國的』魂魄，從而能夠對於人類的當代境遇及其問題做出某種原創性的回應，而不只是成為西方哲學的贗品與應聲蟲？」[124]

因此，我們所說的「取消」，首要的工作是透過提出並回答「『中國哲學的合法性』問題是何以可能的」，從而將「中國哲學的合法性」這個問題置換為：何以在現代中國出現「中國哲學」？這就是說，我們需要回到作為哲學的

---

121 同上。
122 同上。
123 《面向新世紀的中國哲學研究 —— 「當前中國哲學研究的問題、方法和向度」學術座談會紀要》，葛兆光發言，2003 年 1 月 4 日《中國社會科學》編輯部、首都師範大學政法學院聯合舉辦，孔子 2000 網站（www.confucius2000.com）。另見葛兆光：《穿一件不合尺寸的衣衫 —— 關於中國哲學和儒教定義的爭論》。
124 鄭家棟：《「中國哲學史」寫作與中國思想傳統的現代困境》。

源頭活水的生活情境。

所謂「合法性」(legitimacy)本來是一個政治哲學概念，指的是合乎既有的政治規則、法律規則。在這個意義上，「合法性」概念其實並不適用於關於哲學的討論。當然，也有廣義的用法，例如韋伯的「合法秩序」(alegitimate order)指的是由道德、宗教、習俗、慣例以及法律等所構成的法則系統，分為：傳統型（合法性來自於傳統的神聖性和傳統受命實施權威的統治者）、法理型（合法性來自於法律制度和統治者指令權力）、魅力型（來自於英雄化的非凡個人以及他所默示和創建的制度的神聖性）。因此，廣義的「合法性」概念涉及更為廣泛的社會領域。但無論如何，這裡「法」或規則都是既定的法則、而非「所以為法」，意味著「跡」而非「所以跡」。

「中國哲學的合法性」問題的提出，預設了哲學的某種「法」(law)——法則；上述關於「中國哲學的合法性」的三類觀點，都預設了哲學的某種既定法則。這就存在兩個層面的問題：

第一，他們關於哲學的法則的那些預設是否可以成立？三類觀點的預設之間是不相容的，因此，其中任何一類觀點都可以對另外兩類的預設提出質疑。這個現象其實已經意味著：

第二，哲學的法則就是一成不變的嗎？人類歷史其實早已表明：不僅哲學的法則而且社會領域的任何法則（包括所謂「自然法」——natural law）都絕不是一成不變的，而是變化著的，這是社會領域與自然領域的一個基本區別。即便西方哲學也是如此，從古希臘早期的自然哲學一直到20世紀的分析哲學，哲學的法則始終都在變動之中，諸如「理性主義」之類的任何概括都不足以涵蓋。

因此，更進一步的問題就是對所謂「法」（法則）的態度：我們應該固守既有哲學之「法」，還是應該去追尋其「所以為法」？應該墨守既有哲學之「跡」，還是應該探尋其「所以跡」？

追溯哲學的源頭活水——「中國哲學的合法性」問題再討論

當然,這並不是說哲學「沒有什麼不可以」。哲學之所以為哲學,而不是科學(包括科學的史學,如思想史),不是宗教、藝術(包括文學)等,自有其學科的某種規定性。但是,這種規定性並不是那些外在的形式,不是什麼「形式系統」。海德格爾對哲學的規定是不無道理的,他說:

哲學即形而上學。形而上學著眼於存在,著眼於存在中的存在者之共屬一體,來思考存在者整體——世界、人類和上帝。形而上學以論證性表像的思維方式來思考存在者之為存在者。[125]

不過,在海德格爾表述的這兩層意思中,第一層意思是有問題的:一方面,論證性表像的思維方式並非哲學所獨有,科學甚至神學亦然;而另一方面,哲學未必總是用論證性表像的思維方式,例如,不僅中國哲學,即使西方哲學也經常用直覺的方式。海德格爾所說的第二層意思也不會太確切,只適用於西方哲學中的某一些形態、學派。例如將上帝作為存在者整體來思考,那只是西方宗教哲學的事情。再者,哲學未必總是思考,事實上,哲學關於形而上者的原初設定往往都是直觀的給予。另外,「存在者整體」和「存在者之為存在者」並不是一回事。

但海德格爾有一點是沒錯的:哲學一定是關乎形而上者的言說。中國《易傳》所說的「形而上者」與西方哲學所說的「the metaphysical one」是對應的、可以互譯的。[126] 不論是亞里斯多德《形而上學》所說的「存在者之為存在者」,還是《易傳》所說的「形而上者謂之道」,都是說的形而上者——形而上的存在者。所以,我們可以這樣規定哲學:

①哲學就是形而上學,即是關於形而上者的非宗教性言說;[127]

---

125 海德格爾:《面向思的事情》,陳小文、孫周興譯,商務印書館 1999 年第 2 版,第 68 頁。

126 黃玉順:《愛與思——生活儒學的觀念》,第一講第一節「等同與對應:定名與虛位」,四川大學出版社 2006 年版。

127 說明兩點:其一,這裡須區分宗教與宗教哲學。宗教儘管也會言說形而上者,

~94~

②哲學言說形而上存在者，意在說明形而下存在者何以可能；

③哲學的這種形而上者的觀念，乃源自特定的生活方式中的生活感悟。

唯其如此，哲學作為一種學術形態，既有其確定性的一面，也有其開放性的一面，因而從來不是一成不變的，沒有什麼固定的「法」、凝固的「跡」。哲學不外乎是關於形而上存在者的存在之思，就是去思（《易傳》所說的）「形而上者」的存在，這也就是（《中庸》所說的）「思誠」。這就是哲學的確定性，亦即（漢儒所謂「三易」之中的）「簡易」、「不易」之道，也就是哲學區別於科學之處（科學不思形而上者的存在，然而科學始終以關於形而上者的承諾為先行條件）[128]。存在即生活，生活即存在；生活之外，別無存在。而生活或存在之衍流，必顯現為生活方式之演變，這就是哲學的當下性的淵源所在。[129] 由於生活方式的變動，哲學所思的形而上者也是變動的，這就是哲學的開放性，亦即（漢儒所謂「三易」之中的）「變易」之道。因此，哲學的變革性，由於其當下性：哲學之變化發展，乃淵源於當下的生活。這就是哲學之「所以為法」、「所以跡」，也就是哲學的源頭活水所在。

中國哲學亦然。古代中國哲學淵源於前現代的生活方式，現代中國哲學淵源現代性的生活方式。因此，中國哲學的學科發展的核心任務，既不是回到前現代的形而上學，也不是遵從後現代主義的拒絕形而上學，而是從當今世界、當今社會的現實生活出發，去重建形而上學。

但它不是哲學。其二，儘管所謂「存在者整體」和「存在者之為存在者」並不是一回事，但都是說的形而上者。

128 蒯因（Quine）所謂「本體論承諾」（Ontological Commitment）其實也就是關於「形而上者」的承諾。

129 黃玉順：《當下性：中西馬對話的共同場域》，《中國社會科學》（英文版）2009年第3期。

追溯哲學的源頭活水──「中國哲學的合法性」問題再討論

現象學儒學片論

李廣良 [130]

克勞斯・黑爾德在為《現象學的方法》一書而寫的《致中國讀者》中曾如是說：

現象學是我們這個世紀的思維傳統，它最先具備瞭解決那些向下一個千年過渡的過程中所出現的急迫任務的哲學機能，這個任務在於，在下面這兩條道路之間找到一條中間道路：第一條道路是以「後現代的」方式解脫所有規範性的約束；第二條道路則是最終會將所有個體強行納入自身之中的理性大全主義。而對於各種文化之間的關係來說，這個尋找中間道路的任務則意味著，必須維持在下面兩種趨向之間的有益張力：第一種趨向是整個人類正在無可阻止地結合為一個統一體，胡塞爾曾希望這個統一體能夠發展成為一個大全的理性共同體；第二種趨向則在於，在不同的文化中仍存在著這樣一個需要，即在這個世界範圍的聯合過程中，各種文化不失去自己固有的面目。在這種情況下，現象學作為「現象的邏各斯」可以指明一條道路；因為胡塞爾從一開始便把現象學理解為一種理性的說明（邏各斯），它的意義正是在於澄清並維護所有現象的固有本質和固有權利。

這段話說於 1991 年 2 月，至今已經過去了 20 多年。在這些年中，現象學在中國取得了巨大的進展，以至於我們可以說發生了一箇中國現象學運動。中國現象學的成就不僅在於對胡塞爾、舍勒、海德格爾、薩特、梅洛龐蒂、德里達等現象學家的研究和介紹，而且在於現象學的中國化。所謂現象

---

[130] 李廣良，雲南師範大學哲學與政法學院教授。

學的中國化，主要表現在三個方面：一是對 20 世紀中國的存在現象的描述和分析（以張志揚為代表）；二是對現象學與傳統思想的比較研究（以黃玉順等為代表）；三是對傳統中國經典的解讀和重新「書寫」（以張祥龍、伍曉明、夏君可等為代表，當然也包括葉秀山先生）。第一個方面的成就其實很有限，即使是張志揚的「創傷記憶」也並沒有真正徹底地「面向實事本身」，他似乎只能借助於「傳統性」、「意識形態性」、「個體性」這樣一些概念去做抽象界定，而不能對創傷記憶進行現象學的描述和分析。相比而言，我覺得後兩個方面的成就更大，它們確實「在現象學與中國傳統哲學的結合點上」「拓展出」了「新的視域」。[131] 對此，我在《現象學視野中的中國哲學》一文中已經有所闡述，今天再就其中的「現象學與儒學」問題作些論述。

任何外來思想進入中國後都必須嚴肅認真地考慮自己與本土思想的「關係」，相反，本土思想也必須嚴肅認真地考慮自己與外來思想的「關係」。這種關係要麼是敵意的互相「排斥」、「鬥爭」和「批判」等，要麼是含情脈脈的「戀愛」、「結合」，當然還有不摸底細之時的「相互試探」。就儒學與現象學而言，至少到目前為止還沒有發生相互的「排斥」、「鬥爭」和「批判」，將來恐怕也不會發生這種情況，因為這些「相互為敵」的現象在 20 世紀大多是與主流的意識形態有關的。而儒學已經不是 20 世紀中國的主流意識形態，現象學與意識形態的關係也並不直接。在我看來，現象學與儒學已經進入了「戀愛」甚至「結婚」的階段，他們的恩愛癡緣似乎已經有了「愛的結晶」，這就是我所謂的現象學儒學。

現象學儒學是儒學史上的一種新的形態，目前還在發展中。現象學儒學中包含著現象學與儒學的比較研究，但其本質並不在於比較，而是在於透過現象學回歸了儒家的源初存在，啟動了儒學的活力或「內在生命」。現象學儒學的意義在於它打破了 20 世紀以來流行的形而上學式儒學研究一統天下的

---

131 Iso Kern、倪梁康：《現象學在中國》，《江海學刊》2000 年第 5 期。

局面，開始面向儒家或儒學的「事情本身」。關於現象學儒學，有許多值得一說的嚴肅的學者和思想家。今天我想重點提及黃玉順和張祥龍，前者與我的淵源較深，後者對我的思想影響很大。

黃玉順的生活儒學現在影響很大。生活儒學自稱是在與現象學——胡塞爾、舍勒，尤其是海德格爾的平等對話中展開的，是要透過破解傳統儒學，而回歸作為大本大源的生活本身，並在作為源頭活水的生活感悟的地基上，重新構造儒家形而上學。「生活儒學在破解傳統那種『無本的』和『無家可歸』的形而上學的同時，拒絕『後現代主義』的『反形而上學』傾向，主張積極的形而上學重建，並自始至終把這種重建工作建立在生活感悟的地基上。」[132] 這一生活儒學的構造，包含三個基本的層級：1. 生活本源，討論作為「形而上學的本源」的生活，包括「生」、「情」、「智」、「愛」與「思」；2. 形而上學，「在生活本源的地基上，重建主體性，重建實體性，重建本體論，重建範疇表」，包括「人」、「物」、「欲」、「本體」、「物界」等的討論；3. 形而下學，「關於某個存在者領域的構造」，包括「道德論」、「倫理」、「知識論」、「科學」、「規範」、「制度」等。

生活儒學作為現象學儒學的一種形式，思辨細密，用心良苦，是當代中國思想的一個重要成果，值得我們認真對待。然而，這裡面也存在許多必須深入思考的問題。什麼是生活？是那種海德格爾式的「存在者的存在」嗎？什麼是形而上學？中國思想與形而上學是什麼關係？生活儒學還是儒學嗎？儘管黃玉順聲稱「生活儒學是『儒學』，而不是所謂『存在哲學』」。但我還是對此心存疑慮。

相比而言，張祥龍先生的現象學儒學就是另一番氣象。我對此曾經做過

---

[132] 黃玉順：《面向生活本身的儒學——黃玉順「生活儒學」自選集》，四川大學出版社 2006 年版，第 41 頁。

一些論述。[133] 張祥龍反對用概念形而上學來解讀包括儒學在內的中國思想（「中華古學」），他始終基於現象學的構成觀而力圖發現儒學的源始生存經驗。他指出：「在我個人的哲學視野中，只有生存—結構現象學，方能來嘗試跟隨孔夫子那『動無常則，若危若安』的思想足跡，凌波微步般前行，因為這種現象學突破了西方觀念物件化的思維方式，讓思想透入生存化脈絡和時機化視域，在詩與思的某種交織中開出哲理新境，但又能窮本究源。透過它來體會夫子哲思，就不會以現成框架切割之，以形而上學概念塑造之，以科學邏輯硬化之，而是容吾夫子回到深刻意義上的原文，也就是回到原本的人生起伏、時潮語境、詩書禮樂、家國之憂、好學之樂中；讓《論語》回到上下文，其根得土，其葉得舒，其微言大義得以滋生攀緣，開花結果，從容展現於當今的哲學話語世界。」[134] 張祥龍的思想中有一種奇異的力量，這種力量與其說是來自現象學與儒學的某種「結合」，還不如說是來自久已被遮蔽了的華夏思想的「實事本身」。在張祥龍的筆下，我們看到了一個鮮活靈動的孔子，看到了君子的「原本完整的時機化或生存時間化」，看到了《春秋》的「樂感與詩意」，也看到了《中庸》的「至誠、不偽」的真情至性，總之，看到了「儒家哲學中最深奧的、最重要的，到現在還可以被我們活生生地體驗到而且到未來還可以發揮重要作用的活東西」。

現象學儒學不限於黃玉順的形式，也不限於張祥龍的形式，它有著豐富的可能性。如果要問現象學儒學將走向何方，我想也許可以這樣作答：「有些句子肯定早就存在於我之間；有些則剛剛痛苦地誕生。」

133　李廣良：《現象學視野中的中國哲學》，《出版廣角》2012 年第 10 期。
134　張祥龍：《孔子的現象學闡釋九講》，華東師範大學出版社 2009 年版，第 3 頁。

思想生產與學術研究
——中國哲學研究方式之反思

李景林[135]

引言

　　馮友蘭先生講中西文化，曾用「古今」來表述「中西」，把中西的文化差異理解為古今的差異。從常理而言，這一表述似乎並不合適，因為中西思想、文化理應各有自己的「古」和「今」。但弔詭的是，它卻又是對當代中國思想、文化現狀的一種大體真實的描述，因為我們確實未能真正建立起中國思想和文化的現代形態。反思中國近百年尤其是上世紀五十年代以來的中國哲學研究，我們覺得，現代中國哲學研究所存在的一個主要問題，就是哲學思想的生產與學術研究的兩歧。目前中國哲學研究方式的調適，亦當由對這一問題的解決入手。

一、哲學與哲學史

　　「哲學」一詞，譯自西方。在中國傳統的思想學術系統中，本無一種被稱作哲學的學術部門。上世紀初以來，中國傳統學術文化的研究，經歷了一個現代轉型的過程。這個現代轉型，簡單說來，就是按照西方的學科模式對

135　李景林，北京師範大學哲學與社會學學院教授。

思想生產與學術研究—中國哲學研究方式之反思

中國傳統的思想學術進行分科化的研究,進行重新的學術分類。現代中國大學和科學研究院所的人文社會科學研究,基本上就是按照這一模式來規劃的。我們現在所謂「中國哲學」,就是在這樣一個學科分類過程中所形成的一個學科。

這一現代轉型很重要,它是中國學術的研究能夠參與當代國際學術對話的一個前提(當然,這只是一個前提。如能真正參與對話,需要中國學術自身具有主體性)。但它也帶來了嚴重的問題,那就是未能建構起中國學術的現代形態,因而導致了它自身學術「自性」和主體性的嚴重缺失。這在「哲學」一方面表現尤其嚴重。中國古來講內聖外王之學,「內聖」,即所謂「心性義理之學」或形而上學(取《易‧繫辭上》「形而上者謂之道」之義)這一面,是這一學術文化系統的形上學和價值的基礎。這一方面,在當代中國的學術系統中,屬於「中國哲學」的研究範圍,所以尤應引起我們的重視。

近年來,一些學者對用「哲學」這一思想學術範式研究中國傳統思想學術的有效性,頗有質疑。管見以為,兩千餘年的哲學史表明,哲學總是以不同層級的具體個性形態存在,它並不實質性地與中國傳統的義理之學或形上學系統相排斥,而學術和學科規範的轉變亦非一朝一夕之事。因此,當前之要務,在於如何在取自於西方的「哲學」這一概念框架下,凸顯出中國傳統思想學術的個性特質和固有的精神,建構起中國哲學的當代形態,從而使之能夠有效地參與當今中國社會和世界思想學術的創造進程。這亦是我們能夠推動學術和學科規範之轉變的唯一有效途徑。

按照黑格爾的說法,「哲學……是被把握在思想中的它的時代」。[136] 換言之,每一個時代,都應有屬於該時代的哲學思想。哲學史乃是由這種每一時代思想的創造所構築的歷史。同時,從哲學史來看,每一時代的哲學又總是

---

136 黑格爾:《法哲學原理》,範揚、張企泰譯,商務印書館 1961 年版,《序言》第 12 頁。

不斷回歸於經典和歷史的源頭以尋求哲學當代性重建的原創性本原。如懷特海所說，一部西方哲學史不過是對柏拉圖的註腳。中國哲學更是如此。就其表現形式而言，整箇中國思想和哲學發展的歷史可以說就是一部經典的詮釋史。由此看來，哲學既有其時代性，又有其歷史的連續性。與此相應，哲學的研究亦應包括理論的研究與哲學史或學術的研究兩個方面。

哲學史既是每一時代思想創造所構成的歷史，則哲學的理論創造與哲學的歷史就有著密不可分的關係。馮友蘭先生曾著有《論民族哲學》（1937）一文來討論哲學的民族差異問題。認為哲學之所以有民族的分別，乃是因為「哲學總是接著哲學史講底」，而且必須是「接著某民族的哲學史講底」。[137] 從這個意義上講，哲學應對和解決時代問題的創造活動便與哲學史有著密不可分的關聯性。按照馮友蘭先生的說法，哲學的創造活動是一種「接著講」的活動，哲學史的研究，則是一種「照著講」的活動。「接著講」和「照著講」，是一個形象的說法。實質上，哲學史的「照著講」，並非原封不動的資料彙編式的講法。馮先生在《三松堂自序》《明志》一章闡述他「舊邦新命」的職志，認為哲學是一個有生命的「活的東西」，每一個重要的歷史時代都要有「新的包括自然、社會、個人生活各方面的廣泛哲學體系」的創造。這個哲學體系的內容，乃是「歷史的產物」，有著歷史的必然性，並需要長期的孕育才能完成。因此，哲學史的「照著講」，不是把哲學史當做一種死的東西來研究，它既非陳列資料，亦非對博物館陳列品的解說。馮先生自謂其哲學的系統，是為中國現代新哲學的創造作貢獻；而其哲學史的工作，則是為中國哲學的發展和新的中國哲學系統提供養料或營養品。這種「新舊」的統一和連續，乃能使「舊」的具有生命力，同時使「新」的具有自己的民族特色。[138] 馮友蘭

137　參閱馮友蘭：《三松堂學術文集》，北京大學出版社 1984 年版，第 429—439 頁。
138　參閱馮友蘭：《三松堂自序》第十一章《明志》，見《三松堂全集》第一卷，河南人民出版社 2001 年版。

先生具有中國現代哲學家與哲學史家的雙重身分，他的有關討論，對我們理解哲學與哲學史的關係，有重要的啟示意義。

哲學作為「活的東西」，乃表現為一生生連續的活的生命整體。這個「活」，應包涵兩個方面的意義。一是就哲學的理論創造而言，它必表現為一種植根歷史傳統的長期孕育的過程。馮友蘭所謂「一個民族的新民族哲學，是從他的舊民族哲學『生』出來底」，[139] 而現代中國新的「廣泛哲學體系」必須要能夠自己從傳統「吸取營養」，經由幾代人的努力才能完成，[140] 講的就是這個意思。二是就哲學史的研究而言，哲學史不應是古代哲學資料的彙編，而應是經由新的詮釋原則的奠基和整合而形成的新系統。這樣，它才能真正為新的哲學系統提供生命的「營養」。正是在這個意義上，黑格爾主張：「哲學史本身就應當是哲學的」，「哲學史的研究就是哲學本身的研究」。[141] 這樣的哲學史，亦非在陳列古董或羅列存在於過去的歷史知識。哲學史的物件，「不是對於已死去的、埋藏在地下的、腐朽了的事物的知識。哲學史所研究的是不老的、現在活生生的東西」。[142] 這兩個方面的統一，構成了一個時代的哲學思想存在的基本方式。它表明，哲學的思想生產或創造與哲學的歷史發生猶一體之兩面，不可分割。用馮友蘭先生的術語說，一個時代的哲學，應當包括「接著講」與「照著講」這兩個方面的統一。我們講「中國哲學」，亦應如此。

139　馮友蘭：《三松堂學術文集》，北京大學出版社 1984 年版，第 439 頁。

140　馮友蘭：《三松堂自序》第十一章《明志》，見《三松堂全集》第一卷，河南人民出版社 2001 年版，第 310—314 頁。

141　黑格爾：《哲學史講演錄》第一卷，商務印書館 1981 年版，第 13、34 頁。

142　同上，第 42—43 頁。

二、思想生產與學術研究

　　從這個角度來看，現代中國哲學研究所存在的一個主要問題，就是哲學思想的生產與學術研究的兩歧。

　　民國初年的「整理國故運動」，對推動中國傳統學術的現代轉型和分科化的研究，造成了積極的推動作用。其基本的精神，就是把中國固有的學問或者「國故」，當做一種客觀的資料，而以西方科學的模式和方法，對之加以分類的整理和研究，由此形成新的科學和學科系統。[143] 它代表了現代以來中國傳統思想學術研究的一種基本的路徑。

　　不過，在這一學術轉型的初期，中國思想學術的研究並未完全失其個性或自性。就中國哲學的研究而論，一方面，當時學者自身多具有深厚的傳統學養和人格教養，另一方面，他們雖深受西方哲學的影響，但對詮釋原則卻具有自己選擇的自由。因此，這一時期的中國哲學研究，在思想和學術上並未失去其思想的原創力與其作為中國學術之個性。結合西方哲學與中國傳統思想學術以構成自己獨立的哲學系統，成為當時學者一種自覺的意識，而這一時期，也成為中國傳統思想學術向現代中國哲學形態轉化過程中一個最具原創力的階段。梁漱溟的文化哲學、熊十力的新唯識論、馮友蘭的新理學等，都是對中西哲學思想有所取資，而以中國思想為根底所建立的獨立的哲學系統。當時的很多中國哲學學者，既是哲學史家，同時又是哲學家。如馮友蘭先生，既著有《中國哲學史》，又構建了《貞元六書》的哲學體系。張岱

143　參閱曹聚仁：《國故學之意義與價值》，載許嘯天編《國故學討論集》第一集，上海書店 1991 年版（據群學社 1927 年版影印）。許嘯天亦在《國故學討論集》的《序言》中強調，中國所謂「國故」，本無系統，無理知的方法，不能成立「一種有系統的學問」，頗以之為恥；主張用西方科學的方法，整理出政治學、社會學、文學、哲學以及工農數理格物等科學的系統。這確實表現了當時學者一種普遍的思路和情緒。

年先生既有《中國哲學史大綱》一類哲學史論著,亦有其《天人五論》[144]的哲學系統。他們是用自己的哲學來觀察中國哲學的歷史,對之作出自己的詮釋和建構,而非依傍於某種外在的理論。這一時代對中國哲學的研究,「史」貫通著「哲學」和「思想」,而史的研究,也往往以創建自己獨立的哲學體系為其最終的歸宿。

五十年代以後,上述以西方學科模式和科學方法整理「國故」的路徑繼續大行其道,同時,意識形態逐漸代替思想的創造佔據了一元化的話語主導地位,這使得傳統學術研究既完全脫離社會生活,侷限於學院的狹小領域,同時,學院學術中的歷史傳統,亦更進一步蛻化為單純「過去」時態意義上的知識、資料甚至古董,完全失去了它作為思想創造本原的文化生命意義。1952年全國院系調整,全國的哲學系集中到北京大學。當時的北大哲學系分四個專業組:邏輯學教研組、馬列主義課程教學輔導組、中國哲學史料研究組、西方哲學編譯組。在全國大學唯一的哲學系裡面,中國哲學的一流學者們所能做的工作,就是輔導、編譯和整理史料(這當然是一個極端化時代的一個極端化的例子)。[145] 在這種情勢下,哲學的研究完全脫離了思想和理論的生產與創造,成為一種單純的史料整理和歷史知識的傳授工作。哲學的思想生產僅為少數領袖人物所領有;老一輩哲學家或被迫進行「思想改造」,或只能放棄原有的哲學思考,而專做「哲學史」的研究或具有唯一性的哲學「原理」的輔導工作。老一代哲學家為此而扼腕,經歷了長期的思想賺扎;[146] 以

---

144 即其1940年代所著《哲學思維論》、《知實論》、《事理論》、《品德論》、《天人簡論》。

145 參閱《張岱年全集》第八卷,河北人民出版社1996年版,第541—542頁

146 張岱年先生曾回憶說,他四十年代(1942—1944)受馮友蘭、熊十力、金岳霖創立體系的影響,寫出《哲學思維論》、《知實論》、《事理論》、《品德論》等論稿,提出自己初步的哲學系統,「惜乎50年代以後,專門從事中國哲學史的教學工作,後來又遭值困厄,對哲學理論問題存而不論了」(《張岱年全集》,《自序》第3—4頁)。在《我與中國20世紀》一文中亦說:「在1957年至1979年

後的研究者，則基本上是放棄了哲學上的思考和創造。基於中國傳統思想學術的當代中國哲學的思想創造和重建活動由此而終止，「中國哲學史」成為了「中國哲學」的代名詞。

從哲學思想的生產與哲學的歷史或哲學的「接著講」與「照著講」的統一本性來講，我們所謂「中國哲學」，實應包括中國整個哲學界的思想學術活動及其思想成果，而不應僅僅在目前哲學學科劃分中二級學科（即「中國哲學史」）的意義上來理解「中國哲學」這一概念。

當前，中國哲學界的狀況較之三十多年前有了很大的改觀，學者在思想和學術研究兩方面擁有了較大的自由空間。但是，學科分工過細，學科間壁壘森嚴的狀況尚未得到根本的改觀。中國哲學界目前的學術結構，是長期以來形成的「中西馬」三駕馬車的格局。這三方面的關係，也是近年中國哲學界關注的一個重要問題。就這三個方面的功能而論，「馬」仍然充當著思想生產的角色，「中」和「西」所充當的，仍然只是「史」的角色。「史」只是知識，不是思想，不是思想的產生者和發源地。這一點，在「中」這一方面，表現得尤其嚴重。

當然，我們不是說「馬」不應是思想的生產者。問題是，「馬」不應是脫離開「史」的單純的「原理」。哲學不存在一般性的原理。一方面，只有經由不同層級的充分的個性化，哲學才真正具有可以相互通達的可理解性；同時，各種具體形態的哲學系統，亦只有充分地向他者敞開以達成自身的普遍化，才能獲得其作為哲學的本真意義。哲學的普遍性，實建基於差異互通的「通性」或可理解性。只有真正建基於自身歷史傳統的哲學，才能具有文化生命的個性，因而具有這樣的通性和可理解性。黑格爾「哲學史是哲學的」這一判斷，同時亦應蘊含著它的反命題——哲學就是哲學史。馮友蘭先生「接著

> 的二十年中，我完全放棄了對於哲學理論問題的思考，正在經歷比較旺盛的時間，卻完全鑽入故紙堆中，枉費了光陰，這是深感痛惜的」（《張岱年全集》第八卷，第518頁）。這對老一輩哲學家而言，是很有代表性的。

思想生產與學術研究—中國哲學研究方式之反思

講」與「照著講」統一,「舊邦新命」(「闡舊邦以輔新命」)的中國哲學觀,亦體現了這一精神。黑格爾的哲學著作,他的《精神現象學》、《邏輯學》,都內在地充盈著西方宗教、哲學和歷史的精神。胡塞爾的現象學之所以在西方當代思想和諸文化領域能夠產生巨大的影響,具有強大的思想解釋力量,亦是由於它針對西方思想實證主義的傾向,表現了一種復興希臘理性精神,重建科學、哲學之生活世界意義基礎的努力。哲學作為在其思想中所把握的時代,同時表現著它與自身之生成歷史的內在連續性和密切的關聯性。哲學與自身歷史的這種密切的關係,是其他任何一個學科所不能比擬的。而哲學一旦走向一元化、形式化的「原理」,也就表明了它與哲學的歷史傳統及世道人心的脫離,宣示了它在思想創造進程和人的精神生活領域中的退場。

就「哲學史是哲學的」這一方面而言,「西」的狀況比較好。西方哲學本身所具有的理論和邏輯特性,亦使學者較能關注哲學理論問題的討論和哲學的思考。而且我們經常看到,研究西方哲學的學者,常常會尤其是會在晚年回到中國哲學領域,對其做出很有哲學意義的詮釋。

比起三十年前僅把中國哲學理解為「史料」和解說兩軍對戰之工具的狀況,中國哲學的研究已經有了長足的進步。學者對中國哲學史的詮釋原則有了較大的自由選擇空間,可以把自身的學術志趣融入到學術研究中去,這使之逐漸有可能秉承傳統「為己之學」的宗旨,說自己的話,走自己的路,學術的研究因而獲得了更充分的自由度和真實性。但是,當前中國哲學的研究方式,仍然沒有擺脫僅僅把中國哲學看作單純的「史」的窠臼。借用馮友蘭先生的用語,中國哲學(狹義的、二級學科意義上的)的研究仍完全處於一種只有「照著講」而沒有「接著講」的狀態。缺失了「接著講」這一面,「照著講」便同時失去了源出於其自身的內在性的詮釋原則,「思想」仍然只能完全由外邊外在地引入。

這樣,一方面,思想理論界流行的各種理論學說,多屬從外面直接「拿

來」，而未能上接民族文化之慧命；另一方面，傳統的思想學術文化則僅被理解為「過去」時態意義上的知識、資料甚至古董，不能參與當代社會思想文化創造的過程。此即我們所說的「哲學思想的生產與學術研究的兩歧」。由此產生出這樣一個學術悖論：「中國哲學界」裡無「中國哲學」，或者說，存在著一個「無中國哲學」的「中國哲學界」。中國當代思想與文化的建設缺乏內在的原創力，收效亦甚微，這是一個重要的原因。

三、中國傳統立言方式及其啟示意義

針對上述問題，我們以為，中國哲學的研究方式需要有所改變。這就是要打破哲學與哲學史的抽象對峙，以構建中國哲學的當代理論形態。

中國傳統思想學術深具歷史意識，詮釋經典，為中國哲學家「立言」或表達其思想的基本方式。中國哲學思想的歷史，可以說就是一部經典詮釋史。而這恰恰表明，中國哲學的思想與其歷史具有密不可分的內在關聯性。這種關聯，其特點則表現為：不同時代的學術，乃恆據新的思想以重建經典的意義系統，而非以之為單純的歷史知識。

先秦哲學的興起，適當西方學者所謂的軸心期或哲學突破的時代。這個時代，經典系統與哲學思想的形成相為表裡，構成為同一過程的兩個方面。孔子自稱「述而不作，信而好古」。[147] 孔子非無所創作，實寓「述」以為「作」。這「述、作」之義，乃與六經經典系統的建構相關。西周官師一體，學在官府，[148] 經籍典章既掌於官司典守，禮樂射御書數六藝亦被用以教

---

147 《論語·述而》。按朱子的解釋，「述」謂「傳舊」，「作」即「創始」（見朱熹《論語集注》卷四）。

148 章學誠《校讎通義·原道》：「聖人為之立官分守，而文字亦從而紀焉。有官斯有法，故法具於官；有法斯有書，故官守其書；有書斯有學，故師傳其學；有學斯有業，故弟子習其業；官守學業皆出於一。」

養貴冑國子。[149] 但在當時，作為社會教化基礎的經典系統尚未形成。春秋王室衰微，諸侯力政，禮壞樂崩，道術為天下裂。於是孔子起而擔當斯文，損益三代，「論次詩書，修起禮樂」，[150] 贊《易》，作《春秋》，刪定六經；並以之為教典，開私學無類之教，始教化於民間。孔子於六經，特重《易》與《春秋》。孔子弟子三千，能於《詩》《書》《禮》《樂》之外，兼通《易》與《春秋》者，數僅七十。「後世疑丘，或以《易》乎」；[151]「知我罪我，其唯《春秋》」。[152] 足見孔子哲思理念與文化生命之所托，要在《易》與《春秋》。三代之《易》，曰《連山》、《歸藏》、《周易》，本為蔔筮之書。孔子晚而喜《易》，著《易大傳》，觀天之神道以設教，歸筮數之途於德義，[153] 始轉變《周易》為一著天地、陰陽之道的形上哲學系統。春秋諸侯各有國史，史稱「百國《春秋》」。孔子據魯史而作《春秋》，所重在「義」。[154] 這個「義」，具體說來，就是司馬遷所說「是非二百四十二年之中，以為天下儀錶」，「別嫌疑，明是非，定猶豫，善善惡惡，賢賢賤不肖」，[155] 集中體現了孔子的價值觀念。要言

---

149 《周禮‧保氏》：「養國子以道，乃教之六藝：一曰五禮，二曰六樂，三曰五射，四曰五馭，五曰六書，六曰九數。」

150 見《史記‧儒林列傳》。

151 《帛書易傳‧要》篇：「後世之士疑丘者，或以《易》乎！」

152 《孟子‧滕文公下》：「孔子曰：知我者，其唯《春秋》乎！罪我者，其唯《春秋》乎！」

153 《帛書易傳‧要》：「《易》，我後其祝蔔矣，我觀其德義耳也。幽贊而達乎數，明數而達乎德，又仁守者而義行之耳。贊而不達乎數，則其為之巫；數而不達乎德，則其為之史。史巫之筮，鄉之而未也，好之而非也。後世之士疑丘者，或以易乎？吾求其德而已，吾與史巫同途而殊歸者也。」可知孔子《易傳》，要在闡發《易》之「德義」內涵。

154 《孟子‧離婁下》：「王者之跡熄而《詩》亡，《詩》亡然後《春秋》作。晉之《乘》，楚之《檮杌》，魯之《春秋》，一也。其事則齊桓晉文，其文則史。孔子曰：其義則丘竊取之矣。」

155 見《史記‧太史公自序》。

之,「《易》以道陰陽」,「本隱之以顯」,表現了孔子「性與天道」的形上學;「《春秋》以道名分」,「推見而至隱」,表現了孔子的價值理念。[156] 統合二者,孔子的哲學系統,可見其大概。孔子據此而貫通六藝,乃開創了中國文化以六經為中心、作為社會教化基礎的經典系統。孔子以「德、義」為本重建傳統,寓「作」於「述」,其超越性的文化價值理念由是而表見於經典的系統,獲得了關涉現實和當下生命存在的意義。「孔子成《春秋》而亂臣賊子懼」,[157] 就表現了這一點。

故歷來言儒學,必及六經。先秦諸子蜂起,孔子六藝之學,實居其主流。《莊子‧天下篇》論古之「道術」在當時學術中的表現,認為百家之學僅得道術之一曲,無以體現古來道術之精神全貌,「內聖外王之道」之整全性由是隱而不明。《天下篇》所列百家諸子之學,儒家不在其中;而以鄒魯之士、搢紳先生的六經之學作為古來道術之整全表現,以與百家之學相對舉。[158]《漢書‧藝文志》孔子《論語》不在諸子,與《孝經》[159] 同列於六藝。其綜論諸子,以為諸子之學,起於王道既微,諸侯力政,雖各引一端,以取合諸侯,其實皆出於六藝之學,為「六經之支與流裔」。強調須透過「修六藝之術而觀此九家之言」,即從六經的整體精神來理解諸子之學,乃能把握其根本。[160]《天下篇》與《藝文志》之說,並非虛言。周代包括德行、道藝、

---

156 《莊子‧天下篇》:「《易》以道陰陽,《春秋》以道名分。」《史記‧司馬相如列傳》:「太史公曰:《春秋》推見至隱;《易》本隱之以顯。」

157 《孟子‧滕文公下》。

158 《莊子‧天下篇》:「其明而在數度者,舊法世傳之史,尚多有之;其在於《詩》、《書》、《禮》、《樂》者,鄒魯之士、搢紳先生多能明之。《詩》以道志,《書》以道事,《禮》以道行,《樂》以道和,《易》以道陰陽,《春秋》以道名分。其數散於天下而設於中國者,百家之學,時或稱而道之。」「其明而在」、「其在於」、「其數散於」的「其」字,指古之道術而言。

159 《漢書‧藝文志》以《孝經》為「孔子為曾子陳孝道」之書。

160 《漢書‧藝文志》綜論諸子之學說:「諸子十家,其可觀者九家而已。皆起於

儀容諸方面的教育內容，皆托於職官，存諸經籍。[161] 諸子所承接傳統及其教育，亦大體不能外此。故戰國諸子之文，源出六藝之教；[162] 儒家六經傳記，亦「往往取諸子以為書」。[163] 孔子以「德義」為本，建立以「六經」為內容的經典系統，其意義即在於據哲學和理性的自覺以重建傳統，並為中國文明發展確立新的精神方向。孔子所開創的儒家思想，成為中國思想學術之主流。其依止於經典重建的「述、作」之義，[164] 亦成為中國哲學思想建構的基本方式。

孔子「述、作」之義及其所開啟的經典詮釋傳統，其要在於經典之意義系統的重建。在中國哲學思想史上，不同時代思想的差異，主要表現在兩個方面：一是所重經典之不同；一是詮釋原則之轉變。此二者又相為表裡，密切相關。而每一時代學術的重心，則在於其面對經典、重構傳統、因任現實的思想性創造。同時，這種思想的創造，亦必「深切著明」於具體的史事，而非取徒託「空言」的方式來實現。[165] 西方哲學主要以理論和邏輯建構的方式來表出其思想的系統，用孔子的話說，所採取的是一種「載之空言」的方

「王道既微，諸侯力政，時君世主好惡殊方。是以九家之術，蜂出並作，各引一端，崇其所善，以此馳說，取合諸侯……《易》曰：天下同歸而殊塗，一致而百慮。今異家者，各推所長，窮知究慮以明其指，雖有蔽短，合其要歸，亦六經之支與流裔。使其人遭明王聖主，得其所折中，皆股肱之才已……若能修六藝之術而觀此九家之言，捨短取長，則可以通萬方之略矣。」

161 如《周禮・地官・大司徒》職教萬民以「六德」、「六行」、「六藝」；《師氏》職「以三德教國子」；《保氏》職「養國子以道，乃教之六藝……教之六儀」；《春官・大司樂》職「掌成均之法」，以「樂德」、「樂語」、「曰舞」教國子。

162 參閱章學誠：《文史通義・詩教上》。

163 參閱蒙文通：《經學抉原・傳記第三》，見《經史抉原》，巴蜀書社 1995 年版，第 64—65 頁。

164 見李景林：《教化的哲學》第六章，黑龍江人民出版社 2006 年版。

165 《史記・孔子世家》記孔子論其作《春秋》之意說：「我欲載之空言，不如見於行事之深切著明者也。」

式。中國哲學與此不同，其思想的創造和表述，所採取的則是一種道事、經史一體的方式。王陽明答徐愛問《春秋》與五經的關係云：「以事言謂之史，以道言謂之經。事即道，道即事，《春秋》亦經，五經亦史。」[166] 陽明所論道與事、經與史的關係，很恰切地表現了這一點。這種方式，更凸顯了思想的歷史連續與當代性創造之間的內在一體性。

中國學術有所謂漢宋之爭。然漢儒經學，其要並不在章句訓詁；宋明道學，亦非僅僅是空談心性義理。

漢代大一統，高帝布衣天子，將相亦多起於平民，其在思想上所面臨的首要問題，就是政治上的一統和政治合法性的問題。漢代的政治和歷史哲學，主要圍繞這一中心問題展開。董仲舒通五經，尤為《春秋》公羊學大家。其以《公羊春秋》為詮釋文本，結合《易傳》、《月令》、《呂氏春秋》的宇宙論學說，引入陰陽五行、天人感應等觀念，建立起一個形上學和宇宙論的體系，以為當時政治的合法性和倫理社會價值體系的重建，奠定一超越性的基礎。董仲舒所建立的宇宙論和「天的哲學系統」，為儒家思想確立了一個新的發展方向，鑄就了漢代思想的特性。[167] 漢儒崇奉六經，以孔子為素王，稱其為漢製法。其闡發經義，提出諸如征誅、禪讓、革命、改制、質文、三統、三正、更化等一套政治和歷史哲學理論，其著眼點顯然並非把經典視為物件性的歷史知識，而是重在揭示大義微言，重構經典的意義系統，以應對和解決時代所面臨的重大理論和社會問題。

宋明儒學以「心性義理之學」名，其為學宗旨，要在應對釋老對儒家傳統價值理念的衝擊，以接續儒學固有的人文傳統，重建其聖學教化和外王事業之形上學的基礎。宋明諸大儒多有氾濫於釋老而後反求諸六經之經歷，雖

---

166 王陽明：《傳習錄上》。
167 參閱徐複觀：《兩漢思想史》第二卷，華東師範大學出版社 2001 年版，第 182—183 頁。

於釋老心性之說有所取資,但並非空說心性或「載之空言」邏輯推論式地建構理論。漢唐儒學略偏重於社會政治層面,社會生活之修心養生的精神皈依一面,乃漸次為佛家道教所操持。宋明儒思想和經典詮釋原則的轉換,表現為由漢唐儒之社會政治關懷轉向以性命之道和個體心性修養為中心以建立其心性本體化的形上學系統;與此相應,其所重經典,則由漢唐儒的五經轉向以四書為中心而輔以五經的經典系統。這兩個方面的統一,表現了宋儒學說的精神。朱子和呂祖謙所撰《近思錄》為理學入門書。其綱目次第,表現為一個「內聖外王」的結構,與《大學》格致誠正、修齊治平的學說規模相一致。由此可以看出宋人對思想學術之本質的理解。[168] 在經典方面,朱子謂讀經要循序漸進,應先四書後六經;四書次序,則宜先《大學》,次《論》、《孟》,最後《中庸》。《大學》三綱八目,概括了儒家由心性內聖工夫外顯於治平外王事業的一個總的綱領,故程朱以《大學》為聖學入德之門。《論》、《孟》應機接物,因時因事而發微言,循此以進,可以收具體而微、融貫會通之效。《中庸》一書,薈萃儒家天人性命學說之精要,循《大學》、《論》、《孟》,而後會其極於《中庸》,便可建立大本大經。由此進於經史,乃能知其大義,而不致泥於文字訓詁。[169] 故宋明儒所發心性義理之精微,絕非空言推論的產物。其所討論問題,大率亦皆出自經典。詮釋原則和思想重心的轉變引發與之相應的經典系統重構,經典的講論和詮釋則使太極、理氣、理欲、性命、心性、性情、性氣、格致、本體工夫等觀念凸顯出來,構成為一新的話題系統和理論視域。在這種思想與經典之緣生互動的動態機制中,經典乃

---

168 《近思錄》十四卷,其綱目為:「(一)道體;(二)為學大要;(三)格物窮理;(四)存養;(五)改過遷善,克己復禮;(六)齊家之道;(七)出處、進退、辭受之義;(八)治國、平天下之道;(九)制度;(十)君子處事之方;(十一)教學之道;(十二)改過及人心疵病;(十三)異端之學;(十四)聖賢氣象。」(見黎靖德編:《朱子語類》,中華書局1986年版,第2629頁。)

169 參閱《朱子語類》卷第十、第十一;張洪、齊熙編:《朱子讀書法》卷一,四庫全書本。

在不同時代獲得其意義重構，參與思想的創造進程，成為思想生產的源頭活水和生命源泉。

綜上可見，在中國哲學思想史上，思想的創造與經史的研究並非分為兩撅。經由經典及其意義的重建以實現思想的轉變，成為中國哲學思想生產的基本方式。思想家在有關經史的傳習講論中關注現實人生，構成著當下的思想世界；而經史的研究亦在這種不斷當下化了的思想視域中，參與著思想的生產。經典和哲學史的「知識」，由之轉成為「現在活生生」的智慧，而非「對於已死去的、埋藏在地下的、腐朽了的事物的知識」。接續這種思想生產與思想史學術研究之相互共生的「立言」方式，對糾正當前哲學理論與哲學史抽象對峙的狀況，有著重要的現實意義。

四、中國需要屬於自己的當代思想和哲學理論

中國需要屬於自己的當代思想和哲學理論。這裡所謂「屬於自己」，當有二義。一是「屬於」哲學家或中國哲學學者「自己」；一是「屬於」中國學術和文化「自己」。兩者實一體兩面，本不可分。孔子既主「學者為己」[170]，又自稱「述而不作，信而好古」。孟子既倡學貴「深造自得」，[171] 又特強調「論世知人」，「尚友」古聖。[172] 都表現了在為學上這兩者統一的精神。黃宗羲著兩《學案》，其《明儒學案》《序》與《發凡》對中國思想學術這一為學精神的討論，頗具代表性。黃宗羲以「殊途百慮之學」、「一本而萬殊」概括為學之道。認為理非「懸空於天地萬物之間」。學問思想，不出一途，「學術之不同，正以見道體之無盡」。「學問之道，以各人自用得著者為真⋯⋯學者於其不同處，正宜著眼理會，所謂一本而萬殊也。」為學必「窮此心之萬殊」而

170　《論語・憲問》。
171　《孟子・離婁下》：「孟子曰：君子深造之以道，欲其自得之也。」
172　見《孟子・萬章下》。

成一家之言，形成自己獨特的思想「宗旨」和思想系統，才能證顯那個「理一」和同歸一致之「道體」。反之，學無宗旨，便只能是「倚門傍戶，依樣葫蘆」，實無學術可言。[173] 濂、洛、關、閩、陸、王，殊途百慮，悉「竭其心之萬殊者，而後成家」，[174] 其學問「宗旨」，各各有別；經典及其意義系統據此得以重建，而文化生命根源性的獲得，亦使其共通的理論視域及思想世界得以構成。在中國哲學思想史上，「天下同歸而殊途，一致而百慮」，既被視為「道」的實現方式，同時亦被理解為思想學術之生產和存在的方式。[175] 宋儒提出「理一分殊」的觀念，其義與此相通。不過宋明儒學的著重點，更強調由「分殊」上來證顯「理一」。黃宗羲所謂一本萬殊、殊途百慮之學，正凸顯了這一精神。

在中國當代哲學的研究中，上述經典詮釋傳統發生了斷裂。時下中國學界其實並不缺少各種各樣的哲學理論，而真正缺乏的卻是根源於中國自身歷史傳統並由之而觀照現實社會人生所成的「屬於自己」的哲學理論。長期以來，中國學界占主導地位的哲學理論，基本上從外面現成「拿來」，就中國學術和文化而言，它不屬於我們「自己」。這一理論，又表現為一種一元性而未能真正差異化的解釋原則，它成為橫亙於中國哲學研究者與其研究物件間的一個第三者或外在的評判標準，亦不屬於中國哲學學者「自己」。缺乏這種不同層級個性化而「屬於自己」的理論原則，則所謂中國哲學思想史的學術研究，亦只能蛻化為某種資料性的整理工作，成為屬於過去時的不相干的歷史知識。如前所述，哲學是一種有生命的「活的東西」。生產性或創造性，是哲

173　參閱黃宗羲：《明儒學案》，《序》及《發凡》，中華書局1985年版；《黃宗羲全集》第七冊，《明儒學案·自序》，浙江古籍出版社1992年版。

174　《黃宗羲全集》第七冊，《明儒學案·自序》，浙江古籍出版社1992年版，第4頁。

175　司馬談《論六家要旨》、《漢書·藝文志》皆引《易傳》「天下同歸殊塗，一致百慮」一語概述諸子之學，即典型地表現了這一點。

學作為思想的一種本性。它一方面表現為一種其自身思想建構及不斷生成的內在動力，另一方面，作為思想的原則，對文化學術諸領域產生某種輻射作用，表現出一種巨大的理論透視和解釋力。而只有「屬於自己」或植根於自身歷史傳統慧命的哲學理論，才能內在地具有這種思想的創造性和生產性。另一方面，哲學史是思想的歷史，它只能向思想者敞開其自身。顯然，一個缺乏自身獨立思想，只能把其思想傳統當做過去時之知識的時代，它的哲學史的知識，亦失去了它作為思想的真實性，成為虛假的、壞的「知識」。[176] 這樣的哲學史知識，當然無助於真實的思想創造。可見，即就哲學史的研究而言，那「屬於自己」的哲學理論建構，亦為每一個時代所必須。

「屬於自己」的哲學理論的建構，內在地包涵著一個從學者個體至整個文化傳統之不同層級的差異化序列；而哲學學者經由「竭其心之萬殊」，深造自得而構成屬於自己的學術「宗旨」，則是這一差異化程式之必然的出發點。在上世紀前半葉中國哲學學科建立的初期階段，學者所擁有的深厚傳統學養和人格教養、理論原則多元化的選擇空間，使其能夠形成自己獨立的學術宗旨；因此，當時作為哲學理論創造的「接著講」與作為哲學史學術研究的「照著講」雖已有學科的分工，但卻未產生分裂。之後政治意識形態滲入學術研究領域，一元化的「原理」和解釋原則由之形成；學者因此完全失去了其建立自身獨特學術「宗旨」的可能性，在理論、思想、精神、生命及人格教養諸層面上與自身的思想文化傳統漸行漸遠，這便從源頭上阻斷了上述理論建構的差異化序列。近年來，中國傳統哲學的研究，在詮釋原則的選擇上已呈現出一種多元化的趨勢，但現成「拿來」西方概念模式作為解釋工具以「整理國故」的研究方式尚無根本性的改觀。外來思想的刺激對於一個時代詮釋原則的轉變，起著重要的作用，在我們這個全球化的時代，這一點尤其重要。

---

[176] 比如，當哲學史的研究僅僅是在尋求孔子是否唯物論或辯證法，是否是哪個階級的代言者的時候，這樣的哲學史知識，還有什麼真實和思想可言？

但是，哲學的概念非抽象的、可以現成搬來搬去的形式，它具有自身的內容；[177] 因而必關聯於個體、族群、文化等差異化序列乃能真實地展顯出一種共通性的思想和精神世界。正如食物須經腸胃消化方能營衛身體一樣，哲學的理論亦須經由特定歷史文化「腸胃」的消化，才能獲得活的文化生命意義和造成精神教養的作用。在這一點上，宋明儒對佛教哲學批判性的吸納，已為我們提供了一種思想實驗的範本。

以學者個體自身「學術宗旨」的差異多元性構成為出發點，接續中國傳統重建經典及其意義系統的思想生產和「立言」方式，使經典和哲學思想史的學術研究真正參與當下思想創造的進程，在此基礎上真實展開與其他文明傳統的思想對話，那「屬於自己」的當代中國的哲學系統和思想世界才能逐步得以形成。

177　參閱李景林：《正負方法與人生境界》，第二部分，《中國社會科學》2010 年第 6 期。

中國哲學的現代轉型與傳統更新 —— 關於 19—20 世紀中國哲學史觀的思考

李維武[178]

　　對於鴉片戰爭以來的 19—20 世紀中國哲學，研究者們往往存在著不同的看法。這種看法之不同，並不在於是否承認 19—20 世紀中國哲學與以往數千年中國哲學相比，發生了巨大的變化，呈現出明顯的不同；也不在於是否承認這一變化與不同的根源，來自中國從鴉片戰爭起被捲入以西方近現代文化為標本的全球性現代化運動，以及由此而來的西方文化及其哲學大規模傳入中國相關；而在於如何看待、理解和評價中國哲學的這一歷史性變化。這種看法之不同可大致歸結為兩派觀點：一派認為，中國哲學在 19—20 世紀所發生的巨大變化，對中國哲學的自性、特質與傳統造成了嚴重的衝擊和破壞；近一個半世紀來，中國哲學的主流開展實際上背離了中國哲學的自性、特質與傳統，大概只有現代新儒學才能算是中國哲學的自性、特質與傳統的真正繼承者；21 世紀中國哲學只有回歸 19 世紀以前的中國哲學傳統，甚至只有回歸「軸心時代」的先秦哲學傳統，才能接上中國哲學的正統。另一派則認為，中國哲學在 19—20 世紀所發生的巨大變化，促成了中國哲學的形態轉變與傳統更新；近一個半世紀來，中國哲學經歷了由古代形態而近代形態而現代形態的轉型，繼中國哲學古代傳統之後形成了中國哲學現代傳統；21 世紀中國哲學應當以 19—20 世紀中國哲學的開展為起點，承繼和發揚中

178　李維武，武漢大學哲學院教授。

中國哲學的現代轉型與傳統更新——關於19—20世紀中國哲學史觀的思考

國哲學現代傳統而做新的開展。這兩派不同的看法，鮮明地反映了在19—20世紀中國哲學研究中兩種哲學史觀的分歧，直接關係到對19—20世紀中國哲學的理解與書寫，也直接關係到21世紀中國哲學的開展。由此可見，在19—20世紀中國哲學研究中，哲學史觀問題是一個值得關注和探討的重要問題。筆者贊成後一種哲學史觀，但又感到這一哲學史觀尚需予以深入闡發，使之具有馬克思所強調的理論的徹底性以及由之而來的影響力與吸引力，因此在這裡試對自己的有關思考加以闡發，以期引起研究者們對這一問題的關注與探討。

一、19—20世紀中國哲學的主軸線

鴉片戰爭以來的19—20世紀中國哲學，與以往數千年的中國哲學開展相比，首先在哲學文化風貌上呈現出明顯的不同：在中國哲學史上，還沒有一個大的歷史時期，像19—20世紀中國哲學，吸取了那麼多西方的思想，改變了那麼多傳統的內容，在中西古今哲學的碰撞、交流、融會中，湧現了眾多的哲學人物、林立的哲學派別和縱橫起伏的哲學思潮，由此而造成了中國哲學的空前大變動。這種哲學文化風貌，不僅就其複雜性、多變性言，而且就其創新性、深刻性言，都是以往時代的中國哲學開展所難以比擬的，即使是在諸子蜂起、百家爭鳴的先秦哲學中也未曾出現過。這種創新性、深刻性在於，在這一個多世紀紛繁複雜的哲學格局中，存在著一以貫之的主軸線，即中國哲學由古代形態而近代形態而現代形態的歷史性轉變，也就是中國哲學的現代轉型。可以說，只有這種哲學形態的歷史性轉變，才是19—20世紀中國哲學的最本質、最深刻的東西。

所謂哲學的形態，是指哲學在歷史發展中所呈現的一定的思維方式。這種思維方式規定了一定時期哲學的致思趨向和話語系統，規定了一定時期的哲學文化風貌，使之與以往時代的哲學呈現出明顯的區別。哲學的形態具有

較大的穩定性,能夠在一個相當長的時間內保持基本不變,但又不是凝固的、永恆的、僵硬的,不僅有量的變化,更有質的更新。隨著文化歷史變遷的影響,隨著由之而來的思想世界的變化,哲學的形態或遲或早總要發生變化,由舊的形態逐漸轉換成新的形態。這種哲學的形態由舊而新的轉變,就是哲學的轉型。因此,所謂哲學的轉型,是指哲學的一定的思維方式所發生的質的飛躍及其新質的展開,是指哲學的致思趨向、話語系統及其整個哲學文化風貌的轉變。正是由於有哲學的形態轉變,所以造成了哲學發展的大的階段性的區分。

從世界哲學發展的視域看,不同民族的哲學思維方式在歷史上都存在著轉變的問題,不可能固定在一種致思趨向、話語系統及其哲學文化風貌上,因此不同民族的哲學都有自己的轉型。但這種轉型,在西方哲學的發展中尤為鮮明和典型,呈現出由古代形態而近代形態而現代形態的相當分明的發展階段,其哲學的致思趨向、話語系統及其整個哲學文化風貌表現出明顯的質的差異性。自 19 世紀以來,西方哲學伴隨著以西方近現代文化為標本的全球性現代化運動向前近代的非西方民族傳播,不斷擴大自己的影響,與這些非西方民族原有的哲學發生衝突與融合,促使這些非西方民族的哲學由古代形態轉向近代形態再轉向現代形態,從而促成了不同民族的哲學走向世界哲學。正是在這一過程中,西方哲學由於這種示範作用和推動作用,被賦予了一種世界性,使得前近代的非西方民族在進入全球性現代化運動後,必須引入、學習、吸納西方哲學的思想內容。這樣一來,西方哲學的轉型,就往往成為研究者們衡論不同民族哲學轉型的一個尺度、一個參照系。在考察 19—20 世紀中國哲學的轉型問題時,也少不了使用這樣一個尺度、這樣一個參照系。而且,19—20 世紀中國哲學的開展,就是透過中西古今哲學的彼此爭鳴、相互激盪、重新熔鑄而實現的,因此這樣一個尺度、這樣一個參照系與 19—20 世紀中國哲學就有著內在的歷史的聯繫,並不是研究者們主觀地從外

中國哲學的現代轉型與傳統更新——關於19—20世紀中國哲學史觀的思考

部強加到中國哲學自身的進程上的。可以說,在19—20世紀中國哲學的發展中,本身就內在地歷史地蘊含著這樣一個尺度、這樣一個參照系。

透過這樣一個尺度、這樣一個參照系來看中國哲學發展,可以清晰地看到鴉片戰爭以來19—20世紀中國哲學同樣經歷了現代轉型,這一轉型呈現出兩個大的階段:在鴉片戰爭後的19世紀下半葉,中國哲學實現了由古代形態向近代形態的轉變;而在19世紀與20世紀之交,中國哲學又開始了由近代形態向現代形態的轉變。早在鴉片戰爭前,龔自珍就已敏銳地意識到中國封建統治者已經不能照舊統治下去了,開始從政治哲學入手思考這種統治的合法性問題,提出了「自改革」[179]的主張。鴉片戰爭後,魏源首先開眼看世界,突破了中國傳統的歷史觀與文化觀,提出了「師夷長技以制夷」[180]的主張。龔、魏的新思想,深刻地影響了19世紀下半葉中國哲學的開展,使得中國人的歷史觀、文化觀和政治哲學最終超越了古代哲學的框架與內涵,正如梁啟超所說:「新思想之萌蘖,其因緣固不得不遠溯龔、魏。」[181] 到了19世紀最後10年,康有為、譚嗣同、嚴復進一步在哲學本體論問題上取得了新突破。康、譚沿著中國古代哲學雜糅本體論與宇宙論的傳統,把西方近代科學知識與中國傳統哲學本體觀念結合起來,建構起具有近代哲學特徵的本體論體系。嚴復則引入西方近代經驗主義傳統與現代實證主義原則作為新哲學的基礎,解構中國古代哲學雜糅本體論與宇宙論的傳統,建立起以牛頓力學與達爾文進化論為框架的科學宇宙論,這是中國哲學史上第一個完全近代意義的哲學體系,同時又成為現代形態中國哲學的開端。這樣一來,中國哲學僅僅用了短短大半個世紀的時間,就完成了從古代形態向近代形態的轉

179　龔自珍:《乙丙之際著議第七》,《龔自珍全集》,上海人民出版社1975年版,第6頁。

180　魏源:《海國圖志敘》,《魏源集》上冊,中華書局1976年版,第207頁。

181　梁啟超:《論中國學術思想變遷之大勢》,《飲冰室合集》第1卷文集之七,中華書局1989年版,第97頁。

變，並進而開始了向現代形態的轉變。19世紀與20世紀之交，西方哲學中的不同思潮相繼傳入中國，中國哲學家對於西方哲學有了更深入更全面的瞭解，如果說嚴復對20世紀中國哲學中的科學主義、自由主義以及進化史觀都有開啟之功，那麼王國維則開始把西方人文主義哲學引入中國，並敏銳地揭示了西方哲學發展中人文主義與科學主義兩大思潮的分歧與對立。馬克思主義哲學也在這時傳入中國，受到當時向西方尋找救國救民真理的先進中國人的關注和介紹：朱執信於1906年在《民報》上發表長文《德意志社會革命家列傳》，第一次把馬克思作為革命家兼哲學家介紹給中國人；孫中山於1912年在上海發表公開演講，首先在中中國地介紹馬克思的經濟學—哲學名著《資本論》。1915—1924年的新文化運動，對中國學術的現代轉型起了積極促進作用，對中國哲學的現代轉型更是意義重大。新文化運動中的東西文化問題論戰、問題與主義論戰、科學與玄學論戰，分別凸顯和深化了中國人對歷史觀與文化觀問題、政治哲學問題、本體論與認識論問題的探討，使得現代形態中國哲學由此進入了全面發展時期。20世紀30—40年代，中國哲學家開始融會中西古今哲學資源，建構了代表不同哲學思潮、具有不同哲學風格的本體論、認識論體系，如熊十力的「新唯識論」、馮友蘭的「新理學」、賀麟的「新心學」、金嶽霖的「道論」與「知識論」、毛澤東的「實踐論」、張岱年的「天人五論」等等。這些各具個性與特色的哲學體系化創作，成為了中國哲學現代轉型的標誌性成果，對現代形態中國哲學的進一步開展產生了深刻的歷史影響。以後現代形態中國哲學的開展，都與這些標誌性成果分不開，或是沿著這些成果的思路進一步拓展，或是針對這些成果的問題進一步探索，或是根據這些成果的思想資源進一步綜合創新，從而從不同方面推進、深化了中國哲學的現代轉型。

由此可見，19—20世紀中國哲學，與西方哲學的發展相類似，也經歷了從古代形態而近代形態而現代形態的轉變；正是這種中國哲學的現代轉型，

中國哲學的現代轉型與傳統更新——關於19—20世紀中國哲學史觀的思考

構成了19—20世紀中國哲學一以貫之的主軸線。只是與西方哲學的轉型相比,中國哲學的轉型屬於後發生型,因此難以像西方哲學那樣在一個相當長的時間內自然而充分地完成轉型,而只能在一個相當短的時間裡十分急促而緊張地實現形態的轉變,其侷限與不足就自然難以避免。儘管如此,中國哲學的現代轉型的發生及其意義則是不可否認的。

在19—20世紀中國哲學研究中,之所以會形成兩種不同的哲學史觀,產生出兩派不同的看法,是否認肯中國哲學的現代轉型正是其關鍵。看不到這一主軸線或否認這一主軸線,當然只會把中國哲學在19—20世紀所發生的巨大變化,理解為對中國哲學的自性、特質與傳統的衝擊和破壞,否定19—20世紀中國哲學的創新性、深刻性。相反,只有抓住了這一主軸線,才能真正理解中國哲學在19—20世紀所發生的巨大變化,揭示其間所蘊含的創新性、深刻性,對19—20世紀中國哲學作出正確的看待、本質的理解和合理的書寫。換言之,只有抓住了這一主軸線,才能建立起合理的19—20世紀中國哲學史觀。

二、中國哲學現代轉型的總特點

中國哲學的現代轉型,儘管是在西方文化及其哲學強烈影響下發生的,參照了西方哲學的轉型尺度,吸取了西方哲學的思想資源,但並不就意味著是對西方哲學發展進程的簡單模仿、照抄照搬,也不意味著是用西方人的哲學思維與哲學話語來代替中國人的哲學思維與哲學話語,更不意味著是把中國哲學的發展由此納入西方哲學的軌道,而是有著不同於西方哲學的基礎、背景與傳統,有著自己的特殊性。具體地說,中國哲學的現代轉型,是在近代中國文化歷史大變遷的基礎上發生的,是在中國文化的背景下與語境中進行的,是透過由古代形態中國哲學而近代形態中國哲學而現代形態中國哲學實現的。因此,中國哲學的現代轉型又有著自己的特點。這些特點主要透過

兩種哲學運動鮮明地呈現出來：一是西方哲學的中國化，一是中國哲學的現代化。這兩種哲學運動，在實際的哲學發展中是合為一體的，共同體現了中國哲學的現代轉型的總特點。

自 19 世紀下半葉以來，西方哲學中的各種理論、體系、思潮先後傳入中國思想世界，對中國哲學的現代轉型起了示範作用和推動作用。但這些傳入中國思想世界的西方哲學思想，在影響、促進、參與中國哲學現代轉型的過程中，既顯示了自己的世界性的一面，又要在中國文化的背景下與語境中作一種新的理解和闡釋，即需要經過一番新的思想創作，或者在古代形態中國哲學的傳統中找到契合處，或者參與到 19—20 世紀中國哲學的發展中來。只有經過這種新的理解和闡釋，經過這番新的思想創作，從而與中國哲學的傳統或發展建立起一定的聯繫，一種外來的哲學才有可能真正為中國人所接納，進而在中國文化土壤上生根、成長，使自己逐漸轉化成為現代形態中國哲學的有機內容。可以說，這是任何一種能夠在中國文化土壤上生根、成長、產生影響的西方哲學所必須經歷的過程。這個過程就是西方哲學的中國化。

20 世紀 30 年代，孫道升在《現代中國哲學界之解剖》一文中，曾把現代中國哲學開展按對待中國哲學和西方哲學的態度分為兩大系統：一是「純宗西洋哲學」，一是「兼綜中西哲學」。前一系統是照抄照搬西方哲學，西洋現代有某派哲學，中國現代也有某派哲學，如實用主義、新實在論、新唯物論、新唯心論。後一系統則有一種創造的意味在裡面，是糅合中西兩種哲學而組織成功的，如唯生論、新法相宗、新陸王派、新程朱派。在這裡，孫道升認為在 20 世紀中國哲學中有一部分派別是純粹由外國引進的，是原封不動地照抄照搬外國人的東西的。但他所列舉的「純宗西洋哲學」諸派別，實際上都經歷了中國化的過程，並不存在那種「純宗」的性質。如實用主義哲學，在新文化運動時期由胡適引入中國思想世界後，就自覺或不自覺地在中

中國哲學的現代轉型與傳統更新——關於19—20世紀中國哲學史觀的思考

國文化的背景下與語境中作了與其原來的意義不盡相同的變形。本來意義上的實用主義，並不是西方科學主義思潮的一個分支，也不僅僅是對科學方法的看重和強調，但胡適卻極力凸顯了實用主義看重和強調科學方法的方面，進而把實用主義解釋成為就是一種科學方法，納入到新文化運動中的科學主義思潮中來，從而使實用主義與科學主義思潮的狂飆突進相伴隨相結合而影響一時。又如被稱為新唯物論的馬克思主義哲學，在中國的傳播和發展，更是一個不斷中國化的過程。從李大釗的唯物史觀，到毛澤東的「實踐論」，再到馮契的「智慧說」，都是中國馬克思主義哲學家在中國文化的背景下與語境中，結合中國實際情況，吸取中國傳統哲學資源，對馬克思主義哲學進行重新解讀、重新創造的成果。馬克思主義哲學對中國思想世界的深刻影響，正是透過不斷的中國化而實現的。由此可見，中國哲學家在接引西方哲學過程中，不只是起傳聲筒的作用，也不僅僅充當翻譯家的角色，而顯示了自己的創造性。

需要指出的是，西方哲學的中國化所追求的目標，是要把西方哲學中具有近代價值或現代價值的核心觀念引入中國思想世界，並不是要對傳入中國的西方哲學的自性、特點與傳統進行大部的或基本的消解，使西方哲學只剩下與古代形態中國哲學相似相通的內容。西方哲學中具有近代價值或現代價值的核心觀念，往往是西方哲學中具有世界性的內容。自鴉片戰爭以來，先進中國人之所以積極地學習、引入、吸納西方哲學，正是為了從中獲得這些具有近代價值或現代價值的核心觀念，使中國哲學從這些新的思想資源中獲得新的生命活力，從而塑造中華民族的新的時代精神與民族精神。早在20世紀初，嚴復就明確指出了這一點：「夫自由、平等、民主、人權、立憲、革命諸義，為吾國六經歷史之不言固也，然即以其不言，見古人論治之所短。」[182] 因此，在西方哲學的中國化運動中，又必然有選擇地保留和自覺地吸取西

---

[182] 嚴復：《主客平議》，《嚴復集》第1冊，中華書局1986年版，第118頁。

方哲學的這些核心觀念，使之轉化為近代形態中國哲學或現代形態中國哲學的內容。胡適引入實用主義，儘管根據當時中國的實際作了變形，但他所強調的「科學試驗室的態度」和「歷史的態度」，仍然鮮明地體現了實用主義的基本觀念，精闢地表達了實用主義對經驗、實踐、真理、歷史的獨特理解。馬克思主義哲學中國化同樣如此。儘管在百年間出現了對馬克思主義哲學的多種中國化闡發，但只要這種闡發是真正立足於馬克思主義哲學的，其中又總會有著共同的核心觀念，如唯物史觀對生產力與經濟基礎決定性作用的重視，唯物辯證法對實踐意義的強調，社會主義對平等價值的追求。誠如艾思奇所說：「中國化絕不是丟開馬克思主義的立場的意思，相反地，愈更要能夠中國化，就是指愈更能夠正確堅決地實踐馬克思主義的立場的意思。」[183] 他進而指出：「馬克思主義之所以能中國化，就因為馬克思主義有一般的正確性，正因為它是『放之四海而皆準』的，是『萬能』的。倘若它沒有這一般的正確性，倘若它僅僅是特殊的東西，那就完全談不到『化』的問題了。」[184]

正是這樣，西方哲學的中國化所帶給中國哲學的，主要是能夠為中國人所接受的西方哲學中具有近代價值或現代價值的核心觀念；而這些觀念為中國思想世界所接受吸納，也就促成了中國哲學的現代化。早在明清之際，中國哲學就已經在自己的古代形態中孕育了近代形態的因素，但由於多方面的原因，這些因素並沒有能夠發育成熟，從古代形態中國哲學的母體中產生出獨立的近代形態中國哲學。對於這一哲學文化現象，侯外廬在明清之際早期啟蒙思潮研究中作過系統而深入的探討，形象而深刻地稱之為「中國近代思想難產」[185]。這種近代形態中國哲學的「難產」，一直持續到19世紀中葉，才由於鴉片戰爭所開始的中國文化歷史大變局而改變。鴉片戰爭後，隨著西

---

183 艾思奇：《論中國的特殊性》，《艾思奇文集》第1卷，人民出版社1981年版，第481頁。

184 同上，第482頁。

185 侯外廬：《近代中國思想學說史》（下冊），生活書店1947年版，第585頁。

中國哲學的現代轉型與傳統更新──關於19──20世紀中國哲學史觀的思考

方哲學中具有近代價值或現代價值的核心觀念先後引入中國思想世界,對中國人的精神生活與哲學思想發生了深刻影響,才使得古代形態中國哲學遇到了來自外部的強烈挑戰和猛烈衝擊。在西方近代和現代哲學思想的啟迪下,中國哲學家開始重新認識、檢討、批判古代形態中國哲學,力圖創造新形態的中國哲學,重建中華民族的時代精神與民族精神,從而開啟了中國哲學的現代化進程。即使是20世紀中國的文化保守主義者,也在時代風潮影響下有此自覺。現代新儒學的開啟者梁漱溟就說過:「我覺得我有一個最大的責任,即為替中國儒家作一個說明,開出一個與現代學術接頭的機會。」[186]

中國哲學的現代化,固然是對古代形態中國哲學的超越,但同時又與古代形態中國哲學有著聯繫。中國哲學在數千年自成一系的開展中,積澱了豐厚的資源,形成了悠久的傳統。這一傳統具有巨大的歷史惰性力、影響力、滲透力,制約著中國哲學的現代轉型。這種制約性表現在兩個方面:一方面,古代形態中國哲學以其傳統的巨大力量,對中國哲學的現代轉型有著阻礙作用,是造成「中國近代思想難產」的重要因素之一;另一方面,古代形態中國哲學中的一些因素,又會在特定的歷史條件下,對中國哲學的現代轉型起著積極的促進作用。這些對中國哲學的現代轉型起著促進作用的傳統因素,就其性質來說十分複雜。其中的一些內容,屬於明清之際在古代形態中國哲學中就已孕育的近代形態的因素,如黃宗羲在《明夷待訪錄》中所提出的「天下為主君為客」的構想,就是這類因素的典型體現。梁啟超就曾結合自己投身維新變法的親身體驗說明這種因素的存在與作用,指出:「宗羲……最有影響於近代思想者,則《明夷待訪錄》也。……而後此梁啟超、譚嗣同輩倡民權共和之說,則將其書節鈔,印數萬本,祕密散佈,於晚清思想之驟變,極有力焉。」[187] 還有一些內容,則是古代形態中國哲學中很早就已存在的因

186　梁漱溟:《朝話》,《梁漱溟全集》第2卷,山東人民出版社1990年版,第136頁。
187　梁啟超 :《清代學術概論》,《飲冰室合集》第8卷專集之三十四,中華書局

素，本身並沒有什麼現代性可言，但卻也能在特定的歷史條件下對中國哲學的現代轉型發生積極的促進作用，如經世致用學風、公羊三世說、民本思想，就是這類因素的典型體現。在經世致用學風的影響下，中國哲學家在鴉片戰爭後面對中國文化歷史的大變局，衝破傳統的以中國為中心的歷史觀與文化觀，積極地向西方尋找救國救民的真理，從而引入、接受西方哲學中具有近代價值或現代價值的核心觀念，促成了西方哲學的中國化和中國哲學的現代化。公羊學的三世進化觀念則成為19世紀先進中國人主張改革、進行維新的哲學根據，中國哲學家透過公羊三世說與西方進化理論的結合，重新復活了儒家政治哲學中「小康」與「大同」觀念，用以標示中國現代化進程的不同階段，為古老的大同理想注入了全新的內容。至於中國古代民本思想，更成為中國先進思想家走向馬克思主義的思想橋樑。李大釗之所以能夠成為中國的第一個馬克思主義者、第一個馬克思主義哲學家，從他自身的思想因素上看，在於他在接受馬克思主義之前，已經透過吸取儒家民本思想資源，如《詩經》所言「天生烝民，有物有則。民之秉彝，好是懿德」，《尚書》所言「天視自我民視，天聽自我民聽」，形成了重視人民大眾在歷史中作用的民彝史觀。在他看來：「天生眾民，有形下之器，必有形上之道。道即理也，斯民之生，即本此理以為性，趨於至善而止焉。」[188] 在人民大眾的自身生命中，自然地存在著一種合乎道理、努力向善的本性，這種本性具有衝破蔽障、照明世界的巨大作用。所謂歷史活動中的人心向背，實際上由每個普通之人自身內在的善的觀念和道德的準則所支配，本身就是一種具有歷史合理性的選擇。正是基於對民心中理性主體和至善追求的信賴，正是基於對民心向背所體現的歷史合理性的尊重，使李大釗在當時諸多先進中國人中首先敏銳地覺

    1989年版，第14頁。

188 李大釗：《民彝與政治》，《李大釗文集》第1卷，人民出版社1999年版，第146頁。

中國哲學的現代轉型與傳統更新——關於19—20世紀中國哲學史觀的思考

察到俄國十月革命的歷史合理性並加以認同，認為：「Bolshevism 這個字，雖為俄人所創造，但是他的精神，可是二十世紀全世界人類人人心中共同覺悟的精神。所以 Bolshevism 的勝利，就是二十世紀世界人類人人心中共同覺悟的新精神的勝利！」[189] 這些哲學文化現象表明，中國哲學的現代化既是對古代形態中國哲學的超越，又是對古代形態中國哲學的繼承。換言之，中國哲學的現代化是在這種超越與繼承的張力間開展的。

西方哲學的中國化與中國哲學的現代化，作為中國哲學的現代轉型的總特點，清楚地顯示出中國哲學的現代轉型既有與西方哲學發展相似相通的一面，又有與西方哲學發展不相同的一面。相似相通的一面，反映了19—20世紀中國哲學改變了中國哲學原來的長期封閉狀況，匯入了世界哲學進程；不相同的一面，則反映了19—20世紀中國哲學將繼續保持中國哲學的自性、特質與傳統，而與其他民族的哲學相區別。只有看到這一總特點，才能對中國哲學的現代轉型有深切的瞭解與把握。

三、中國哲學現代轉型的基本問題

中國哲學的現代轉型，所造成的在致思趨向、話語系統及其哲學文化風貌上的重構與轉變，集中表現為哲學的提問方式和提問話語的改變。也就是說，19—20世紀中國哲學有著自己的提問方式和提問話語，由此而顯示出在致思趨向、話語系統及其哲學文化風貌上的重構與轉變。在這一轉型中所出現的西方哲學的中國化與中國哲學的現代化兩種哲學運動，首先就在於形成一種新的哲學的提問方式和提問話語。因此，對於中國哲學的現代轉型，應當以哲學問題為中心來把握、來探討。

在哲學史研究中，對哲學問題的重視與對哲學範疇演變的重視，其指

---

[189] 李大釗：《Bolshevism 的勝利》，《李大釗文集》第2卷，人民出版社1999年版，第246頁。

向、其意義是不相同的。對哲學範疇演變的重視，所凸顯的是哲學觀念之間的聯繫；而對哲學問題的重視，所凸顯的是哲學觀念與文化歷史之間的聯繫。哲學觀念與文化歷史之間的聯繫在於：文化歷史確定了哲學觀念的特殊性及其在哲學史上的位置。哲學觀念儘管有其抽象性、思辨性，但其根源仍在於文化歷史之中，是經驗世界的昇華物。正是這樣，儘管哲學有著自身的提問方式和問題，如本體論、認識論等問題都是哲學史上的老問題，為古往今來的哲學家反覆探討、不斷思考，從而形成了哲學發展的內在的邏輯環節和邏輯進程；但不同時代、不同民族的哲學家往往基於各自的時代和傳統，對這些提問方式和問題作出各具文化歷史特點的理解和回答，因此哲學發展的內在的邏輯環節和邏輯進程，實則是與文化歷史密切聯繫的。在哲學發展中，除了這些哲學史上的老問題外，還有著直接來自具體時代、具體民族的文化歷史的提問方式和問題。這些特殊的提問方式和問題，往往不屬於哲學自身的提問方式和問題，並不是其他時代、其他民族哲學發展中都會出現的；也往往與哲學自身的提問方式和問題相比，處於一種哲學史與思想史交叉的邊緣性位置，其哲學理論不那麼具有思辨性，其哲學意味也不那麼濃厚。但正是這些特殊的提問方式和問題，使得哲學發展呈現出不同的時代特徵和各異的民族風格。這兩類哲學史上的問題，從不同的方面顯示了哲學觀念與文化歷史之間的聯繫，在哲學史研究中都值得重視。

　　在19—20世紀中國哲學開展中，可以清楚地看到存在著這兩類提問方式和問題：一方面，19—20世紀中國哲學發展，對於哲學自身的提問方式和問題作出了具有時代特色和民族特色的轉換，在本體論、認識論等問題上多有創獲；另一方面，19—20世紀中國哲學發展，對於那些直接來自中國文化歷史大變遷的特殊的提問方式和問題予以了重視和思考，如一百多年來中國哲學家反覆探討的中西古今文化關係問題、中國現代化道路問題、全球化問題、現代性問題、「中國向何處去」問題，就是這類直接來自中國文化歷史大

中國哲學的現代轉型與傳統更新──關於19─20世紀中國哲學史觀的思考

變遷的特殊的提問方式和問題。中國哲學的現代轉型的基本問題，來自這兩類提問方式和問題。環繞這些哲學問題所展開的哲學思考，構成了19─20世紀中國哲學發展的歷史進程，使得中國哲學的現代轉型，既具有內在的邏輯環節和邏輯進程，又呈現出絢麗多彩的色調和鮮活躍動的生命力。

中國哲學的現代轉型的基本問題，由於來自這兩類提問方式和問題，因此相互之間不都是並列的，其間存在著層次性和結構性。從邏輯上看，即從哲學觀念由一般到特殊、由抽象到具體看，這些哲學問題集中在三個層面上：最抽象的是本體論與認識論問題，居中是歷史觀與文化觀問題，最具體的是政治哲學問題。

本體論、認識論問題是哲學自身長期以來探討的重大問題。特別是本體論問題尤為古老。隨著哲學形態的發展，本體論變換自己的提問方式和提問話語。在對本體論的反覆探討中，哲學家們或建構一個個哲學體系，或解構一個個哲學體系，由此而申發理想，寄寓希望，傾注感情，尋求智慧，重建一個民族在一個時代的文化精神。西方哲學由近代形態向現代形態的轉換，是環繞著本體論、認識論問題而展開的。中國哲學的現代轉型，同樣也是環繞著這些問題來進行的。所不同的是，中國哲學家基於自己的時代和自己的傳統，對於這些問題作出了具有自己民族特點的回答，從而以抽象的形式探討並建構中華民族的新的時代精神與民族精神。近代的中華民族，內憂外患，救亡啟蒙，貞下起元，多難興邦，激起哲學家們對本體論、認識論問題的思考和探討，透過這種思考和探討來寄託自己的家國情懷，透過這種思考和探討來重建中華民族的精神生活，也透過這種思考和探討來尋找解決中國問題的正確方法。因此，本體論、認識論問題對於中國哲學的現代轉型發生了重大的影響。可以說，19─20世紀中國哲學的提問方式和問題，是以本體論及認識論問題為其中心和重心的。

歷史觀、文化觀問題中的一些內容也可以說是哲學自身的提問方式和問

題，但更主要的內容卻是與 19—20 世紀中國歷史的走向和中國文化的選擇直接聯繫在一起的。鴉片戰爭後一個半世紀的中國歷史，是中國被捲入以西方近現代文化為標本的全球性現代化進程而發生巨大變遷的歷史，是西方近現代文化大規模傳入中國而造成中西古今文化大碰撞、大交流、大融會的歷史，是中國由封建社會經過半殖民地半封建社會向社會主義社會急遽轉變的歷史。如何看待中國文化歷史這一天翻地覆大變局？如何看待中國傳統文化在全球性現代化運動中的價值和作用？如何面對西方文化的強烈影響來選擇中國文化發展的道路？這些問題，是時代向 19—20 世紀中國哲學家提出的重大哲學問題，也是 19—20 世紀中國哲學家必須首先思考的重大哲學問題。這就使得歷史觀與文化觀問題，在中國哲學的現代轉型中佔有了十分顯著、十分重要的位置，引起中國哲學家的普遍關注和反覆探討。而歷史觀、文化觀問題，又是與「中國向何處去」這一時代大問題密切地聯繫在一起的。這就使得 19—20 世紀中國哲學中的歷史觀與文化觀問題，不是一種思辨的歷史哲學或文化哲學，而與回答「中國向何處去」這一時代大問題相聯繫。

政治哲學問題在 19—20 世紀中國哲學中有著特殊的含義，所要直接回答的主要問題就是「中國向何處去」這一時代大問題。這個問題顯然不是一個哲學史上的老問題，而是一個鴉片戰爭以來中國文化歷史大變遷所直接提出的問題。在這一文化歷史大變遷中，環繞「中國向何處去」而展開了一系列重大政治問題，如封閉與開放、守舊與維新、改良與革命、立憲與共和、啟蒙與救亡、舊民主主義與新民主主義、資本主義與社會主義，這些都成為 19—20 世紀中國政治哲學探討的內容。這些內容往往是西方政治哲學中所沒有的，也往往與現實政治糾纏在一起而較少思辨性，但對於 19—20 世紀中國來說卻是極為重要的，引起了中國哲學家反覆的思考與探討。正是透過這種反覆的思考與探討，逐漸從理論與實踐的結合上次答了「中國向何處去」這一時代大問題。

除了上述三個層面的基本問題外，中國哲學的現代轉型還有其他一些問題，是以社會問題或文化問題的形式出現的，而不是以純粹哲學問題的形式出現的，但同樣意義重大，不可忽視。例如，20世紀上半葉出現的女性主義問題，原本是作為社會問題提出的，但其中有關性別意識、家庭觀念、女性倫理、男女權利諸問題，都包含了哲學層面的探討，所以實際上又成為了20世紀中國哲學的重要問題。又如，新文化運動中凸顯出的中國教育思想問題，原本是作為文化問題提出的，但其中又必然涉及人性改造、人格培養、教育民主諸問題，需要在教育哲學意義上進行總體性的探討，而這種探討對於中國教育的現代轉型和中國哲學的現代轉型都有著重要的意義。因此，在中國哲學的現代轉型中，還包含這些具有哲學內容的社會問題、文化問題。這些社會問題、文化問題，實際上反映了中國哲學的現代轉型與近現代中國文化歷史的多方面的聯繫，也體現了中國哲學的現代轉型的豐富內涵，是研究中國哲學的現代轉型時值得注意的。

四、中國哲學現代轉型的主要思潮

在19—20世紀中國哲學開展中，特別是在20世紀中國哲學開展中，湧現了諸多不同的哲學思潮，此起彼伏，相激互動，有力地推動了中國哲學的現代轉型。所謂哲學思潮，是指一定時代的哲學家們由一定的致思趨向和價值認同所形成的哲學思想的開展。同一哲學思潮中，往往出現了許多哲學家，他們一方面有著個性化的哲學創造，另一方面又有著大體一致的致思趨向和價值認同。透過對哲學思潮的研究，既可以比較準確地把握這些哲學家的思想走向與學術源流，又可以從一個方面深刻地揭示一個時期的哲學發展，從而使哲學史研究獲得比較明晰的線索。因此，在中國哲學的現代轉型研究中，對哲學思潮的研究佔有十分重要的位置。

這些哲學思潮之間，存在著相當複雜的關係：除了相互爭鳴、彼此交鋒

外，又往往相互交叉、彼此糾纏，並不是截然分開、完全不同的。這樣一來，就使得如何認識與把握19—20世紀中國哲學思潮，存在著很大的困難性。這種困難性集中表現在兩個問題上。

第一個問題是把19—20世紀中國哲學思潮劃分得過於簡單。早在20世紀上半葉，在一些哲學家衡論當時的哲學思潮時，這一問題實際上就已經出現了。例如，艾思奇在1933年所寫《二十二年來之中國哲學思潮》一文中，把自辛亥革命以來的中國哲學劃分為三大思潮：一是「輸入底資本主義型之哲學」；二是「封建底哲學傳統之不斷的複歸」；三是「唯物辯證法哲學」。賀麟在1945年所著《當代中國哲學》一書中，把近50年的中國哲學發展劃分為三大思潮：一是實用主義，其政治背景是自由主義；二是辯證唯物論，其政治背景是共產主義；三是古典哲學的新發展，其政治背景是三民主義。在最近30年中，隨著20世紀中國哲學研究的開展，很多學者又提出馬克思主義、自由主義、現代新儒學是20世紀中國哲學三大主要思潮。筆者則在1990年完成的博士論文《20世紀中國哲學本體論問題》中，提出科學主義、人文主義、馬克思主義哲學是20世紀中國哲學三大主要思潮。以後隨著對20世紀中國哲學研究的深入與拓展，筆者逐漸感到自己的這種思潮劃分，固然仍能適用於對20世紀中國哲學本體論與認識論問題的解釋，但要對20世紀中國哲學做多視角多層面的研究，就很難作周延的解釋和準確的說明，需要做一種新的拓展。

第二個問題是把19—20世紀中國哲學的不同層面的思潮混為一談。這個問題實際上是由第一個問題導致的。由於對20世紀中國哲學思潮劃分得過於簡單，因而往往把一些有交叉內容或近似內容的不同思潮，都視為一種思潮。如科學主義、自由主義、西化思潮，原本是三種不同性質的思潮，但由於其中存在著交叉的內容，如胡適既是科學主義者，又是自由主義者，還是西化思潮的提倡者，因而就有不少研究者把這三種思潮混而視之，以為就

中國哲學的現代轉型與傳統更新──關於19—20世紀中國哲學史觀的思考

是一種思潮。其實，這三種思潮所探討的問題並不是相同的：科學主義思潮對科學的意義與價值做了放大，強調哲學要走科學化、實證化的道路，最核心的問題是哲學要不要沿著本體論的路向發展；自由主義思潮追求的是以個人自由為原則的民主政治制度，講的是一種政治哲學；西化思潮則凸顯了以西方近現代文化為標本的全球性現代化運動對於中國現代化的意義，是一種關於中國文化發展的理論。在20世紀中國哲學發展中，像胡適那樣將這三種思潮集於一身者，並不是一種普遍現象。例如，張君勱、徐複觀都是20世紀中國典型的自由主義者，但他們都不贊成科學主義和西化思潮，而是哲學上的人文主義者和文化上的保守主義者。在1923—1924年科學與玄學論戰中，張君勱作為玄學派的代表，與丁文江為代表的科學派展開了激烈的論爭，就表現出鮮明的人文主義立場。在20世紀50—60年代臺灣中西文化問題論戰中，徐複觀與胡適、殷海光、李敖等西化思潮主張者進行了激烈的論爭，就表現出鮮明的文化保守主義態度。又如，金嶽霖是科學主義思潮的重要代表人物，但卻不是西化思潮的主張者。他在建構自己的「道論」體系時，強調「道」是中國哲學和中國文化的最核心的概念，並吸取「道」作為自己本體論的最根本的概念。在他看來，只有這樣，才能使自己的本體論具有「中國味」，才能真正體現自己的生命情感和理想追求。因此，把19—20世紀中國哲學中環繞不同哲學問題展開的思潮混為一談，妨礙了對19—20世紀中國哲學的深入研究。

為了改變上述狀況，筆者認為在中國哲學的現代轉型研究中，應當把哲學思潮的劃分同哲學問題的劃分結合起來，根據各種思潮對哲學問題的探討來區分不同性質的哲學思潮。因為某種哲學思潮，總是針對某種哲學問題而發生、而發展的。環繞不同層面的哲學問題，形成了不同的哲學思潮以及它們之間的聯繫。因此，根據中國哲學的現代轉型的基本問題，可以把19—20世紀中國哲學的思潮做一種結構性、層次性的劃分。

第一，在中國哲學的現代轉型中，環繞本體論與認識論問題，形成了科學主義、人文主義、馬克思主義哲學三大思潮及其它們之間的複雜聯繫。這三大思潮在 19 世紀與 20 世紀之交相繼出現於中國思想世界。新文化運動中的科學與玄學論戰，成為這三大思潮相激互動的第一個交匯點。在這場論戰中，科學派代表了科學主義思潮，力主哲學走科學化、實證化的道路，其代表人物丁文江就強調哲學要沿著「科學知識論」[190]的方向發展；玄學派代表了人文主義思潮，力主為本體論的存在進行辯護，其代表人物張君勱認為現在正是「新玄學時代」[191]；而中國早期馬克思主義者陳獨秀，則對科學派與玄學派都持批評態度，但又表現出明顯的科學主義化傾向，強調只有作為社會科學的唯物史觀才是哲學發展的方向。這以後，現代形態中國哲學是沿著本體論路向還是沿著認識論路向發展，以及建設怎樣的本體論與認識論，就成為這三大思潮反覆探討、不斷互動的重要論題。20 世紀中國哲學中的有代表性的本體論、認識論體系，都是在這三大思潮的探討與互動中建構的。

第二，在中國哲學的現代轉型中，環繞歷史觀與文化觀問題，自 19 世紀與 20 世紀之交開始，逐漸形成了進化史觀、民生史觀、唯物史觀三大歷史觀以及它們之間的複雜聯繫，形成了西化思潮、文化保守主義、馬克思主義文化觀三大文化思潮以及它們之間的複雜聯繫。其中，文化保守主義思潮中又有十分複雜的思想派別，不可一概而論。在這些思潮的複雜聯繫中，中國馬克思主義的歷史觀與文化觀，對其他有關思潮產生了深刻影響，如孫中山的民生史觀、前期馮友蘭的歷史哲學、晚年梁漱溟的文化哲學，都曾吸取唯物史觀的思想資源。同時，中國馬克思主義的歷史觀與文化觀，也從這些思潮中吸取了一些合理因素，如中國馬克思主義正是從文化保守主義那裡批

---

190 丁文江：《玄學與科學——評張君勱的〈人生觀〉》，《科學與人生觀》，山東人民出版社 1997 年版，第 48 頁。

191 張君勱：《再論人生觀與科學並答丁在君》，《科學與人生觀》，第 100 頁。

中國哲學的現代轉型與傳統更新──關於19──20世紀中國哲學史觀的思考

判地吸取了重視中國文化傳統的思想,由早期對中國傳統文化的激烈批評,轉而重新估價中國傳統文化的價值,提出做「從孔夫子到孫中山」的總結者和繼承者,從而把馬克思主義與中國文化傳統直接結合起來。此外,在20世紀某些特定的歷史階段,環繞歷史觀與文化觀問題,也會形成一些存在時間並不長但在當時卻頗有影響的思潮,抗日戰爭時期出現的戰國策派思潮即是一例。

第三,在中國哲學的現代轉型中,環繞政治哲學問題形成了不同的政治哲學思潮。鴉片戰爭後,先進的中國人開始向西方尋找救國救民的真理,引入西方政治思想及政治哲學,提出對中國政治制度的新設計,政治哲學思潮開始出現新格局。在19世紀下半葉,前後出現了地主階級改革派、農民階級反抗運動與早期改良主義的政治哲學主張。19世紀與20世紀之交,更有不同政治哲學思潮相互激盪,影響一時,如以嚴復為代表的自由主義思潮、以康有為為代表的改良主義思潮、以孫中山為代表的三民主義思潮、以劉師培為代表的無政府主義思潮、各種非馬克思主義的社會主義思潮中的政治哲學等。經過這一時期的思想論爭與政治實踐的選擇,環繞政治哲學問題,形成了三民主義、自由主義、馬克思主義政治哲學三大思潮以及它們之間的複雜聯繫。這三大思潮之間的關係,隨著中國社會矛盾的變化及各種政治力量的不斷組合,經歷了十分複雜的變化,其間既有過聯盟,又有過分歧;既有過對抗,又有過互動。中國馬克思主義政治哲學的發展,如新民主主義理論的提出、對民主政治的追求與構想等,就包含了對三民主義、自由主義思想資源的吸取。這三大思潮之間關係的變化,對20世紀中國向何處去的歷史選擇,對現代中國民主政治的建設,產生了直接的影響。中國馬克思主義政治哲學,也正是在與三民主義、自由主義的相激互動中,顯示出了自身的優越性,對「中國向何處去」這一時代大問題做出了最有說服力的回答。

中國哲學的現代轉型中的諸多思潮,透過這一結構性、層次性的劃分,

可以說得到了一個比較合理的分疏和比較清楚的展現。由此來看 19—20 世紀中國哲學發展,能夠透過紛繁複雜、起伏縱橫的哲學思潮,對其基本格局和基本框架有一個更為明晰的把握。需要說明的是,從這三個層面的哲學問題來劃分哲學思潮,並不是要把這些哲學思潮做一種截然的分開。一些不同層面的思潮,在實際的歷史中本是一個統一的思潮,如馬克思主義哲學、現代新儒學就是如此。但為了能夠更清晰地說明 20 世紀中國哲學進程的複雜性,在這裡做了不同問題層面的劃分:馬克思主義哲學分做了三個問題層面上的展開;現代新儒學在本體論問題上作為人文主義思潮的主流,而在文化觀問題上則成為文化保守主義的一派。不同層面問題上的思潮,其間當然也存在著聯繫,有的甚至還存在著十分密切的聯繫。例如,科學主義思潮與進化史觀之間就存在著密切的聯繫,正是科學主義思潮以進化論為科學方法,以此解釋歷史、說明現實,導致了進化史觀風行一時;又如,現代新儒學的人文主義立場與文化保守主義的態度也是一致的,他們建立的本體論體系分別稱之為「新唯識論」、「新理學」、「新心學」,就很直觀地反映了兩者間的聯繫;再如,孫中山的民生史觀與由他創立而後成為了國民黨政治哲學的三民主義之間,也有著密切而複雜的聯繫。

除了這三個層面的哲學思潮外,在 19—20 世紀中國思想世界,還存在著各種具有哲學內核的社會思潮。與作為觀念形態的哲學思想相比,這些社會思潮與實際生活、社會實踐、下層民眾有著更為密切的聯繫,吸引了廣大民眾的認同、回應與參與,甚至演變為聲勢浩大的群眾運動,而不只是少數哲學家的學問,不只是侷限於哲學家的課堂上和書本中。但就這些社會思潮最核心的內容看,往往仍然是以哲學家思想家的思想創造為其主體,而非僅為群體性的心理認同和心理表達。特別是一些持續時間長、社會影響大、具有鮮明奮鬥目標的社會思潮,其間都存在著經過哲學家思想家的自覺創造而形成的哲學內核。這些具有哲學內核的社會思潮,往往是環繞某一具有哲

內容的社會問題或文化問題產生的，如環繞女性主義問題產生了女性主義思潮，環繞教育哲學問題產生了教育哲學思潮。在一些有很大影響力的社會思潮中，還包含著對多方面哲學問題的思考，如在19世紀末的湖南維新思潮中，就包含著有關本體論、文化觀、歷史觀、政治哲學的多層面哲學思考。這些思潮既有許多非哲學的成分，同時又具有哲學的內核，構成了中國哲學的現代轉型中的一些邊緣性思潮。這些思潮儘管在19—20世紀中國哲學開展中處於邊緣的位置，但卻在中國哲學的現代轉型中有其自身的活力與價值，並在19—20世紀中國文化歷史進程中留下了深刻的影響，同樣值得重視和研究。

總之，在19—20世紀中國哲學研究中，對哲學思潮的研究與對哲學問題的探討需要有機地結合起來。如果說哲學問題是19—20世紀中國哲學之網的網上紐結，那麼哲學思潮就是19—20世紀中國哲學之網的網上主線。以問題為中心，以思潮為線索，這樣一來，就可以比較好地把握19—20世紀中國哲學之網了，比較好地展開中國哲學現代轉型的研究空間了。

五、中國哲學現代傳統的形成

中國哲學在自商周之際至鴉片戰爭前的自成一系、源遠流長的開展中，形成了自己的古代傳統。這一傳統固然有著巨大的歷史惰性力，但隨著19—20世紀中國文化歷史與思想世界的大變動，特別是在中國哲學現代轉型的深刻影響下，也必然發生變化，以至更新。這就形成了中國哲學的新傳統，即與中國哲學古代傳統相區別的中國哲學現代傳統，也可稱之為20世紀中國哲學傳統。

由於中國哲學的現代轉型是以西方哲學的中國化與中國哲學的現代化為其總特點，因此，中國哲學傳統的更新與中國哲學現代傳統的形成是在中西古今文化及其哲學的碰撞、交流、融會中實現的。這就使得中國哲學現代傳

統，從內容上看，包括了三個方面的因素。

第一，一些屬於中國哲學古代傳統的因素，在中國哲學的現代轉型中發揮了積極的作用，促成了中國哲學的現代轉型的實現。這些古老的哲學因素，因其巨大的影響力與旺盛的生命力，在中國哲學傳統的更新過程中積澱保存下來，轉化成為了中國哲學現代傳統的有機內容。經世致用學風重實際、重現實、重實踐的求實精神，公羊三世說所講的「小康」與「大同」的歷史演進，民本思想所強調的對「民」的重視、尊重與愛護，就是這樣的因素。這些屬於中國哲學古代傳統的因素，積澱並保留在中國哲學現代傳統中，表明中國哲學現代傳統與中國哲學古代傳統之間絕非截然的斷裂與對立，而是有著直接的內在的聯繫。

第二，中國哲學的現代轉型，又是在西方近現代文化及哲學的強烈影響下實現的。西方哲學中那些對中國哲學現代轉型產生過深刻影響的內容，特別是那些能夠為中國人所接受的西方哲學中具有近代價值或現代價值的核心觀念，經過中國化過程後，逐漸為中國思想世界所吸納和融會，成為19—20中國哲學的重要組成部分。嚴復所說的「為吾國六經歷史之不言」的「自由、平等、民主、人權、立憲、革命諸義」，就是這樣的內容。這些外來的因素，構成了中國哲學現代傳統中與中國哲學古代傳統不相同的重要內容，表明中國哲學傳統確實在19—20世紀中國哲學開展中獲得了更新。

第三，中國哲學家在19—20世紀中國文化歷史條件下，透過吸取、消化、綜合、融貫中西古今哲學資源，進行了自己的新的哲學創造，透過近代形態哲學體系特別是現代形態哲學體系的建構，彰顯了19—20世紀中國哲學家的原創性智慧，標示了中國哲學現代轉型的實現。這些新的哲學創造，當然是中國哲學現代傳統的最為重要的內容。正是這些內容，構成了中國哲學的現代轉型的主體。

上述三個方面的因素，使得在中國哲學現代傳統中，既有對中國哲學古

中國哲學的現代轉型與傳統更新——關於19—20世紀中國哲學史觀的思考

代傳統的繼承,也有對中國哲學古代傳統的更新。也就是說,中國哲學現代傳統並不是脫離了數千年中國哲學發展大道的思想歧出,而是與中國哲學古代傳統有著直接的內在的聯繫。只是在中國哲學現代傳統中,中國哲學傳統的更新與中國哲學傳統的繼承相比,處於主導性的位置,有著更多的內容和更大的影響。這種狀況的出現,其實也不足怪。如非這樣,有著數千年厚重歷史的中國哲學,要在短短一百多年間實現由古代形態向現代形態的轉變,無疑是十分困難的。

中國哲學現代傳統的這一特點,使人們在看待它、理解它的時候,往往不易做出準確的把握。正是這樣,在如何看待、理解、把握中國哲學現代傳統與中國哲學古代傳統的關係上,存在著不同的看法。具體地看,這些不同的看法可大致歸納為兩種觀點。

一種看法是竭力否認中國哲學現代傳統的存在及其合理性。這種觀點認為,從商周之際一直到鴉片戰爭前,中國哲學是自成一系發展起來的,孔子開啟的儒家思想是中國哲學的主流,這就是中國哲學傳統。至於鴉片戰爭後西方文化及哲學大量傳入中國,中西古今文化及哲學發生碰撞、交流、融合,特別是新文化運動以來新哲學蓬勃開展,則是對中國哲學傳統的衝擊、破壞和背離。也就是說,中國哲學只存在著一種傳統。這種觀點多為文化保守主義者所主張。早在新文化運動初始之時,杜亞泉就已明確地表達了這一觀點。他強調中國思想數千年來有著自成一系的傳統,認為:「我國先民,於思想之統整一方面,最為精神所集注。周公之兼三王,孔子之集大成,孟子之拒邪說,皆致力於統整者。後世大儒亦大都紹述前聞,未聞獨創異說;即或耽黃老之學,究釋氏之典,亦皆吸收其精義,與儒術醇化。」[192] 因此,他堅決反對引入西方思想來衝擊和破壞中國思想傳統,認為:「吾人往時羨慕西

---

192 杜亞泉:《迷亂之現代人心》,《杜亞泉文選》,華東師範大學出版社1993年版,第307—308頁。

洋人之富強，乃謂彼之主義主張，取其一即足以救濟吾人，於是拾其一二斷片，以擊破己國固有之文明。此等主義主張之輸入，直與猩紅熱、梅毒等之輸入無異。」[193] 這一觀點，到今天仍為文化保守主義者所認同和延續，以反對「激進」、反對「西化」、反對「反傳統」為旗幟，形成對中國哲學現代傳統的否定性批判。按照這些觀點，中國哲學的現代轉型中的大多數思潮，不是屬於激進主義就是屬於全盤西化，因此中國哲學現代傳統的合理性是難以成立的；在這些思潮中，大概只有現代新儒學才是唯一在激進主義與全盤西化之外而與中國哲學古代傳統相接續的，才體現了中國哲學在19—20世紀開展的正確方向。總之，按照這種看法，中國哲學的現代轉型似乎只是對以往中國哲學傳統的大破壞大斷裂，中國哲學的傳統更新其實只是「反傳統」。

另一種看法，則是認肯中國哲學現代傳統的存在及其合理性。這種看法認為，中國哲學在數千年的開展中固然形成了自己的古代傳統，但這種傳統並不是永遠如此、凝固不變的。自鴉片戰爭以來，中國哲學經歷了由古代形態而近代形態而現代形態的轉變，從而促使中國哲學的傳統出現了改造與更新，形成了不同於中國哲學古代傳統的中國哲學現代傳統。也就是說，中國哲學並不是只有一種傳統，而實際上由於傳統的變遷、轉化和更新，存在著兩種傳統。主張這一觀點的，是文化保守主義的批評者，特別是中國馬克思主義哲學家。毛澤東指出：「自從一八四〇年鴉片戰爭失敗那時起，先進的中國人，經過千辛萬苦，向西方國家尋找真理。洪秀全、康有為、嚴復和孫中山，代表了在中國共產黨出世以前向西方尋找真理的一派人物。……這些是西方資產階級民主主義的文化，即所謂新學，包括那時的社會學說和自然科學，和中國封建主義的文化即所謂舊學是對立的。」[194] 在這裡，他從總的文

---

193 同上，第311—312頁。
194 毛澤東：《論人民民主專政》，《毛澤東選集》第4卷，人民出版社1991年版，第1469—1470頁。

中國哲學的現代轉型與傳統更新——關於19—20世紀中國哲學史觀的思考

化變遷上立論,指出了中國學術和思想傳統在鴉片戰爭後有一個更新問題,揭示了19世紀中葉至20世紀初期這一新傳統形成的代表人物與主要環節。馮契在對近代中國的哲學歷史進行反思時,更明確地提出了中國文化與中國哲學的近代傳統問題,指出:「現在人們一談到傳統,往往專指古代傳統。我們有五千年民族文化傳統,這是足以自豪和需要批判地加以繼承的,但是,構成當代人直接精神背景的,卻不是原封不動的古代傳統。古代文化中那些在當代仍然有生命力的東西,大多是經過近代歷史的篩選,並發生了不同程度變形的東西。所以,批判繼承民族文化傳統的問題,首先應該注意的是自1840年以來一百餘年間(主要是20世紀)形成的近代傳統。」[195] 在這裡,他明確地強調了中國文化發展中存在著古代傳統與近代傳統,主張在重視中國文化古代傳統的同時也要重視中國文化近代傳統。馮契進而認為,伴隨中國文化傳統的轉變,中國哲學傳統也經歷了由古代傳統而近代傳統的歷史性轉變。他反覆指出:「中國近代哲學既是古代哲學的延續,又發生了革命性的變革,形成了新的近代傳統。」[196]「民族文化傳統、包括哲學傳統,在近代、在20世紀,已發生了很大變化。」[197] 馮契所說的中國哲學近代傳統,也就是筆者所說的中國哲學現代傳統或20世紀中國哲學傳統。

這兩種看法,不僅涉及對中國哲學歷史的理解,而且還關涉到中國哲學未來的發展。在今天談論21世紀中國哲學的開展時,實際上存在著一個如何看待中國哲學傳統的問題。如果持前一種看法,就會把21世紀中國哲學的出發點定位於古代形態中國哲學或現代新儒學,要求21世紀中國哲學只

---

195 馮契:《「通古今之變」與回顧20世紀中國哲學》,《馮契文集》第8卷,華東師範大學出版社1997年版,第608頁。

196 馮契:《中國近代哲學史史料學簡編》序,《馮契文集》第9卷,華東師範大學出版社1998年版,第513頁。

197 馮契:《「通古今之變」與回顧20世紀中國哲學》,《馮契文集》第8卷,第608頁。

是接著 19 世紀前的古代形態中國哲學講，或至多只是接著 20 世紀中的現代新儒學講。如果持後一種看法，則會把 21 世紀中國哲學的出發點定位於中國哲學現代傳統，要求 21 世紀中國哲學沿著現代形態中國哲學的發展道路繼續走下去，而不是置 19—20 世紀中國哲學於不顧而以 19 世紀前的古代形態中國哲學作為出發點。這兩個不同的出發點，將深刻地影響到 21 世紀中國哲學的開展。

當然，以中國哲學現代傳統作為 21 世紀中國哲學的出發點，需要對這一傳統做具體的瞭解和深刻的把握，需要有歷史主義的實事求是的態度。在這裡，包含了兩方面的內容：一方面是對 19—20 世紀中國哲學全部積極成果的繼承，另一方面是對 19—20 世紀中國哲學不足與侷限的改造與克服。所謂對 19—20 世紀中國哲學全部積極成果的繼承，就是從中國哲學的現代轉型的視域出發，從西方哲學的中國化與中國哲學的現代化兩種相關聯的哲學運動中，發現、肯定、繼承對促成這一轉型起過積極作用的全部哲學探索和思想創作，不僅發現、肯定、繼承其中的那些中國古已有之的因素，而且要發現、肯定、繼承其中的那些中國今才有之的因素。西方哲學的中國化，尤其是馬克思主義哲學的中國化，都是 20 世紀中國哲學全部積極成果中的重要內容，都是值得 21 世紀中國哲學重視和繼承的中國今才有之的因素。把這些內容和因素都視為「激進」、「西化」、「反傳統」而加以拒斥和拋棄，僅從中國古代哲學資源出發，在儒家哲學中打圈圈，是不可能建構出能夠回答 21 世紀諸多重大哲學問題的新的中國哲學理論形態的。所謂對 19—20 世紀中國哲學不足與侷限的改造與更新，即要求對中國哲學現代傳統取歷史批判的態度，看到由於時代條件和哲學家自身條件的諸多限制，中國哲學現代傳統也存在著不足和侷限。這種不足和侷限，其最為主要者，一是在於中國哲學的現代轉型過於急迫和短促，一些在今天看來值得認真探討的重要哲學問題未能深入展開，如價值問題、自由問題、民主問題、平等問題、個性發

展問題、社會正義問題等都還沒有引起足夠的重視，得到充分的探討；二是在於中國哲學的現代轉型是在西方近現代文化及哲學的直接影響下實現的，因而對於中國古代文化及哲學的吸取與繼承尚有許多不足，中國古代哲學的一些核心的和精華的內容及其現代意義沒有得到有效的闡釋與充分的顯發，即使是現代新儒學所建構的一系列本體論體系也存在未能與中國人的生活世界打成一片的困境。這樣一來，就有一個在21世紀中國哲學發展中對中國哲學現代傳統進行完善、加以發展的問題。

因此，以中國哲學現代傳統作為21世紀中國哲學的出發點，既是對19—20世紀中國哲學的繼承，也是對19—20世紀中國哲學的更新；既是直承中國哲學的現代轉型而做新開展與再創造，也是對全部中國哲學傳統的新闡釋與再繼承。

六、19—20世紀中國哲學研究中的歷史主義原則

以上關於19—20世紀中國哲學史觀的思考，歸結起來，就是在19—20世紀中國哲學研究中堅持和貫徹歷史主義原則。這一原則表現為時間向度與空間向度兩個方面。從時間向度看，19—20世紀中國哲學研究，首先要處理好中國哲學開展的過去與現在之間的聯繫。在這裡，需要有「通古今之變」的歷史意識，尤其需要把握好一個「變」的問題，不僅要看到19—20世紀中國哲學在一百多年間的變化發展，而且要看到這種變化發展中還有哲學形態的轉變與哲學傳統的更新。這種哲學形態的轉變與哲學傳統的更新，可以說是一種更值得重視的「古今之變」。從空間向度看，19—20世紀中國哲學研究，還要處理好哲學史與文化歷史之間的聯繫。在這裡，需要有「近代中國」的歷史意識，要重視鴉片戰爭後中國文化歷史大變遷與19—20世紀中國哲學開展的密切關聯，要重視那些直接來自中國文化歷史大變遷的特殊的提問方式和問題，要重視環繞這些問題所出現的不同哲學思潮間的相激互動，

要重視在中國文化歷史大變遷基礎上所出現的西方哲學的中國化與中國哲學的現代化。如能在這兩個方面都堅持和貫徹歷史主義原則,那麼關於19—20世紀中國哲學研究就能獲得一種真實厚重的歷史感,既能深刻把握這一段哲學史的主軸與脈絡,又能為這一段哲學史開拓出廣闊的研究空間。

中國哲學的現代轉型與傳統更新——關於19—20世紀中國哲學史觀的思考

改變從「時代性」的單一維度論衡中國哲學的思維定式

李翔海[198]

在世紀之交對於 20 世紀中國哲學的回顧與展望中，學界對於「以西釋中」即以西方現代文化的價值準則、思維方式、問題意識、思想主題乃至話語方式等為標準來評斷中國哲學的理論範式做了集中的反省，提出了中國哲學的研究範式從「外在化」（即以外在的標準來框衡、梳理與裁剪中國文化）向「內在化」（即對中國「天人之學」產生發展的內在邏輯與理論內容以哲學的方式加以理解和詮釋）轉變的主張。這些理論成果對於面向 21 世紀進一步開展中國哲學研究無疑具有積極意義。

筆者認為，要想切實完成中國哲學研究範式從「外在化」向「內在化」的轉變，以不僅避免「天人之學」在相當程度上被肢解、扭曲甚至面目全非的問題，而且更為完整準確地反映中國哲學的思想面貌、更為充分地展示作為中國文化智慧結晶之最高表現形態的中國哲學獨異的精神特質，還應當進而對於一些影響甚至主導現代中國哲學研究的重要觀念予以認真的反思。在筆者看來，從「時代性」的單一維度論衡中國哲學的思維定式就是其中的一個重要方面。

正如學界不少前輩與時賢曾經指出的，中國哲學構成了中國文化的核心。在寬泛的意義上，可以把「文化」看作人類精神的外化。而就特定的人

---

[198] 李翔海，北京大學馬克思主義學院暨中國文化發展研究中心教授。

改變從「時代性」的單一維度論衡中國哲學的思維定式

類共同體而言，顯然都是生活在具體的時間與空間條件下的。其中不同文化共同體在橫向比較中（亦即在空間向度中）體現出來的區別於其他文化共同體的特質即文化的民族性，而文化系統與特定的發展演進階段或過程（亦即在時間向度中）相聯繫的時代特徵可以名之為「時代性」。正如人們已經注意到的，「時代性」是現代學界看待、評價中國哲學的一個重要視角。在相當長的一段時間裡，「時代性」一直是學界評價中國哲學的某個思想家、思想流派乃至論衡整個「中國哲學」之優長與缺失的一個基本的標準。曾經出現過這樣的情況：如果歷史上的某個思想家被看作處於他所歸屬的特定階級的「上升期」，則人們就可以在總體上肯定其思想的積極意義；而如果被看作處於他所歸屬的特定階級的「沒落期」，則其思想的積極意義就值得質疑了。正是立足於這樣的認識，改革開放之初力圖對孔子思想有所肯定的學者與力圖完全否定孔子思想之積極意義的學者之間，曾經有過相當激烈的爭論。爭論的焦點則在將孔子看作初興的地主階級的代表還是看作沒落的奴隸主階級的代表。在今天，這種直接將對於研究物件的褒貶與其所屬時代簡單等同的情況雖已有相當改變，但在歸根結底的意義上，不少研究者還是依然習慣於主要從「時代性」的維度來評斷研究物件的是非優劣。在對一種社會思潮進行評價時，它在時代屬性上是「現代」的還是「前現代」的，幾乎就等於分判它是「先進」的還是「落後」的同義語。在一定程度上，只要一種思潮被指認為是「封建時代的產物」亦即是「前現代」的，也就事實上是從總體上確定了它與現代精神是逆向的，從而從根本上否定了它的現代價值與意義。這一點在對待中國哲學傳統之主流的儒家思想那裡得到了集中體現。在今天，人們依然時常碰到的一種從整體上否定儒家思想之現代意義的論式就是：首先將之指認為是「封建時代的產物」亦即是「前現代」的，進而得出儒家思想必然是與現代精神逆向的結論，從而在歸根結底的意義上否定了它的現代價值與意義。

中國哲學研究中這種以「時代性」作為衡量某種思潮或學說之基本標準的理論立場，在直接的思想淵源上與中國自由主義西化派的影響有著緊密的關聯。西化派思潮看待文化問題的一個基本的理論立場，就是專注於文化的時代性，而將中西文化的差別完全歸結為時代性的不同。胡適認為，中西文化之間的差異只是表現了兩者發展程度的不同，即西方文化已經發展到了現代，而中國文化則依然還是停滯在古代，因而兩者之間的差異不能歸結為文化之民族性特質的不同。[199] 陳序經則更為明確地指出，在世界範圍內只有近世西洋文化是「現代化的根本和主幹」。中國文化傳統則只能是「僅可以在閉關時代苟延殘喘」的文化，是一種「不適宜現代世界的舊文化」。[200] 由此，西方現代文化被西化派看作現代人類的「共法」，而中國文化傳統作為一種並沒有發展到現代階段的「舊文化」，其在現代世界中就自然是因為缺乏積極的價值與意義因而在歸根結底的意義上應當被置於淘汰之列了。應當說，自由主義西化派的上述理論立場與長期以來理論界存在著的以「時代性」作為衡量某種思潮或學說的基本標準的價值取向兩者之間顯然有著內在的一致性。

　　在這個意義上，可以認為，以「時代性」作為衡量某種思潮或學說之基本標準的理論立場事實上是為「以西釋中」的範式提供了「合法性」的論證。「以西釋中」之所以成為 20 世紀中國哲學的幾種基本範式之一併產生了廣泛影響，除了要編成現代意義上的中國哲學史（「古人的著作沒有可依傍的，不能不依傍西洋人的哲學史」[201]）這一客觀原因外，更為內在的原因還在於：正是由於在「時代性」的標準下中國文化已經在整體上被置於應淘汰之列，因而照搬西方哲學的範式就是理所當然的了。

199　胡適：《讀梁漱溟先生〈東西文化及其哲學〉》，《胡適文存》第 2 集第 2 卷，上海亞東圖書館 1930 年版。

200　陳序經：《對於一般懷疑全盤西化者的一個淺說》，《全盤西化言論集》，嶺南大學青年會 1934 年版。

201　胡適：《中國哲學史大綱》蔡元培序，上海古籍出版社 1997 年版。

改變從「時代性」的單一維度論衡中國哲學的思維定式

　　進而言之，中國自由主義西化派的上述理論立場又可以說是在相當的程度上反映了西方「現代性」理論對中國學界的重要影響。正如人們已經注意到的，強調時間對於空間的首要性，是在源起於西方的現代化過程中所成就的現代性的一個重要的特質。作為以反省、批判「現代性」為職志的後現代主義思潮的代表人物之一，福柯明確指出：「從康得以來，哲學家們思考的是時間。……與此相應，空間遭到貶值，因為它站在闡釋、分析、概念、死亡、固定、還有惰性的一邊。我記得十年前參加過對空間政治問題的討論，人家告訴我，空間是一種反動的東西，時間才與生命和進步有關係」。[202] 之所以尊崇「時間」，一方面與作為現代性的核心價值系統之一的「進步的歷史觀」有關。理性精神[203] 的突顯既在現代性中居於基礎地位，又是在西方社會的發展中現代社會區別於前現代社會的基本標誌。正是由於充分顯發理性能力，人才能有效地認識、改造自然與社會，從而使人類社會的不斷發展成為可能。這樣，進步的歷史觀就內在地包含了一種時間的等級序列（如前現代—現代）。另一方面又可以說是事實上落腳於對西方文化與非西方文化之間中心—邊沿等級結構的維護。由於在這樣的視野之下，西方文化與非西方文化都被置放於時間的等級序列的考量之中，西方文化被等同於現代文化，而非西方文化則被等同於前現代文化，西方文化在時間序列上的優先性就被確立為在空間序列中西方文化相對於非西方文化的優越性。由此，強調前現代與現代的對立就落腳於維護西方文化對於非西方文化的中心地位。而隨著人類社會的發展從孤立的「民族歷史」階段向統一的「世界歷史」階段的轉進，隨著在西方文化主導下的「全球化」進程的不斷推進，強調時間之首要性的

202　包亞明主編、嚴峰譯：《福柯訪談錄——權力的眼睛》，上海人民出版社 1997 年版，第 151—152 頁。

203　這裡所謂「理性」，係指以人類健全的理智為基礎的、首先在西方主體與客體二分的文化傳統之中表現出其成熟形態的、以現代科學精神為核心內容的人類精神機能。

價值取向逐漸產生了全球性的影響:「自從資本主義的全球擴張把一種人類社會的歷史線型發展作為共同的規律帶給了世界,各文化都在時間維度上定義自己社會的性質和規劃自己發展的方向。時間成了一種給發展程度定性和確立世界等級制度的尺規。」[204] 正是在這樣的時代背景之下,作為中國三大現代思潮之一的自由主義西化派走向了以時代性作為衡論中國文化之基本尺度乃至唯一尺度的理論立場,並產生了廣泛的社會影響。

從時代性來論衡中國哲學傳統,的確有其積極意義。這一方面是因為任何一個哲學系統事實上都同時具有民族性與時代性兩個向度,因而從「時代性」的視角來對其得失優缺加以評斷本來就應當是評價中國哲學的「題中應有之義」。另一方面,由於在人類社會的「世界歷史」階段,緣起於西方的「現代性」在相當的程度上被等同於代表了人類哲學之發展方向的「時代性」,因而從時代性的角度來看待中國哲學往往能夠更為清楚地見出中國哲學傳統的自身侷限之所在。正因為此,我們有理由認為,不僅「以夷為師」構成了中國文化從傳統走向現代的歷史起點與邏輯起點,而且不斷地師法西方是中國文化在從傳統向現代的轉型過程中取得歷史性成就的一個重要前提。但是,如果從時代性來論衡中國哲學傳統成為基本的乃至唯一的尺度,它所可能帶來的一個基本問題就是容易由此而走向在整體上否定中國哲學傳統的現代價值。在過去相當長的一段時間裡,理論界曾經出現過的將中國文化傳統在整體上指認為是「前現代」的亦即是在整體上與現代精神逆向的思想系統的主張,就是這種流弊的一個典型例證。時至今日,雖然就中國思想文化界的總體狀況而言,人們對作為中國文化傳統的「同情的瞭解」明顯增強,但是,依然僅僅從時代性這一個維度來看待中國文化傳統,將之簡單地歸結為「前現代」文明甚至是農業文明的產物,認定它在工業文明乃至後工業文明的今天必然在整體上已經失去積極意義的觀念卻仍然時有所見。在走出了

---

204 張法:《談談後現代及其與中國文化的關聯》,《文藝研究》1997 年第 5 期。

改變從「時代性」的單一維度論衡中國哲學的思維定式

「西方文化中心論」的今天，我們沒有理由繼續在西方文化與非西方文化之間維持「中心」與「邊沿」的關係框架，而應當更多地關注如何集中多民族文化共同體的智慧精神以解決「地球村」所面臨的共同問題這一時代課題。顯然，在西方與非西方之間區分「中心」與「邊沿」是不可能適切全球化時代人類文化多元開展的內在要求的。因為在按照時間尺度在西方文化與非西方文化之間所確立的等級序列中，只有西方文化被判定為是適切現時代人類的現代文化，而非西方文化則被歸之於是落後於時代發展要求、只能逐漸被淘汰的「傳統文化」。其邏輯的結論就只能是把一些非西方文化系統不同於西方文化的智慧精神封限在「傳統」之中，而不可能使之參與到集中全世界各民族文化共同體之智慧精神以解決「地球村」所面對的共同問題的歷史進程中。而在歸根結底的意義上，這種狀況的出現與上述在現代性思維的主導下由於機械地持守時代性之一維而形成的「傳統」與「現代」之間非此即彼、二元對立的僵固思維模式有著內在的關聯。為此，對現代性思維片面地突顯時代性之一維的內在侷限性加以認真反省顯然是有其必要性的。在筆者看來，其內在侷限性至少包括了以下幾個方面。

第一，這一主張事實上隱含著以特定時期西方文化的民族性充任人類文化共同的時代性的理論內涵。文化的民族性與時代性有其原始的亦是內在的統一性。由於特定的民族文化系統總有其不同於其他文化系統的民族性特質，而且這種特質總是隨著歷史的變遷而處於自然的發展演進之中，因而在資本主義尚未興起、現代世界體系尚未形成之前，對於尚處於「自為」階段的各個民族文化系統而言，其民族性與時代性無疑是有著原始的、內在的統一性的。但是，當現代化的歷史進程首先在西方文化中出現並進而成為一種全球性的文化現象以後，對於後起的現代化民族的文化而言，這種統一性就不復存在了。被視為20世紀最有影響力的思想家之一的馬克斯‧韋伯曾經指出：「生為現代文明之子，研究任何世界性的歷史問題，都必然會提出這樣

的問題：為什麼在西方文明中，而且只有在西方文明中，出現了一個（我們認為）其發展具有世界意義和價值的文化現象？」[205] 這裡姑且不論韋伯的有關論斷所表現出來的「西方文化中心論」，他的確指出了人類文化發展史上的一個事實：以資本主義興起為基本標誌的現代文明，的確是首先在西方文化中出現並進而成為「具有世界意義和價值的文化現象」。由此，西方文明開始成為非西方文明傚法的樣板。由於非西方文明在歸根結底的意義上仍然處於前現代，因而要想自立於現代世界，它們就必須首先完成從前現代文明向現代文明的轉型。由此，世界範圍內各民族文化所當具的時代性就被歸結為西方化的「現代性」。這樣，文化之民族性與時代性本有的原始統一就僅僅存在於西方文化之中，而處於後起的現代化過程中的非西方文化的民族性與時代性就只能是走向分裂。而由於「現代性」在誕生於西方的過程中雖然也包含了某種程度的對自身傳統的變革，但在歸根結底的意義上依然是立足於西方文化傳統之中的，因而作為西方文化特定發展階段之時代性的「現代性」又依然是體現了自身文化傳統之民族性特質的。這樣，緣起於西方而又被視為具有世界性示範意義的「現代性」既代表了西方現代文化的時代性，同時又是立足於西方文化傳統特定的「民族性」之中的。由此，西方「現代性」的普世化在一定的意義上就隱含著以特定時期西方文化的民族性充任人類文化共同的時代性的理論內涵。在這樣的理論基設之下，包括中國文化在內的一切非西方文化不同於西方文化的民族性特質都被歸結為是時代性的差異，而這其中就已經內在地包含了在「時代性」的名號下行以西方文化特定的民族性來衝擊以至取代非西方文化之民族性之實的價值取向。

第二，這種主張輕忽乃至抹殺了非西方民族文化傳統的超越性與繼承性。上述主張由於在「傳統」與「現代」之間抱持了一種非此即彼、二元對

---

[205] 馬克斯・韋伯：《新教倫理與資本主義精神》，黃曉京等譯，「作者導論」，四川人民出版社 1986 年版。

改變從「時代性」的單一維度論衡中國哲學的思維定式

立的僵固思維模式,因而事實上輕忽乃至抹殺了特定民族文化所本有的超越性與繼承性。正如人們已經注意到的,與一般的動物出生時已經具備了完善的本能相比,人剛剛來到這個世界的時候不僅不是完備的,而且可以說是明顯有欠缺的。他之所以能夠在日後的發展中不斷地成熟自己,最基本的乃在於他有一種透過不斷學習而不斷改進和豐富自己的機能。而這之所以可能,一個很重要的前提又是因為人是生活在內在地具有習得性或曰繼承性的文化之中的。這也就是說,人作為一種高級動物與一般動物的一個基本的不同,就在於人可以以前人所已經達到的文化成就為基礎而不斷將其發展到更高水準,而一般動物則只能是一代又一代地重複前代所已經具有的本能。如果作為人類精神之外化的文化沒有習得性或繼承性,那麼,人類就只能像一般的動物一樣永遠是一切從頭開始,人類文化就不可能累積性地得到不斷發展。在這個意義上,我們可以認為,人類文化所具有的習得性或繼承性是人類得以以「人」的方式存在而區別於一般動物的一個基本原因。因此,正像哲學詮釋學所揭明的,在人類社會的發展過程中,「傳統」並不是與現在和未來毫無關係的封閉體,而是一個扎根於過去並向現在和未來開放著的「生生之流」。它透過深入一代又一代人的生活,在潛移默化、耳濡目染之中使一代又一代人成為其傳承延續的歷史載體。在其中,語言充任了極為重要的角色。一個人誕生於特定的語言環境並逐漸變成該種語言的「言說者」的過程,正是他在不知不覺中被該種語言所承載的傳統所浸潤的過程。無論集團生命(民族)與個體生命(個人)自覺與否,都只能是帶著特定傳統的印跡走向未來。人類文化所內在具有的習得性或繼承性的本性,說明人類文化又是具有超越性的。因為人類文化的任何活動都是處於具體的時間、空間之中的具體的人所從事的,如果這些活動本身不具有超越特定的時間、空間而向著更為廣闊的普遍性敞開的指向,其價值與意義就只能是被封限在具體的時間、空間範圍內,而超越於特定的時間、空間範圍而為他者所習得、繼承就是不可

想像的。在這個意義上,我們有理由認為,繼承性與超越性是人類文化的內在本性。這也就意味著,僅僅注重時代性這一個維度並由此而否定特定民族文化傳統的繼承性與超越性是缺乏充分的理據的。而在現代性思維的主導下由於機械地持守時代性之一維而形成的「傳統」與「現代」之間非此即彼、二元對立的僵固思維模式卻恰恰正是要透過現代與前現代的分判來根本否定非西方文化的現代意義及其合理地繼承自身民族文化傳統的正當性。

第三,這種主張的一個基本的理論前提是將西方式的現代性看作是一個封閉的、完備的價值系統。如果迄今為止在西方現代化的過程中生成的「現代性」已經是一個完備的因而在一定意義上封閉的價值系統,它不僅能夠完備地解決當代西方社會與人生所面臨的問題,而且具有全球範圍內的普適性,那麼要求在總體上還處於前現代的非西方文化按照西方式的現代性來型塑自己或許真是一條導引非西方文化走向現代化的坦途。但是人類文化發展演進的歷史已經說明,片面注重時代性這一維度的有關主張其中所隱含的這一理論前提是難以成立的。在過去相當長的時間區段裡,由於人們主要是根據時代性來對不同文化共同體進行分判,並進而將西方文化與非西方文化之間看作「現代」與「前現代」的對峙,因而很容易得出非西方文化已經是徹底落伍的前現代「遺蹟」,而只有西方文化才代表了人類文化的現代與未來的結論。但是,如果我們從「軸心文明」的視角來關照這一問題,也許能夠看到一幅不盡相同的圖景。概要而言,德國思想家雅思貝斯所提出的「軸心文明」的觀念包括了以下兩個方面的基本要點:其一,在比較宗教研究的視野中指明瞭人類社會發展的早期人類文化就是多元開展的這一歷史事實;其二,在西元前 8 世紀至前 2 世紀的這一廣闊時間區段裡,不少各自獨立發展的人類文化共同體先後經歷了從原初文明向確立了穩固的基本精神方向的成熟形態轉進的過程,從而形成了「軸心文明」。這一過程是透過「超越的突破」即將有限存在的個體與「絕對實在」(上帝、天等)相聯繫而實現的。根據「軸心

改變從「時代性」的單一維度論衡中國哲學的思維定式

文明」的觀念,不僅只有經過了「超越的突破」的文明系統才有可能獲得日後進一步發展的內涵空間,而且這些軸心文明在日後數千年的發展中,只要它在「超越的突破」中所獲得的展開自身的理論內涵空間尚有進一步拓展的餘地,就會在歸根結底的意義上繼續按照在「超越的突破」中所貞定的基本精神方向作「慣性運動」。[206] 從軸心時代的視角來關照人類文化的發展走勢,人們發現,一方面是各軸心文明儘管具有不盡相同的存在形態與發展歷程,但卻從未徹底消亡,而是各自不同程度地持續保持了對於特定文化共同體中的社會與人生的影響力;另一方面則是各軸心文明大都經歷了一個在漫長的歷史進程中逐漸展示其完整的理論內涵空間、在充分體現出理論成就的同時亦將自身的困限暴露無遺的過程。這一點不僅印度文明、中國文明是如此,而且西方文明也不例外。如果說,13 世紀佛教在印度本土的衰落、1840 年鴉片戰爭之後中國社會與文化的困境分別可以看作印度文明與中國文明充分暴露自身困限的明顯標誌的話,後現代主義對作為西方現代文化之基本成就的現代性的全面反省與批判乃至明確倡言要「拋棄現代性」[207],則鮮明地表徵了西方文化在當今所暴露出來的內在侷限。這些侷限在人生意義的失落、人性的異化和迷失以及人與自然的尖銳對立等方面均有明確的表現。[208]

因此,儘管「時代性」足以與「民族性」一起共同構成文化的兩個基本屬性,但是僅僅從時代性之一維來衡斷特定民族哲學系統的優劣又的確是一種在現代性的僵硬思維模式主導下形成的一偏之見。正是「民族性」與「時代性」一起共同構成了特定哲學系統不可或缺的基本屬性。在歸根結底的意義上,我們究竟有什麼充分的理由僅僅從時代性這一個維度來看待和評斷中國

---

206 參見雅思貝斯:《歷史的起源與目標》,魏楚雄等譯,華夏出版社 1989 年版。

207 大衛‧格里芬:《後現代科學》,馬季方譯,英文版序,中央編譯出版社 1995 年版。

208 參見劉述先:《時代與哲學》,載《中國哲學與現代化》,臺北時報出版公司 1980 年版。

哲學傳統而棄其民族性於不顧？正如上文的分析所顯示的，西方現代文化對於「時代性」的片面強調，是落腳於對西方文化與非西方文化之間中心─邊沿等級結構的維護。而這恰恰是以遮蔽甚至抹殺非西方文化的基本精神特質為前提和代價的：由於中國哲學在整體上已被歸屬於「前現代」，其零散的「現代價值」只能是透過向「現代哲學」看齊而從西方價值系統中分有。這正是中國哲學在以往相當長一段時間裡真實的存在境遇：由於中國哲學已經在時代性的維度中被封限在「前現代」，因此，其整體上的現代價值已被否定，最多只能是從中挖掘出某些零星的、片段性的價值；而由於論衡中國哲學的基本範式在相當程度上是「外在化」的，中國哲學自身的精神特質遭到貶抑、扭曲乃至肢解，這也就不可避免地使「中國哲學」只能是以「初步」的、「素樸」的面目示人。在這樣的視野下，中國哲學與時代精神之間的關係，歸根結底就只能是「現代」與「前現代」、「先進文化」與「落後文化」之間的關係，中國哲學何以能夠對於現時代的社會人生產生實際的影響就是可以質疑的。即使發生影響，也主要被歸結為為時代精神提供某種「民族形式」，而不能在精神內涵層面作出自己的貢獻。這種狀況顯然與民族精神應當為當代中華民族的復興提供精神支撐、以中國哲學為核心的中華民族文化應當成為中華民族共有精神家園的根基與底蘊的時代要求不相適應。

因此，面向 21 世紀的中國哲學研究必須切實完成中國哲學研究範式從「外在化」向「內在化」的轉變，以不僅避免「天人之學」在相當程度上被肢解、扭曲甚至面目全非的問題，而且更為完整準確地反映中國哲學的思想面貌，更為充分地展示作為中國文化智慧結晶之最高表現形態的中國哲學獨異的精神特質。為此，應當切實糾正主要從時代性一個方面來評斷以中國哲學的偏頗，而從「民族性」與「時代性」的雙重維度來認知、把握中國哲學。由此，當代中國哲學的研究將完成以下三方面的轉變：第一，從主要自時代性的維度論衡中國哲學，轉變為明確強調以民族性作為當代中國哲學研究的落

改變從「時代性」的單一維度論衡中國哲學的思維定式

腳點。第二，從直接照搬西方式的時代性，轉變為突顯既立足於「人類哲學」之一般的高度而又體現了中國哲學自身要求的時代性。第三，從將中國哲學限定為「初步」與「素樸」的形態，主要挖掘中國哲學的某些零星的、片段性的價值，轉變為確立中國哲學作為一種特定哲學形態自身所具有的獨立自足的內在意義，並對其整體價值予以深度的理論詮釋。

　　進而言之，正如前文已經論及的，從這樣的角度來關照今天的人類文化，儘管西方現代文化所表現出來的巨大的生命活力、在西方文化的主導之下現代人類社會相比傳統社會而言所取得的巨大的歷史性進步是不容否認的，但是，在這一過程中西方文化已經暴露出嚴重問題也是毋庸置疑的。在今天，西方文化已經難以獨立地承擔起為人類的未來指引光明前途的歷史任務。由此，當代人類文化建設關注的重心也應當完成一個「中心主題的置換」，即由主要關注「非西方文化如何按照西方式的現代性徹底改造自己」的問題轉而更多地關注「如何集中多民族文化共同體的智慧解決地球村所面臨的共同困限」這一問題。為達此目標，必須摒棄上述因為機械地持守時代性之一維來衡論人類文化的僵硬思維模式，而從時代性與民族性兩個維度來對文化問題予以更為完整地關照，從而根本改變在現代性思維的主導下由於機械地持守時代性之一維而形成的「傳統」與「現代」之間二元對立的僵固思維模式，而達成兩者之間更為辯證的連接，使傳統的思想資源與現代的思想資源之間從過去的彼此固閉乃至對立的狀態變為互相向對方「敞開」的狀態，並進而達成互詮互釋、雙向回流的「詮釋圓環」。在彼此之間的良性互動中，一方面以現代的思想資源撞擊傳統、啟動傳統，使「傳統經由創造的轉化而逐漸建立起一個新的、有生機的傳統」，[209] 從而使現代的思想資源真正能夠與民族文化傳統接榫並在其中扎根，以為中國哲學的現代開展確立內在於自身

209　林毓生：《中國傳統的創造性轉化》自序，生活・讀書・新知三聯書店1988年版。

民族傳統的精神動源；另一方面從中國哲學的視角展開對於現代思想的詮釋與批導，進一步釐清現代精神的意義與問題，透過將中華民族獨特的智慧精神融入現代思想資源，在推進中國哲學進一步走向現代的同時，亦使現代精神更具豐滿而康健的存在形態，從而為面向未來在多元民族哲學的互融、互匯中成就人類更為合理的「現代性」作出中國哲學自身的貢獻。這或許應當成為中國哲學在面向未來進行「綜合的創造」與「創造的綜合」所應當備具的一個基本的理論前提。

改變從「時代性」的單一維度論衡中國哲學的思維定式

會通思想淵源及現代價值
——中國哲學研究方法論的反思與前瞻

任九光[210]

　　自第一次鴉片戰爭以來，中西文明衝突伴隨著現代化的擴張而成為當代文化發展主流。其間歷經戰爭和政治紛爭，然中西文明之衝突至今仍在延續。改革開放以來，中國哲學三十餘年發展，學人篳路藍縷，承國學之精微，探西學之原委，欲求人類文明未來發展之正確路徑。在邏輯嚴整、推理精密且挾現代化之威的強勢西學面前，中國哲學之天道性命固然始終受到中學人士之堅持，然而中西文明衝突似乎始終在兩個方向，多為自說自話，並未形成針鋒相對之勢。衝突是交流融合的一種方式，不同文明之間充分的衝突必然形成相互的融會交流。當年國學大師王國維指出，「異日昌大吾國固有之哲學者，必在深通西洋哲學之人，無疑也」。[211] 光大中國哲學之重擔，緣何擔在精通西洋哲學之人的肩上？本文從會通思想淵源的簡單回顧入手，反思近現代中西哲學研究中的衝突，從會通現象自身出發，展望中西哲學未來發展之路。

210　任九光，中央黨校中國哲學專業，2012級博士生。
211　王國維：《哲學辨惑》，載《王國維哲學美學論文輯佚》，華東大學出版社1993年版，第6頁。

一、中國會通思想的歷史淵源

回顧中國思想史或謂哲學史，從文化交流角度分析，實則為一部思想會通史。今日中國哲學思想之博大精深，實則由於相容並包之會通特質決定，而非單純某一家某一子所能達成今日之煌煌氣象。自先秦至今，可分為大致三個會通階段。

第一階段：先秦至漢的諸子會通時期。春秋先秦，諸子百家齊放爭鳴，儒、墨、道、名、法、陰陽等諸家各抒己見，思想潮流之豐富、交流爭鳴之廣泛開中國文藝批評之先河。萬世師表之孔子身先士卒，於弟子三盈三虛之後痛下決心誅殺少正卯。繼者孟子透過對墨家「兼愛」和告子「性惡」的批判，力倡複尊周孔。荀子更是以「飾邪說，文奸言，以梟亂天下」為名，在《非十二子》中將自魏牟、墨翟、惠施至同門的子思、孟軻盡數非議一遍。至秦滅六國，官方思想一尊於法。秦滅而漢，複統於儒，確立儒家思想之歷史主流地位。就此階段文化衝突看，衝突爭論的後果導致儒家思想成為官方正統，但此正統非以一己之私取代各家之長，而是弼教不忘明刑，德主不忘刑輔，儒家摻雜黃老，立場主流同時雜糅各家思想。各流派之會通，於漢確立儒家學統之同時，初顯相容並包融合會通之博大。先秦人性論善惡之爭至董仲舒集大成而提出有性、情之分的「性三品」說。儒家一統並未產生孔子所言「敬鬼神而遠之」，反而相應的是「天人合一」之下讖緯學說之盛行，並直接導致後世魏晉玄學的興盛。大略可言，先秦諸子思想之會通，直接奠定了中國哲學思想相容並包、含融開放的整體框架，為後世的佛儒並興奠定了生存基礎。

第二階段：漢至宋明的三教會通時期。此處之教如牟鐘鑒先生所言，「非宗教之教，乃教化之稱，當然也包括宗教之教化」。[212] 從佛教傳入主線看，至

---

212 參見牟鐘鑒：《儒、佛、道三教的結構與互補》，《南京大學學報（哲學、人文科學、社會科學）》2003 年第 6 期。

唐宋，佛學日益昌盛，佛門義理參證之博大精微，使得「天道性命不得聞」的儒家思想受到嚴重衝擊。六祖慧能開始禪宗本土化革命後，性、相、臺、賢、禪、淨、律、密八大宗派於中土勃興。相對於佛教「南朝四百八十寺」的興盛逼人，本土儒家在心性方面的薄弱劣勢顯露無遺。此種情況反而逼迫儒生梳理本土遺產，發掘自身資源。韓愈提出「道統」以正世系，並從《禮記》中發掘出《大學》對抗佛教心性論，開儒家道學[213]先河。李翱以「性善情惡」的「性情一元論」進一步發展了自董仲舒至韓愈的「性三品」論，將清淨本性看作仁義道德的基礎而主張去情復性，以對抗佛教義理。然從李翱自身的性情論看，難以分辨其「性情一元論」與佛教心性之間的區別。同時，為發揚儒家心性思想，儒家將孟子以配享太廟、由子入經等一系列抬舉升格行動證明儒家道統存在。再經周敦頤、二程、朱陸、王陽明等人闡揚，經體用一元顯微無間之內省，天理二字被體貼出來，理一分殊而月印萬川，尊德性而道問學，至「宇宙即是吾心，吾心即是宇宙」，儒學之義理心性學說足堪媲美佛學之清淨圓融。子貢不得而聞的性與天道，被宋儒程朱陸王盡數倒出。此階段之衝突融合，與其說是與佛教之對抗，不如說是與佛教之會通。佛教之心性精微玄妙，逼迫當時儒者從自家經典中找尋，並借鑑佛教之修行方式，返觀內照以發明本心。在方法論方面，原本是援儒入釋翻譯佛經之格義方法，被唐宋儒生再做援釋入儒之「反向格義[214]」。正反格義之餘，佛教義理、儒家心性水乳交融，血脈相通，難分彼此。甚至至明朝後期，陽明心學流於狂禪，儒林盡皆靜坐談心性。就義理、功夫論等方面看，佛學與儒學實

---

213 儒家本非不論「道」，《論語》中共87處提到「道」，其中「本立道生」、「吾道一以貫之」、「就有道而正焉」、「朝聞道」、「士志於道」等處均與道家之「道」有明顯會通之意。然韓愈之前尚無人正式提出「道統」觀念，韓愈之後儒家道學由原來孔子「罕言」而發展成為主流。

214 此處之「反向格義」，非劉笑敢教授所指當今之「反向格義」方法，而是就格義本意而言。格義方法本源於以儒釋佛，反向格義即以佛釋儒。

難有界限可言。

從整個儒釋衝突融合史看，儒家文化思想之豐富[215]，是在外來佛學義理的強烈刺激之下，在新領域或原有理論之薄弱領域進行重新詮釋。而佛學在格義中國儒家經典的同時，也尋獲了自身扎根中國本土的生命力。文化的衝突與融合中，會通思想承擔了溝通交流的重任，秉承了中國文化相容並包的博大胸懷，成為走出文化衝突的有力說明。

第三階段：清末至今的中西會通階段。此階段源於明清，正式開啟於鴉片戰爭。西學在堅船利炮的陪伴下來到中國。相對當初佛學東渡，此階段同時伴隨著現代化和殖民化的全球擴張，以及對於政權的強力打壓。國門崩塌之後進入的不僅是鴉片、貿易、戰爭，還有至高無上的西學和基督教。五四之後開啟的新文化運動，使得西學日漸昌隆，部分海歸人士儼然取得「奉天承運」之地位，力倡西學同時貶損國學不遺餘力。以「物競天擇，適者生存」而自命名並師從實用主義大師杜威的胡適，憑西方哲學思維撰寫的《中國哲學史大綱》雖僅有上卷，併力倡懷疑主義主張廢除中國文言文，卻得到士林普遍讚譽成為新文化運動之先鋒，可見西學於時人心中地位之崇高。相對於穿著物質文化發達、科技水準強盛外衣的西學，中國國學陷入尷尬境地──明明今日昌盛之西學於心性返樸、精神強健有百害而無一利，然芸芸眾生全無心性健全之渴望。隨著西學統治的時間推移，力倡西學之人士同樣發現問題多多：中國似乎確實具備一種韌性極強的文化傳統，「孝悌忠信禮義廉恥」等觀念似乎折而不彎、彎而不斷，社會風氣不斷惡化的同時，近年似乎再度出現反彈，「國學熱」、「讀經班」等在民間抬頭，「三字經」、「弟子規」等重新獲得社會整體認可，再入小學課堂。民主、平等、自由、人權、科學、理性

---

215 此處之所以不用「發展」，而用「豐富」，實則文化思想無發展可言，孔子不言之「性與天道」，無非被程朱陸王講出，並非孔子認識不到「性與天道」，亦非孔子時不具備「性與天道」。無「性與天道」之背景，簞食瓢飲在陋巷之顏回，何處得其樂可言。

等西學的核心價值觀念，迅速登上至高無上的價值神壇，卻有尚未站穩便被拉下的危險。今日中國之文化思想界，中西衝突大幕拉開後劇情不斷推演，中學處於守勢，感歎西學攻勢太猛，多數本土學人抱著知其不可而為之的心態，進行理念上的堅守；西學處於攻勢，感歎中學守勢太強，僵而不死之餘反漸露生色，頗有轉守為攻的策略態勢。伴隨著西方本土對文藝復興後的再反思和後現代思潮的解構，現代性的弊端和危害日漸為更多有良知的西學人士所拋棄，日趨轉投東學陣營。中西哲學思想的衝突中，中學防禦西學進攻階段似乎就要走到盡頭，相持階段即將拉開序幕，會通前景尚不明朗，然籠罩在頭頂上空的西學陰霾正在逐漸淡去。

　　本土卓絕學人在西潮衝擊下，以歷史眼光看到了中西會通的必然。如1911年王國維先生指出，「世界學問，不出科學、史學、文學。故中國之學，西國類皆有之。西國之學，我國亦類皆有之。所異者，廣狹、疏密耳」，「餘謂中、西二學，盛則俱盛，衰則俱衰。風氣既開，互相推助。且居今日之世，講今日之學，未有西學不興，而中學能興者；亦未有中學不興，而西學能興者。」[216] 陳寅恪更明確指出了中西會通之要，「竊疑中國自今日以後，即使能忠實輸入北美或東歐之思想，其結局當亦等於玄奘唯識之學，在吾國思想史，既不能居最高之地位，且亦終歸於歇絕者。其真能於思想史上自成系統，有所創獲者，必須一方面吸收輸入外來之學說，一方面不忘本國民族之地位」。[217] 誠如王國維先生所言，只有世間學問之整體，而無東西你我之分。孔子、釋迦牟尼、蘇格拉底、柏拉圖等中西先知聖賢的思想，都是全人類的財富，而非一國所有。只存在後人從前賢財富中繼承發揚多少之問題，而不存在前賢思想屬於哪個國家的問題。因而，為保存中學而抵制西學和為

216　王國維：《國學叢刊序》（1911年），載《觀塘林集》卷四，上海古籍出版社1983年版。

217　陳寅恪：《馮友蘭中國哲學史下冊審查報告》，載《金明館叢稿二編》，生活·讀書·新知三聯書店2001年版，第252頁。

光大西學而貶低中學都是與現實相悖的。如何走上更好的中西會通之途，將是未來世界哲學必然承擔的歷史任務。

二、中西會通之現實基礎

關於中西何以會通的問題，前文已引王國維先生中學西學之實質的論斷。中學西學，均是對宇宙和人生的認識，無非文化傳統、語言體系、地理歷史、宗教信仰不同，故而描述立場角度不同。遠近高低之不同，源於橫看成嶺側成峰。然無論中西，人生之生老病死相同，七情六慾相同，衣食便溺相同，故中西哲學思想均為對此類相同問題的不同描述。基於相同問題，豈能不具有相通之基礎。因而陸象山在悟到「宇宙便是吾心，吾心即是宇宙」後，不忘強調曰：「東海有聖人出焉，此心同也，此理同也。西海有聖人出焉，此心同也，此理同也。千百世之上至千百世之下，有聖人出焉，此心此理，亦莫不同也。」[218] 生於同一個宇宙之內，受同樣規律支配，因而關於共同規律支配的描述和領悟，如同瞎子摸象，描述可能不同，指向一致。而一旦體察全貌，則不禁將對原來隻言片語的描述啞然失笑。又如同禪宗指月之喻，手指不同，然指歸均為天空之明月，不可因手指迷人雙眼而忘其指歸。中西學實則具有貫通基礎，也必然會在長期的交流中認清手指與指向，走向融合貫通。

然而如同喝慣了豆漿的中國人不習慣牛奶，西方哲學的方法論和模式始終成為當前中國哲學研究中繞不過的彆扭和掣肘。針對這種問題，中國哲學研究者深入反思，在「以西解中」、「以中解中」和「以中解西」的主要思想的衝突中，綜合成果頗多。具有馬克思主義背景的學者提出「綜合創新」的思路，如張岱年先生主張應根據辯證唯物論和歷史唯物論的基礎研究分析中國歷史上哲學家的哲學思想，劉文英先生主張整合中國傳統的漢學和宋學的方

---

[218] 陸九淵：《象山年譜》，《陸九淵集》卷三十六，中華書局 1980 年版。

法、馬克思主義哲學的歷史方法和邏輯方法以及語義分析、結構分析、解釋學等方法。而一些學者引入哲學解釋學進行中國的經典詮釋，如傅偉勳先生提出的詮釋學方法，湯一介、黃俊傑等提出的解釋學方法，凸顯了人文主義的特徵。張立文先生不滿西方哲學史的體系設置，提出了「中國哲學邏輯結構論」，以「透過概念、範疇和合詮釋學，即句法層面和語義層面的表層結構的具體解釋，網狀層面和時代層面的深層結構的義理解釋，歷史層面和統一層面的整體結構的真實解釋」來把握中國哲學的獨特靈魂。而在傳統與現代化的關係上則有張岱年的「綜合創新論」，於光遠、黎澍、李澤厚等人的「西體中用論」，杜維明的「創造性建設論」，林毓生的「創造性轉換論」，牟宗三的「返本開新論」等。[219] 可以說上述學者的探索使得中國哲學研究更加接近中國傳統思想本身，凸顯出了中國哲學的主體覺醒。對此陳來先生指出：「我們應當立基於全部人類文化，把『哲學』看作一共相（並非本體意義的），一個『家族相似』的概念，是西方關於宇宙、人生的理論思考(西方哲學)、印度關於宇宙、人生的理論思考(印度哲學)、中國關於宇宙、人生的理論思考(中國哲學)，是世界各民族對超越、自然、社會與人之理論思考之總名。在此意義上，西方哲學只是哲學的一個殊相、一個例子，從而西方哲學的問題和討論方式並不是哲學所以為哲學的標準。因此，『哲學』一名不應當是西方傳統的特殊意義上的東西，而應當是世界多元文化的一個富於包容性的普遍概念。」[220] 此論立意高遠，共相與殊相概念之引入，頗得「月印萬川」之妙，亦契指月之喻，指明了中西會通之可能。然從研究實際看，至今中西學衝突仍為主流，烈度仍然居高不下。衝突之餘，有效融合尚未完成。究其原因，一方面誠如王國維當年所言，「異日昌大吾國固有之哲學者，必在深通西洋哲

---

219 參見張立文、段海寶：《中國哲學三十年來的回顧與展望》，《社會科學戰線》2008年第3期。
220 陳來：《關於「中國哲學」的若干問題淺議》，《江漢論壇》2003年第7期。

學之人無疑也」，而深通西洋哲學之人尚未橫空出世；另一方面且以當今國學復興之膚淺層面，亦少會通儒釋道之碩德耆宿。通中學者少，通西學者少，能兼通中西者更少，能會通中西者自然沒有。當今雖無，亦無需可悲。多數學人辛勤耕耘，普及發展中學西學，實為稀世學人出世奠定基礎。待得西學益衰、中學益盛，雙方能成均勢，抵禦外侮進入深層相持階段，風雲激盪之稍事平靜，才能為水乳交融奠定時代基礎。

三、問題與前瞻

　　會通可作為一種思想，也可以是對一定狀態的描述。以會通思想來指導中國哲學之發展，在文化交流的背景下，已經具有現實檢驗意義。儒佛長期交流後，學人往往既需深研儒家經典，又需致力佛學義理以互相參驗，現代新儒家三聖梁溯溟、熊十力、馬一浮無不如此。不同流派背景之互攝，不但不會成為負擔，反而成為互相參驗之絕好憑證。以當前中西文化交流之狀況，且面臨全球化之緊迫現實任務，中西會通必然將成為中國哲學發展的必然選擇。從目前研究情況看，存在問題很多，筆者認為突出的有：

　　一是本源性的探究意識不足。《論語》首篇首句「學而時習之」，許慎《說文解字》中釋「學」為「覺悟也」。東漢官府儒生共識之《白虎通·辟雍》中釋為「學之為言，覺也，以覺悟所未知也」。後朱熹在《四書集注》中註釋「學」為「學之為言效也。人性皆善，而覺有先後，後覺者必效先覺之所為，乃可以明善而複其初也」。後人批評朱熹援佛入儒，以佛教義理附會孔子原意。然從漢許慎即將「學」釋為「覺悟」即可知，此種說法誤會朱熹。《論語》首句「學而時習之」之本意，當年即具有濃厚的「上達」色彩，故以此標準，才可理解孔子僅評價顏回一人「好學」之意。再回首儒學發展史，不難看出儒學後來成為「道學」、「理學」、「心學」，實際因為具有對彼岸世界關懷的先天基因，故能與講求覺悟的佛教義理相融默契。五四以來，批判宋明

理學，批判吃人的舊禮教，不僅反的是僵化的形式，連同豐富的內涵一同推翻。宋明理學被推翻的同時，連帶推翻了儒學對彼岸世界的終極關懷。相應儒學即不再具有安身立命之合理性，至今佛學與佛教、道家與道教可謂同時存在，終極關懷與哲學義理並存。唯獨儒家難稱儒教，只因一度丟失的終極關懷尚未找尋回來。在此情況下，現今之儒學研究者自身尚無處安身立命，如何將自身之終極關懷與西學之終極關懷相抗衡、相會通。不補上儒學中「道學」一課，儒學整體自身無法彌補缺陷，也無法在中西學交流中轉守為攻引領上風。

二是對西學之片面理解。相當部分學人將西方哲學之範式理解成主客二分，將中國哲學範式定義為天人合一。如此簡單化、範式化的理解貶低了西方歷史上豐富的哲學思想，也讓原本更多元的中國傳統哲學思想遜色不少。西方哲學自米利都學派的泰勒斯，至蘇格拉底、柏拉圖，再到後世的笛卡爾、康得，有幾人拒絕否定此岸世界與彼岸世界的溝通與交流？近現代以來經由文藝復興興盛的人文主義、宗教改革推動的資本主義精神、地理大發現和工業革命推動的科技發展，使得西方自身也在「異化」之途上越走越遠。然而對西方哲學原本非如此之「主客二分」的正本清源，應當作為中國哲學在中西哲學思想衝突交流中首先認識的。近現代以來越來越多的西方學者認識到西方思想按照目前趨勢發展必然走向末日，從而向西方古典哲學、經院哲學回歸，同時寄望更多從中國哲學思想中汲取營養元素。正因當今西方盛行之物競天擇、適者生存等近現代哲學將西方引入主客二分之極端對立，故西方在近現代經過全球暴力掠奪的殖民化時代極端瘋狂後，已經面對缺少歷史積澱而後繼乏力的窘境。中西哲學之會通，首先是與西方古典哲學會通，會通之後再與近現代西方思想進行會通，其中近現代主客二分之極端恰可成為天人合一之反證。故由會通西方古典哲學、經院哲學入手，或許能夠成為中西會通之捷徑。

會通思想淵源及現代價值——中國哲學研究方法論的反思與前瞻

　　三是中國哲學自身與現代化的相容性問題。現代化肇始於西方，波及東方，事實上挾物質文明之威重創了世界各國之傳統文化。中國、印度等作為文明悠久而被動捲入現代化之國家受害尤烈。時至今日，中國哲學思想與現代化的相容問題一直沒有解決。儒釋道三教均主張返觀內照，不向心外求法，克制內心慾望，刻意抑制工商。現代工商業的衝擊，使得內心慾望不再受到束縛，反而無限膨脹，從而導致當前人們精神沙漠化之現狀。就此領域而言，中國哲學應將馬克思主義哲學作為會通重點。時移而世異，備變就是理所當然。馬克思主義哲學是現代化背景下誕生的哲學體系，同樣具有儒釋道一樣的對無產階級的普度關懷，不但取得了世所矚目的現實影響，而且現在仍然是中國處於執政地位的意識形態。馬克思主義自中國共產黨成立將近百年，建立政權六十餘年，自身也已到進行自反而洗去形式僵化而重新裝點靈魂的時刻。在此時機，中國傳統哲學思想和馬克思主義哲學進行會通，以指導中國實踐，增強現實關懷，正是中國哲學和馬克哲學雙方面臨的必然選擇。不管是馬克思主義中國化，還是中國哲學馬克思主義化，只要精神不變、為民之關懷不變，正通於孔子博施濟眾而至於聖之境界。值得注意的是，馬克思主義中國化的探索中，曾經出現類似批孔的問題，後隨著環境變化，部分學者開始投桃報李而批馬。應當認識到，批孔可以，應該批的是形式的、僵化的不適應當前形勢的偽孔，保留孔子思想的活的靈魂；批馬也可以，批的是僵化的、不適應中國國情的偽馬，而非馬克思主義對勞苦大眾的關懷，對資本的批判和人的自由全面發展的美好願望。如此批判，力度越大，孔子和馬克思的精神才能更多展現在當今國人面前，才是對孔子與馬克思的最好繼承。至於唯心唯物之爭，解決的現實方案仍然是求其會通，孔子「四時行焉，百物生焉，天何言哉」之「天」，並未具備人格意義；即使就「天厭之」而言，亦難斷言此「天」即為人格意義之天，何況鬼神雖敬卻需遠之。而馬克思主義之唯物，似乎更多應從只研究物質和現實存在方面理解更便於

會通。如此解釋難免有附會之嫌,然待日後心物一元論之發展,未必不能帶來融合唯物唯心對立的理論現實進展。

中國哲學史學科建設的回顧與前瞻

宋志明[221]

1916 年蔡元培出任北京大學校長,在中國歷史上真正建立了第一個哲學系。在這近百年來的歷史時段,中國哲學史學科建設的歷程,可以概括為三個發展階段:第一個階段止於 1949 年,中國哲學史學科初步建立;第二個階段從 1949 年到 1978 年,中國哲學史學科建設落入低谷;第三個階段為 1978 年以後,迎來中國哲學史學科建設的春天。總的來看,呈現出馬鞍形軌跡。

一

在「五四」時期,現代中國哲學家自覺意識到哲學是一門獨立學科之後,便著手建立哲學學科的重要分支 —— 中國哲學史學科,使之不再淹沒在學術史當中,與哲學同時成為一門獨立的學科。在此之前,也有學者講「中國哲學史」,但由於他們沒有自覺的哲學學科意識,沒有樹立哲學觀,實際上講的是學術史。建立中國哲學史學科的前提,必須意識到哲學是一門獨立的學科,樹立一種哲學觀,否則無從談起。從這個意義上說,只有哲學家才能講出哲學史,而學問家講不出哲學史。在「五四」前後,中國湧現出一批受過哲學理論思維訓練的學者,他們擔當起建設中國哲學史學科的重任。

蔡元培是中國最早使用「哲學」術語的學者之一,可是起初並沒有意識到哲學的學科性質,將哲學理解為「一切學之學」或「綜合之學」。在「五四」

---

221 宋志明,中國人民大學哲學院教授。

時期,他從德國留學回來以後,對哲學有了新的認識,達到了對於哲學學科性質的自我意識。他在《簡易哲學綱要》中寫道:

「哲學是人類思想的產物,思想起於懷疑,因懷疑而求解答,所以有種種假定的學說。普通人都有懷疑的時候,但往往聽到一種說明,就深信不疑,算是已經解決了。一經哲學家考察,覺得普通人所認為業已解決的,其中還大有疑點;於是提出種種問題來,再求解答。要是這些哲學家有了各種解答了,他們的信徒認為不成問題了;然而又有些哲學家看出其中又大有疑點,又提出種種問題來,又求解答。有從前以為不成問題的;有從前以為是簡單問題而後來成為複雜問題的。初以為解答愈多,問題愈少。那知道問題反而隨解答而增加。幾千年來,這樣的遞推下來,所以有今日哲學界的狀況。」[222]

在這裡,蔡元培放棄了廣義哲學觀,樹立了一種狹義哲學觀:哲學是一門獨立的學科,是關於世界觀和人生觀的學問。他清楚地意識到,在各門學科皆成為獨立學科之後,包羅萬象的哲學不復存在,哲學只是不斷深化的思考方式。哲學研究者應該突出問題意識,體現懷疑精神。作為學科的哲學有別於古代哲學,已不再受宗教的限制,甚至具有取而代之的趨勢。他提出「以美育代宗教」的主張,實際上表達了以哲學代宗教的訴求。蔡元培關於哲學學科,有三點看法:第一,哲學是關於認識論的學問,應當訴諸理性,講究邏輯證明,不能建立在「聖言量」上面,不能再像古代哲學那樣以引證代替論證。第二,哲學是關於世界觀的學問,任務在於建構一種關於世界總體的理論,有別於任何實證學科。第三,哲學是關於人生觀的學問,幫助人們找到一種正確的價值理念,指導自己的人生實踐。蔡元培自己雖沒有寫出一本中國哲學史,但他是中國哲學史學科建設的第一個推動者。

胡適對哲學學科的認識是:「凡研究人生切要的問題,從根本上著想,

---

[222] 《蔡元培哲學論著》,河北人民出版社 1985 年版,第 305 頁。

要尋一個根本的解決,這種學問,叫做哲學。」[223] 從這種哲學觀出發,他寫出《中國哲學史大綱》,不過論域僅限於先秦,實際上是一部斷代史。儘管如此,不妨礙其成為中國哲學史學科建設的第一塊基石。馮友蘭對哲學學科的認識是:「無論科學、哲學,皆系寫出或說出之道理,皆必以嚴刻的理智態度表出之。」「故哲學乃理智之產物;哲學家欲成立道理,必以論證證明其所成立。」「欲立一哲學的道理,謂不辯為是,則非大辯不可;既辯則未有不依邏輯之方法。」[224] 依據這種哲學觀,他寫出兩卷本的《中國哲學史》,論域擴大到清代,成為一部比較完備的中國古代哲學史。胡著和馮著都可以稱為標誌性成果:標誌著中國哲學史學科在中國初步建立起來了。

在中國哲學史學科初建階段,取得歷史性的成績,也留下了一些遺憾。一是論域不夠開闊,僅限於古代,還沒有把近現代納入其中。二是受到單數哲學觀的限制,沒有充分關注中國哲學的民族性。中國早期哲學史家都曾在西方接受哲學理論思維訓練,不可避免受到西方人哲學觀的影響。在西方,流行這樣一種觀點:只有西方人會講哲學,別的民族都不會講哲學。受此種偏見的影響,早期中國哲學家程度不同地存在著以西方哲學為尺度剪裁中國哲學史的傾向。哲學史家大都從哲學的共性出發,對中國哲學的個性重視不夠。金岳霖讀了胡適的《中國哲學史大綱》,竟覺得好像是美國人寫的書。馮友蘭編寫《中國哲學史》,也有這種傾向。他說:「哲學本一西洋名詞。今欲講中國哲學史,其主要工作之一,即就中國歷史上各種學問中,將其可以西洋所謂哲學名之者,選出而敘述之。」「所謂中國哲學者,即中國之某種學問或某種學問之某部分之可以西洋所謂哲學名之者也。所謂中國哲學家者,即中國某種學者可以西洋所謂哲學家名之者也。」[225] 馮先生為建設中國哲學史

223　胡適:《中國哲學史大綱》,古籍出版社1997年版,第1頁。
224　馮友蘭:《中國哲學史》,中華書局1961年新1版,第4、6頁。
225　同上書,第8頁。

學科作出巨大貢獻，這是有目共睹的。不過，我們也不必「尊者諱」。他編寫的兩卷本《中國哲學史》，由於過分強調共性，難以充分展現中國哲學的個性，尚沒有充分呈現出中國哲學自身的發展軌跡。

在現代中國，也有些哲學家不認同單數哲學觀，意識到哲學應該有多種講法。金岳霖在馮著《中國哲學史》審查報告中說：「我很贊成馮先生的話，哲學根本是說出一種道理的道理。但我的意見似乎趨於極端，我以為哲學是說出道理來的成見。哲學一定要有所『見』，這個道理馮先生已經說過但何以又要成見呢？哲學中的見，其理論上最根本的部分，或者是假設，或者是信仰；嚴格地說起來，大都是永遠或者暫時不能證明與反證的思想。如果一個思想家一定要等這一部分的思想證明之後，才承認他成立，他就不能有哲學。這不是哲學的特殊情形，無論什麼學問，無論什麼思想都有，其所以如此者就是論理學不讓我們丟圈子。」[226] 講哲學就是講道理，當然應該遵循理性主義的路徑，對哲學結論作盡可能充分的理論論證。不過，要想作完全充分的論證是不可能的。由於哲學結論乃是一種整體性的論斷，難以從形式邏輯的角度為其找到充分的理由，難以形成所有人的共識。任何哲學結論都不可避免地帶有假設或信仰的色彩，故而金嶽霖稱之為「成見」。他所說的「成見」並沒有貶義，就是「一家之言」的意思。既然是「成見」，不可避免出現「所見不同」的情形。這意味著，哲學不可能只有一種講法，而可以有多種講法。他還把哲學比作「概念的遊戲」，說明哲學講法的多樣性。遊戲規則可以有許多種預設，下中國象棋不必遵循國際象棋的規則。梁啟超也意識到哲學講法的多樣性，不同意把中國哲學等同於西方哲學。他在《儒家哲學》中寫道：「中國學問不然，與其說是知識的學問，毋寧說是行為的學問。中國先哲雖不看輕知識，但不以求知識為出發點，亦不以求知識為歸宿點。直譯的Philosophy，其涵義實不適於中國，若勉強借用，只能在上頭加個形容詞，

---

[226] 馮友蘭：《中國哲學史》，中華書局1961年新1版，第4、6頁。

稱為人生哲學。中國哲學以研究人類為出發點,最主要的是人之所以為人之道:怎樣才算一個人?人與人相互有什麼關係。」[227] 令人遺憾的是,他們的複數哲學觀未能引起中國哲學界的注意,未能動搖單數哲學觀的主導地位。

二

在第二階段,也就是 1949 年新中國成立後,講哲學的語境發生了巨大變化。一方面,學者們在中國哲學史學科初建階段取得的成果,被貼上「資產階級學術」的標籤,變得一錢不值,被無情地拋棄了;另一方面,來自蘇聯的哲學教科書,在哲學界掌控了主流話語。講中國哲學史也必須按照哲學教科書的口徑講,不容許出現任何不同的聲音。單數哲學觀的控制力非但沒有減弱,反倒愈演愈烈。「兩軍對戰」模式使中國哲學史學科建設偏離了正軌,跌入了低谷。

「兩軍對戰」模式來自蘇聯。1947 年,蘇共中央書記日丹諾夫在討論亞歷山大洛夫《西歐哲學史》的會上發言說:「科學的哲學史,是科學的唯物主義世界觀及其規律底胚胎、發生、發展的歷史。唯物主義既然是從與唯心主義派別鬥爭中發生和發展起來的,那麼,哲學史也就是唯物主義與唯心主義鬥爭的歷史。」「各種哲學派別在這本書中是先後排列或比肩並列的,而不是相互鬥爭的。」他的發言 1948 年就在解放區用中文發行,到 1954 年止,出 11 版,總印數 8 萬冊左右。據《新建設》報導,從 1949 年 5 月到 1950 年 3 月,北京哲學界多次組織學習他的發言,灌輸「兩軍對戰」的觀念。在這種情勢下,哲學理論工作者不得不表示接受。1949 年 6 月 19 日,馮友蘭在《哲學家當前的任務》寫道:「中國哲學發展底歷史,也如歐洲哲學史一樣,是唯物論與唯心論底鬥爭史。這樣的鬥爭史就是中國歷史中各時代底階級鬥爭在思想上的反映。」

---

227 《梁啟超哲學思想論文選》,北京大學出版社 1984 年版,第 488 頁。

「兩軍對戰」模式之所以使人難以拒斥，是因為打著恩格斯的旗號，以所謂「哲學基本問題」為依據。我覺得，所謂「哲學基本問題」，實則是對恩格斯的論斷，作了教條主義的誤讀。恩格斯確實說過，思維與存在的關係問題是「全部哲學的基本問題」，但那是在評述德國古典哲學時講的，並非涵蓋一切哲學。恩格斯沒有系統地研究過中國哲學，也沒有系統地研究過埃及哲學、印度哲學等，絕不會那麼武斷地下結論。從形式上看，恩格斯似乎作了全稱判斷，實則是特稱判斷，特指德國古典哲學，充其量也超不出西方哲學的範圍。請不要忘記，恩格斯的這一論斷出現在《德國古典哲學與費爾巴哈的終結》一書，並非泛論各種哲學形態。他僅以西方哲學史為例說明他的論斷，並沒有論及其他民族哲學史。在西方中世紀，基督教神學長期占統治地位，「創世說」的思想影響很大。正是針對這種情況，哲學家們才把精神和自然界何者為本原的問題提出來，當做哲學基本問題思考。在中國古代社會，根本就沒有這樣的語境，中國哲學家怎麼可能像西方近代哲學家那樣關注「何者為本原」的問題呢？

在「兩軍對戰」模式的誤導下，中國哲學史工作者能做的最主要事情，就是給哲學家戴帽子、劃成分，區分誰是唯物論者，誰是唯心論者。可是，中國哲學史根本就沒有這麼一回事兒，所以操作起來相當困難。大家常常遇到這樣的困惑：某位哲學家的上句話可能很唯物，可是下句話卻很唯心，如何給他戴上帽子？真是令人傷透了腦筋！例如，有人覺得老子是唯心論者，有人覺得老子是唯物論者，雙方爭論不休，使人莫衷一是。其實，這原本就是一個假問題，怎麼會有正確答案呢？

教條主義學風給中國哲學史學科建設造成災難性影響，具體表現為三個不到位。一是「不夠中國」。由於採用外來的方法、外來的問題裁剪中國哲學史，勢必脫離中國哲學實際。打個比方，就像用解剖學講中醫學，根本無法講出中醫學的精髓。無論多麼高明的解剖師，都無法在人體上找到經絡和穴

位。二是「不夠哲學」。由於缺少中國哲學自身的問題意識，只介紹古人的言論，卻不會作哲學分析、哲學詮釋。講者往往只講知識，不講思想，不得不靠大量引文充斥篇幅。三是「不夠歷史」。由於沒找到中國哲學自身的問題意識和邏輯脈絡，只能按朝代順序羅列人名。「中國哲學」並沒有真正成為中國哲學史的主語。

三

在第三階段，也就是1979年十一屆三中全會以後，中國哲學史工作者才開始思考如何回到中國哲學史自身的問題，要求擺脫「兩軍對戰」模式的束縛。長期以來，這種模式就像魔咒一樣套在中國哲學史工作者的頭上，使我們不敢思，不敢想，不敢去摸索、探討中國哲學自身的基本問題，使我們久久找不到真正進入中國哲學史之門的鑰匙。在新時期思想解放潮流的推動下，中國哲學史工作者終於鼓起勇氣，試圖打破這個魔咒，逐步樹立起學術自信心，尋找自己認準的路徑。馮友蘭在《中國哲學史新編》中頗有感觸地說：「路是要自己走的；道理是要自己認識的。學術上的結論是要靠自己的研究得來的。一個學術工作者所寫的應該就是他所想的。不是從什麼地方抄來的，不是依傍什麼樣本摹畫來的。」[228] 這句話道出廣大中國哲學史工作者的心聲。

1979年，在太原召開中國哲學史學會成立暨第一屆年會，提出「中國哲學史研究科學化」的倡議，委婉地發出解放思想、解除魔咒的呼聲。1981年，在杭州召開第二屆中國哲學史學會年會，繼續探討開創新局面的辦法。會上有人發言，批評「兩軍對戰」模式，但遇到了很大阻力，迫使他不得已收回自己的發言。1985年，在廣州召開第三屆中國哲學史學會年會，又有人發言批評「兩軍對戰」模式，居然不再有人出來反對。

228　馮友蘭：《中國哲學史新編》第1冊，人民出版社1982年版，第2頁。

在新的歷史時期，中國哲學史工作者試圖突破教科書上的哲學觀念，對哲學學科做出中國式的定位。馮契認為哲學研究有兩大任務，一是化理論為方法，二是化理論為德性。他把「德性」這一中國傳統哲學範疇，運用於現代中國哲學研究。馮友蘭把哲學定位為精神現象學，而不再定位為自然現象學。他說：「哲學是人類精神的反思。所謂反思就是人類精神反過來以自己為物件而思之。人類的精神生活主要部分是認識，所以也可以說，哲學是對認識的認識。對於認識的認識，就是認識反過來以自己為物件而認識之，這就是認識的反思。」[229] 按照這種說法，哲學不應該被視為解釋世界的「物學」，而應當視為人類自我反思的「人學」。如果把哲學視為「物學」，尚可歸結為「一」，因為人類住在同一個地球之上；而把哲學視為「人學」，由於反思的主體各不相同，就只能歸結為「多」了。哲學的主題是人，而不是物。至於哲學的功用，馮友蘭認為應當有兩個：「一是鍛鍊、發展人的理論思維能力，一是豐富、提高人的精神境界。」[230] 中國哲學的貢獻，不在前者，而在後者。「用中國的一句老話說，哲學可以給人一個『安身立命之地』。就是說，哲學可以給人一種精神境界，人可以在其中『心安理得』地生活下去。」[231]

在中國式哲學觀的指導下，馮友蘭寫出多卷本的《中國哲學史新編》，馮契寫出三卷本的《中國哲學的邏輯發展》和《中國近代哲學的革命進程》。他們的著作稱得上新的歷史時期的標誌性成果。

四

目前中國哲學史學科建設的狀況，取得了可喜的成績，在郭齊勇主編、問永甯副主編的《當代中國哲學研究》一書中，有系統的梳理，我不必贅談。

229　馮友蘭：《中國哲學史》，中華書局 1961 年新 1 版，第 4、6 頁，審查報告二。
230　馮友蘭：《中國哲學史新編》第 1 冊，人民出版社 1982 年版，第 27 頁。
231　同上。

我想說的是，仍舊存在一些不盡如人意的地方，尚有待於糾正。

第一，最突出的問題是「枝繁葉茂，根幹不壯」。在量化考核指揮棒的引導下，中國哲學史工作者大都喜歡從事個案研究或專題研究。為了多出成果、快出成果，必須把題目弄得小一些、專一些、偏一些，很少有人願意從事費力不討好的綜合研究。許多博士論文的選題，常常瞄準那些不知名的二三流的學者來研究，並不考慮這種研究對學科建設有多大意義，只求順利畢業，拿到學位。教師和科學研究人員功利化寫作傾向也相當嚴重，往往也是為晉升職稱而寫作，並非出於促進學科建設的目的。在綜合性研究方面，除了兩部馮著之外，至今鮮有佳作問世。

第二，即便從事綜合性研究，仍舊沿用集體編寫教材的老辦法，無法開創新局面。多人合作集體編寫教材的做法，是我們從蘇聯人那裡學來的。事實證明，這種「學術合作社」生產出來的東西，不會有生命力。這種東西除了可以應付考試之外，難以發揮啟迪心智的作用。哲學史的書寫，應當有研究者的心得，體現研究者的個性，在這一點上，跟寫小說有些相似。多人寫的小說不堪卒讀，多人合寫的哲學史同樣不堪卒讀。黑格爾、羅素、文德爾班、梯利、馮友蘭、馮契、勞思光等人的哲學史著作都是獨自完成的，至今仍然擁有廣大的讀者群。這就說明：有個性、有見識的哲學史著作，才會受到歡迎。

第三，陷入「方法論焦慮」，質疑「中國哲學合法性」，人為設置思想障礙。近年來有些人提出所謂「中國哲學合法性問題」，這是十足的糊塗觀念。「合法性」同「哲學」，毫不相干。哲學原本是無法無天的學問，根本不存在合法不合法的問題。合法性可以用於政治，用於法律，但不能用於哲學。有如我們可以討論鳥的飛翔性，但不能討論狗的飛翔性。

至於研究方法，並不是抽象的，而是具體的。方法同研究內容、研究過程相統一，沒有脫離研究內容和研究過程的、屢試不爽的、現成的研究方

法。每個研究者都有自己的研究方法，甚至每個研究課題都有獨特的研究方法。可操作的研究方法是研究者在研究過程中自己摸索出來的。當然，他可以學習和借鑑別人的方法，但是學習和借鑑不能代替自己獨立探索。想從別人那裡找到現成的方法是不可能的。抱有這種念頭的人，恐怕已陷入方法論的失誤，只能被「方法論的焦慮」折磨得焦頭爛額，不會有什麼收穫。魯迅先生說得好，作家未必先要把《寫作方法》《創造大全》之類的書都讀透了之後才動筆，而是在創造過程中體味自己適用的寫作方法。研究中國哲學史恐怕也得如是觀。「繡出鴛鴦與君看，不把金針度於人。」我覺得這並不是嘲笑繡花師傅太保守、太小氣，而是嘲笑徒弟的期望值太高。因為「金針」確實難為不知者道。徒弟要想掌握刺繡的方法，只能在刺繡的實踐中去摸索，用心揣摩師傅的繡出的「鴛鴦」，不能指望師傅告訴你繡出鴛鴦的現成方法。方法主要不是學來的，而是靠自己悟出來的，「如人飲水，冷暖自知」。指望從別人那裡得到現成的方法，恐怕只會落得邯鄲學步者的結局。

五

我認為，推進中國哲學史學科建設，應當從糾正上述三種傾向入手。理想的中國哲學史學科應當「枝繁葉茂」，更應當「根幹茁壯」。我們不能只關注專題研究、個案研究，更應當關注綜合性研究，因為這才是學科建設的基礎工程。至於如何從事綜合性研究，沒有現成的「範式」可以遵循，需要我們自己去摸索。首先應當排除「質疑中國哲學合法性」的干擾：你還沒有邁入綜合研究領域，就疑慮重重，怎麼能指望有所成就？

近年來學術界關於中國哲學史研究方法議論頗多，流行著一種說法，就是反對「以西範中」（或稱「中話胡說」）範式，回歸「以中釋中」（或稱「中話中說」）範式。對此我不敢苟同。先說「以西範中」。西方哲學史家寫的哲學史，都有鮮明的個性，並不存在所謂「範式」。「西學範式」其實是我們自

己的想像。既然「西學範式」子虛烏有，何言「以西範中」？在中國哲學史學科初建時期，學者固然借鑑西方某些哲學家的方法，但也努力捕捉中國哲學的個性特徵，把他們的方法完全歸結為「以西範中」範式，實屬以偏概全，並不公平。長期以來在哲學史界流行的方法，並不是什麼「以西範中」，而是「以蘇聯哲學教科書範中」。再說「以中釋中」。前文已述，哲學史是哲學學科的分支，只有從自覺哲學學科意識出發，才能梳理出來。不以自覺的哲學學科意識為前提，可以寫學術史，但寫不出哲學史。在中國，學科自覺意識的自覺出現在現代，前現代的「中」，怎麼可能還成為現代「中」的話語方式？在所謂「以中釋中」的訴求中，隱含著以學術史取代哲學史的傾向。

我認為「以西範中」和「以中釋中」皆沒有可行性，唯一可行的選擇是「不中不西，亦中亦西，綜合創新，學貴自得」。我們不能照搬西方人的方法，但不能拒絕西方人的智慧；我們不能照搬古人的方法，也不能拒絕古人的智慧。我們要從兩種智慧中獲取啟迪，融會貫通，推陳出新，創造自己覺得可行的辦法。如何研究中國哲學史？這本是一個無盡的話題，誰也給不出終極答案，沒有現成的範式可以遵循。走自己的路，才是明智的選擇。我們尊重前人，但不迷信前人。借用亞里斯多德的話說：「吾愛吾師，吾猶愛真理。」

為了推進中國哲學史學科建設，我認為應當遵循「百花齊放，大膽創新，言之成理，持之有故」的方針，鼓勵個人從事中國哲學史綜合研究。本著這種想法，我在多年教學和研究的基礎上，以一己之力完成了中國哲學通史的書寫。不過，我沒有採用「中國哲學史」作為書名。我把中國哲學史劃分為古代、近代、現代，分別採用不同的表述方式。我認為古代哲學史是比較完整的斷代史，以天人關係為基本問題，經歷百家爭鳴的奠基期、三教並立的發展期和理學行世的高峰期。我在寫中國古代哲學史的時候，採用廣義哲學史的表述方式，形成兩本專著。一本題為《薪盡火傳：宋志明中國古代

哲學講稿》，採用口語的表達方式，40萬字，2010年已由北京師範大學出版社出版。另一本題為《中國古代哲學發微》，採用書面語言的表達方式，30.6萬字，2012年已由中國人民大學出版社出版。這兩本書基本觀點是一致的，相當於中國哲學史上冊。我認為中國近代哲學史處於過渡階段，表現為歷史觀、本體論、知行觀、人學觀四個轉向。中國現代哲學史以中國馬克思主義哲學、中國實證哲學、現代新儒學三大思潮為基本內容。在這一階段，哲學已成為獨立學科，我採用狹義哲學史的表述方式。我把近現代合在一起，寫成《中國近現代哲學四論》一書，47.5萬字，得到國家社科基金後期資助，2012年已由中國社會科學出版社出版。這本書相當於中國哲學史下冊。

　　我還寫了一部關於中國哲學的通論，書名為《中國傳統哲學通論》，2012年由中國人民大學出版社推出第3版，篇幅增加到33.2萬字。2011年，我以《薪火傳承·中國傳統哲學通論》為課程名稱，主講中國大學影片公開課，第一批在中國網路電視臺、網易、愛課程網同時上線播出。我從事中國哲學史綜合研究，吸收了他人的成果，但主要是自己的研究心得。作為我見，當然避免不了「解釋學的偏差」：也許是對的，也許是錯的；也許是成功的，也許是失敗的。是功是罪，任由時賢和後人評說。

20世紀三四十年代中國哲學史研究的基本方向與多重形式

田文軍[232]

在現代中國哲學史學科的創建過程中，自從1934年馮友蘭的兩卷本《中國哲學史》問世以後，中國學術界終於出現了最具現代學術特質的中國哲學史研究成果。可以說，馮友蘭兩卷本中國哲學史的出版，既意示著中國哲學史已經成為一個獨立的現代學術門類，也標誌著中國哲學史由古典形態向現代形態的轉換。此後，中國哲學史研究，開始在現代學科的範圍內深化與拓展。這種深化與拓展，使得20世紀三四十年代的中國哲學史研究，方向更加明晰，形式不斷出新。具體考察20世紀三四十年代中國哲學史研究的基本方向與具體形式，對我們全面考察中國哲學史學科的歷史發展，乃至於思考中國哲學史學科的現代化建設，是十分有益的。

一、從哲學發展史的角度研究中國哲學史

從歷史的角度來看，多視角、多途徑地研究中國哲學史，並非始於20世紀的三四十年代。實際上，自「五四」以來，人們在中國哲學史研究的具體實踐中，不論視角還是方法，即已經開始呈現多樣化的格局與趨勢。這使得在中國哲學史學科創設的早期階段，梁啟超、王國維一類學者所主張或採用的中國哲學史研究方法，不同於劉師培、陳黻宸、謝無量一類學者所主張或

---

[232] 田文軍，武漢大學哲學院教授。

20世紀三四十年代中國哲學史研究的基本方向與多重形式

採用的中國哲學史研究方法;而鐘泰對中國哲學史研究方法的理解,與胡適、梁啟超一類學者對中國哲學史研究方法的理解實際上呈現出對立的傾向。同時,鐘泰理解並實際採用的中國哲學史研究方法也不同於馮友蘭理解和採用的中國哲學史研究方法。在實際的中國哲學史研究中,之所以出現多種研究方法,其原因在於中國哲學史研究自身所面臨的問題很多,人們對中國哲學史研究的物件、範圍的理解均在思考與探索之中。因此,人們對中國哲學史研究途徑、形式、方法的選擇不能不有所區別。因此,可以說人們對中國哲學史研究途徑、形式、選擇的差異,實緣於人們對中國哲學史研究方法理解的不同。到20世紀三四十年代,作為現代學術門類的中國哲學史研究形式更趨多樣,研究成果也更臻成熟。這種多途徑的中國哲學史研究,標誌著中國哲學史研究的拓展與深化。

在20世紀三四十年代多重形式的中國哲學史研究中,就其基本的研究方向與主要形式而言,當是從哲學發展史的角度研究中國哲學史。採取這種形式與方法的中國哲學史研究,特點首先在其立足於對哲學學科的理解,來確立中國哲學史研究的物件、範圍、價值目標及其研究方法,堅持中國哲學史學科獨立的個性與特質。其次是這種類型的中國哲學史研究,一般都十分注意對中國哲學發展歷史過程的整體性考察與論析,力圖透過這樣的考察論析,再現中國哲學發展的歷史過程與原始情狀,既關注中國哲學發展的歷史線索,也關注中國哲學發展的內在邏輯,將釐清中國哲學發展的一般原則與內部機製作為最基本的學術追求。這種中國哲學史研究的形式與方法,實際上代表著現代中國哲學史研究的基本方向與主流方法。胡適、馮友蘭[233]的中國哲學史研究在方法的層面即屬於這樣的類型。其後,範壽康b的《中國哲學史通論》,雖然在體例方面與胡適、馮友蘭的中國哲學史有所不同,但在研究方法方面大體上也可以歸屬於這樣的類型。另外,在這一歷史時期,與

---

233 胡適、馮友蘭與中國哲學史筆者有專文論述。

馮友蘭的中國哲學史大體上同時問世的李石岑的《中國哲學十講》、蔣維喬的《中國哲學史綱要》，以及在馮友蘭的中國哲學史問世之後出現的張岱年的《中國哲學大綱》等有關中國哲學史的著作，在體例、方法方面與馮著中國哲學史又有所不同，但就其基本的研究方法與理論追求而言，仍在於從哲學發展史的角度系統地考察中國哲學的發展，也可以納入中國哲學史研究的主流成果範圍。應當肯定，從哲學發展史的角度系統地考察中國哲學的歷史發展，不論是其研究成果，還是其研究方法，都為現代中國哲學史研究確立了最基本的研究範式，提供了最基本的方法學原則。當然，從哲學發展史的角度系統研究中國哲學史，並沒有影響或說妨礙現代中國哲學史研究形式、研究途徑與研究方法的多樣化。實際上，在20世紀三四十年代，中國哲學史研究形式、研究途徑與研究方法的多樣化，對人們從哲學發展史的角度系統深化對中國哲學歷史發展的考察是極其有益的。因為，多種形式與多種途徑的中國哲學史研究，不僅從不同的層面上深化了人們對中國哲學發展歷史的認識，也加快了中國哲學史研究方法建設的步伐；反之，中國哲學史研究方法的日臻成熟，又為20世紀三四十年代多種中國哲學史研究成果的形成，提供了思想原則和方法學的支援。在現代中國哲學史學科建設中出現的這種學術文化現象，值得我們在考察現代中國哲學史與現代中國哲學史學的過程中特別關注。就具體的研究形式而言，20世紀三四十年代的中國哲學史研究，除了從哲學發展史的角度研究中國哲學史這種基本形式之外，還曾經出現過「從思想史的角度研究中國哲學史」、「以史論批判的形式研究中國哲學史」、「以問題史的形式研究中國哲學史」以及「從文獻史料的角度研究中國哲學史」等多種研究形式與研究方法，這幾種形式的中國哲學史研究及其具體的研究成果，同樣值得我們關注，需要我們具體總結。

二、從思想史的角度研究中國哲學史

在 20 世紀三四十年代中國哲學史研究的多種成果與多重形式中，從思想史的角度研究中國哲學史是值得關注的一種重要的研究形式與研究方法。這一歷史時期，以思想史的形式研究中國學術文化的學術成果十分豐富。在這些學術成果中，當以侯外廬為代表的一批學者所取得的中國思想史研究成果最具影響力與學術價值。

侯外廬寫作《中國思想通史》，始於 20 世紀四十年代，到全書編寫完稿，曾耗費二十多年的心血。1961 年人民出版社出版的五卷本《中國思想通史》，已成為一部二百六十萬字的皇皇巨著。從侯外廬為五卷本《中國思想通史》所寫的《序》中我們可以看到，《中國思想通史》全書的寫作除第四卷外，第一、二、三卷以及第五卷基本上都成書於 20 世紀的四十年代。這部《中國思想通史》除納入了侯外廬個人長期從事思想史研究的多種認識成果，也吸納了其他學者在思想史研究方面的重要成果。因此，五卷本《中國思想通史》出版的時候，署名並非侯外廬一人，而是由多位作者聯合署名出版，且各卷作者有所不同。由於《中國思想通史》第一卷、第二卷、第三卷、第五卷的主要內容實際上都形成於 20 世紀的四十年代，作為侯外廬個人著作的《中國古代思想學說史》、《中國近世思想學說史》也都完成於 20 世紀四十年代。因此，將先後參與《中國思想通史》寫作的多數學者作為 20 世紀三四十年代從思想史的角度研究哲學史的代表人物，以侯外廬主持編寫的《中國思想通史》作為這一歷史時期從思想史的角度研究哲學史的代表性學術成果，是符合歷史實際的。我們透過對這一研究成果的考察，大體上可以發現這種哲學史研究形式的方法學特點及其學術價值。

從研究方法來看，以侯外廬為代表的這派學者從事中國思想史研究，都十分看重馬克思主義的思想原則與學術方法。侯外廬後來在為五卷本《中國

思想通史》出版時所寫的《序言》中曾論及此書的寫作：「這部中國思想通史是綜合了哲學思想、邏輯思想和社會思想在一起編著的，所涉及的範圍比較廣泛；它論述的內容，由於著重了基礎、上層建築和意意識形態的說明，又比較複雜。」[234] 以論釋中國歷史上的社會經濟基礎、上層建築與意識形態作為《中國思想通史》的主要內容與學術追求，集中地體現了侯外廬一派學者寫作《中國思想通史》時自覺的馬克思主義方法意識。

由於採用馬克思主義的思想方法原則，侯外廬等人在編撰《中國思想通史》的過程中，特別注重對中國社會歷史的考釋。在這種考釋中，侯外廬依據馬克思認定的「亞細亞生產方式」來具體論析中國奴隸制社會的特點：「如果我們用『家族、私有、國家』三項來做文明路徑的指標，那末，古典的古代『是由家族到私產再到國家，國家代替了家族；『亞細亞的古代』是由家族到國家，國家混合在家族裡面，叫做『社稷』。因此，前者是新陳代謝，新的衝破了舊的，這是革命的路線；後者卻是新舊糾葛，舊的拖住了新的。這是維新的路線。前者是人唯求新，器亦求新；後者是『人唯求舊，器唯求新』。前者是市民的世界，後者是君子的世界。」[235] 侯外廬透過不同文明發展途徑的比較，將中國的奴隸制社會謂之「早熟的」文明「小孩」，以「維新」作中國古代文明的傳統。同時，侯外廬認為中國哲學的發展也與西方有所不同。這種不同的顯著表現在於與西方相比較，中國哲學發展滯後，少「智者氣象」，多「賢人作風」。應當肯定，侯外廬對中國社會歷史的考論及其對中國早期哲學演生發展特色的論析，至今仍然是中國哲學史研究中最具理論深度的認識成果之一，也是在中國哲學史研究中，以其他視角或形式的研究很難踰越或忽略的認識成果。

234　侯外廬：《中國思想通史·序》，人民出版社1995年版。
235　侯外廬、趙紀彬、杜國庠：《中國思想通史》第1卷，人民出版社1995年版，第11—12頁。

20世紀三四十年代中國哲學史研究的基本方向與多重形式

在《中國思想通史》中，侯外廬等學者也關注對作為社會意識形態的思想理論考察的全面性。因此，相比較於其他形式的中國哲學史研究，《中國思想通史》的考察物件既涉及中國歷史上的哲學思想，同時，也將在中國歷史上出現的宗教思想、經濟思想、科學思想、社會理論、史學思想等作為自己的考察物件。如前所述，這部《中國思想通史》綜合哲學思想、邏輯思想和社會思想一起編著，所涉及的範圍確實較為廣泛。這種從思想史的角度研究中國哲學史的形式，在某種意義上可以說實為一種泛化的中國哲學史研究。

但是，侯外廬等人的中國思想通史研究，在其具體研究中又特別注意對中國歷史上形成的哲學思想的考察，這種研究在問題意識方面與一般的哲學史研究實際上並沒有什麼不同。《中國思想通史》第一卷中考察荀子的思想，其體例及其所論述的內容，基本上就是通行的哲學史著作所採用的體例與論述的內容。

侯外廬等人的中國思想史研究，也注意依據馬克思主義的哲學觀念論析歷史上形成的中國哲學的理論價值，在論析中國哲學歷史發展的過程中，突出對唯物論的褒揚與對唯心論的批判。《中國思想通史》中考察道家與論及莊子時，標題即為「莊子的主觀唯心主義」。書中在具體論析莊子思想時，則認為莊周的哲學以「止辯」的方法，否定了「形」、「心」之間的滲透與聯結，以人生為「假借」，將主觀唯心主義與宗教信仰主義連成了一體。對莊子思想的這種批判即較為典型地體現了侯外廬這派學者從哲學的角度判斷中國哲學家思想理論價值的方法。這樣的思想方法使得《中國思想通史》中考察先秦諸子的學說，大都在標題中即表明作者對考查物件思想理論的價值判斷。依據馬克思主義的哲學觀念與方法論原則研究中國思想史，在二十世紀四十年代的中國學術界已經較為流行。在以侯外廬為代表的這個學術集體以外從事中國思想史研究的學者中，也有不少人公開地採用馬克思主義的思想方法。但相比較而言，應當說以侯外廬為代表的這個學術集體的思想史研究方法，

最為集中地反映了當時中國思想史研究中的這種方法學特色。

　　侯外廬的中國思想史研究，不僅在內容方面突出對哲學思想的研究，而且十分看重作為社會意識形態的哲學在社會歷史發展中的作用。這樣的方法意識與學術追求，使得侯外廬本人在20世紀三四十年代的思想史研究中，除了重視對中國古代社會與古代思想的研究之外，也十分重視對十七世紀以來中國啟蒙思想的研究。這種研究，使他論釋了自己對明清時期社會制度特徵的理解，展望了中國社會與中國思想的發展趨向。侯外廬對如何清理明清之際啟蒙思想的價值的理解，實際上表明了他對中國社會歷史發展趨向的理解。這種在思想史研究中，將對社會歷史發展的考釋與對於思想發展歷史的考釋緊密結合，並相互論證其考釋結論的方法，相較於20世紀三四十年代的其他形式的中國哲學史研究，也是很有特色的。這樣的研究方法，使得以侯外廬為代表的這派從思想史的角度研究哲學史的學者，對中國社會歷史發展的理解以及中國思想發展歷史的認識都達到了很高的理論層次。

　　總之，以侯外廬為代表的這派學者，從思想史的角度研究哲學史，在20世紀三四十年代的中國學術界，不論其研究方法還是其研究成果，都顯示出了自身的特色與價值。從現代中國哲學史學科發展的歷史來看，這種研究方法與研究成果，對現代中國哲學史學科的建設與發展均產生過積極的影響和作用。但是，這派學者的思想史研究，在其後來的發展中並沒有完全演變為純粹的哲學史研究。這種現象為我們今天考察現代中國哲學史學科的建設與發展，留下了一些需要繼續思考的問題。一般而言，哲學史研究僅為思想史研究的內容之一，思想史研究的範圍應大於哲學史研究的範圍，思想史研究的內容可以涵括哲學史研究的內容，而哲學史研究則不可能完全替代思想史研究。但是，如果一部思想史著作中明確地含括哲學史研究的內容，這樣的著作，在我們考察中國哲學史學科發展史的時候，也可視其為一種中國哲學史研究的具體形式。因為，這樣的思想史研究，不排斥而且突出對中國哲學

思想的研究。需要注意的是，以思想史的形式進行中國哲學史研究，只是將中國哲學思想作為中國思想史研究的一個組成部分，而不是將中國哲學史作為一個獨立的學術門類。這樣的思想觀念和研究方法，使得中國思想史既難以在嚴格的現代學科觀念的基礎上與中國哲學史融合為一個學科，其自身似乎也很難定義為一個嚴格意義上的現代學術門類，而是始終只能作為大史學學科中的一個具體門類存在於現代學術領域。因此，如何定義中國思想史研究與哲學史研究，怎麼樣進行中國思想史研究與中國哲學史研究，都值得我們繼續深入地思考與探討。

三、以史論批判的形式研究中國哲學史

在20世紀三四十年代的中國學術界，有一些學者以史評的方式研究先秦諸子的思想或儒家思想，在研究中或突出對先秦諸子思想的理論批判，或突出對儒家思想的理論批判。這種類型的思想史研究也可以視為中國哲學史研究的一種形式。郭沫若的《十批判書》、蔡尚思的《中國傳統思想總批判》等論著，即屬於以史論批判的形式研究中國哲學史的具有代表性的學術成果。郭沫若的《十批判書》內容主要是對先秦諸子思想的批判，蔡尚思的《中國傳統思想總批判》更多的是對儒家學說及其傳統的批判。這種批判的物件，不限於先秦儒家，也涵括對宋明儒學以及清代末年和民國年間儒學的批判。這裡我們僅以郭沫若的《十批判書》為具體解析物件，考察這種以史論批判的形式對中國哲學史的研究。

郭沫若的《十批判書》成書於1945年。郭沫若從學術的角度涉獵中國傳統的學術思想，始於20世紀的三十年代。自1928年始，郭沫若曾在日本度過將近十年的流亡生活。流亡日本期間，郭沫若在對中國古代社會的研究方面取得過豐碩的學術成果。而對中國古代社會的研究，正是他開始研究中國傳統學術思想的前提與基礎。

郭沫若《十批判書》所收入的十篇論文寫成於 1943 年至 1945 年之間。其目的是要對先秦學術思想進行系統批判。由於郭沫若寫作《十批判書》，具有十分明確的學術目標與追求，使得《十批判書》的內容實際上較為全面地涉及先秦時期的哲學思想。因此，郭沫若對先秦學術思想的批判，也可視為一種研探中國哲學史的具體形式，納入中國哲學史學史的範圍來進行考察與解讀。

　　《十批判書》作為在 20 世紀四十年代出現的一種哲學史研究形式，其學術價值有兩點值得注意，一是其對先秦學術思想的批判方法，一是其對孔子思想的歷史定位與學術評價。就方法而言，郭沫若對先秦學術思想的批判是以其對馬克思主義思想方法的認同為前提的。以馬克思主義的方法原則開展對先秦學術思想的批判，使得郭沫若也十分注意社會史研究與思想史研究相結合。郭沫若在社會史研究方面以其對中國古代社會的研究見長；他對先秦學術思想的研究，即是以他對中國古代社會歷史的瞭解與理解為基礎的。照他自己的說法，他研究中國古代學術思想史的興趣，產生於其對中國古代社會的考察之後。他基於社會發展史研究展開思想發展史研究，目的在於更全面地考察論析中國的古代社會。這樣的研究方法，使得郭沫若在《十批判書》中十分注意論析先秦時期各種思想理論產生的社會歷史背景。郭沫若認為，春秋末年，由於社會制度的變革，「士」開始成為一種職業。而春秋、戰國時期學術的繁榮，與「士」階層的出現是緊密聯繫的。因為，「士」成為一種職業後，人們爭相學習，以便成「士」。這種社會風氣，既促進了人們對讀書學習的興趣，也使一些人依靠教書而具有了廣泛的社會影響。郭沫若將儒學與墨學、孔子與墨子都看作這種社會風氣中的產物。並強調不瞭解春秋時期的這種社會現象，即不可能真正理解先秦時期學術思想的演生與發展。注重周、秦之際的社會變革與周、秦諸子思想形成之間的聯繫，當是他以馬克思主義的方法原則考察中國哲學歷史的具體體現。這種方法意識代表了當時中

國哲學史學建設的一種重要的趣向與取向。

郭沫若在《十批判書》中對儒家的具體批判也有自己的特點。這種特點的具體表現是郭沫若一反中國學術界自「五四」以來形成的否定儒家學說的思想傳統，對儒家學說，特別是對孔子的思想理論，作出了全面的肯定性的評價。郭沫若全面地肯定孔子的思想理論，一個基本的前提是他認定孔子生活的時代，是中國社會由奴隸制變為封建制的時代。在有關中國社會發展史問題上，郭沫若主張中國奴隸制的下限在春秋戰國之交。這種觀點是他在《奴隸制時代》一文中具體論述的。《奴隸制時代》成文於20世紀五十年代初，時間上要晚於《十批判書》中所收入的文章。但郭沫若的這種社會史觀念在20世紀的四十年代實際上已經大體成形。因此，他由肯定孔子「是由奴隸社會變為封建社會的那個上行階段中的前驅者」，引申出了對於孔子的思想理論的全面的肯定性評價。

依據郭沫若的理解，孔子作為新型社會的代表人物，構建自己的思想理論，其目的即在於維繫或說支持新的社會制度。但郭沫若對孔子及其思想理論的評判，沒有停留在一般性的肯定孔子的學術活動及其思想順應社會變革的歷史潮流這種結論上，而是對孔子的社會地位與思想理論都進行了具體深入的解析。首先，郭沫若認為，孔子生前真實的社會地位與其後來在人們心目中的地位並不一致。孔子「至聖先師」的地位，那是漢武帝推崇儒術以後逐步確立起來的。其中既有道家、墨家攻擊儒家的原因，也有儒家後學有意無意之間對孔子思想的宣傳與對孔子生前生活的美化與粉飾。實際上孔子生前作為新興社會勢力的代表人物，經受過各種社會勢力的打擊，生活環境十分艱難。正是由於孔子艱苦的生活環境及其順乎時代潮流的學術立場，才使得他有可能建構起自己反映社會歷史要求的思想理論。

關於孔子的思想，郭沫若將其理解為一個以「仁」概念為核心而建構起來的理論系統。郭沫若認為，孔子所主張的「仁」包含兩個方面的意涵，其

一是「克己」，其二是「為人」。孔子主張的以「克己」與「為人」為基本內容的「仁道」，主旨在於「利他」。郭沫若在集中引用《論語》中有關「仁」的論述以後曾認為：「從這些辭句裡面可以看出仁的含義是克己而為人的一種利他的行為……他的『仁道』實在是為大眾的行為。」[236] 郭沫若對孔子仁學的這種分析，其方法基礎顯然源於他所理解的馬克思主義。但就其具體分析而言，不論對文獻的詮釋，還是對孔子仁學實質的理解，確都具有他自己的致思特色。

在郭沫若看來，孔子所主張的「仁」，也是一種人生的理想。實現這樣的人生理想，不能指靠他人的幫助，只能依靠踐「仁」者自身的自覺與主觀的努力。但是，作為理想的「仁」，又並不遙遠，實踐「仁」在求「仁」者自身，只要求「仁」者能夠不放棄這種理想，不斷地為這種理想去奮鬥，即可以實現這樣的理想，或者說求「仁」者即可以得「仁」。實現以「仁」為基本內容的人生理想，需要實踐者的自覺與奮鬥，同時也要求實踐者善於學習。郭沫若認為，孔子本人即十分重視學習。在學習的問題上，孔子注意到了主觀與客觀兩個方面的條件，主張在學習與接受教育的過程中，採取實事求是的態度，才可以獲得良好的學習效果。在郭沫若看來，孔子注重學與思的結合，透過主觀與客觀的交互印證來瞭解、論釋「為人為己的道理」，也應當是他能夠建立起自己的思想系統的重要原因。

除此之外，郭沫若認為孔子之所以能夠建構自己的「仁」學思想系統，更為重要的原因是他有關「仁」的學說順應了歷史的潮流，以及他本來即具備透過學習把握事物理則的素質與能力。郭沫若在論及孔子學說得以形成的這種原因時曾經認為：孔子「這種所謂仁德，很顯然的是順應著奴隸解放的潮流的。這也就是人的發現。每一個人要把自己當成人，也要把別人當成

236　郭沫若：《十批判書》，東方出版社 1996 年版，第 88—89 頁。

人，事實是先要把別人當成人，然後自己才能成為人。」[237] 郭沫若對孔子的「仁」說的這種解析評斷，在二十世紀四十年代的中國學術界，也可說是特立獨行，別具一格，少有認同者。但他將人在生活中「立人立己，達人達己」的根據，理解為人具有「能學的本質」，強調實現「立人立己，達人達己」的途徑在人自身的努力學習，又確實為人們瞭解儒學、評價孔子提供了一種視角，值得人們思考。

郭沫若為了全面肯定孔子的學說，除了對孔子的思想在總體上作出肯定性的評斷，對與孔子思想相關的一些具體文獻，也作出了自己的解釋。《論語‧泰伯篇》中有「子曰：民可使由之，不可使知之」的記述。人們多從「愚民」的角度理解孔子的這一論述。郭沫若則完全相反。他認為孔子一生提倡學習，注重教育。學習與教育的內容皆為他所主張的「仁道」。學習是為成己，教育則為成人，成己成人都在於向善。因此，對孔子所謂「民可使由之，不可使知之」之說也只能置於這樣的思想系統中去詮釋。在郭沫若看來，如果認定孔子的「『民可使由之，不可使知之』為愚民政策，不僅和他『教民』的基本原則不符，而在文字本身的解釋上也是有問題的。『可』和『不可』本有兩重意義，一是應該不應該；二是能夠不能夠。假如原意是應該不應該，那便是愚民政策。假如僅僅是能夠不能夠，那只是一個事實問題。人民在奴隸制時代沒有受教育的機會，故對於普通的事都只能照樣做而不能明其所以然，高級的事理自不用說了。原語的涵義，無疑是指後者」。[238] 郭沫若對孔子「民可使由之，不可使知之」說別出心裁的解釋，與20世紀四十年代的人們對孔子這一思想的理解也可謂大相逕庭。

郭沫若對孔子的思想方法也持肯定的態度。在他看來，孔子為人為學，既注意對事物的觀察，重視經驗，同時，也不否定理性的作用。郭沫若認

---

[237] 郭沫若：《十批判書》，東方出版社1996年版，第91頁。
[238] 郭沫若：《十批判書》，東方出版社1996年版，第99—100頁。

為，正是這樣的思想方法，使得孔子既尊重歷史，又注重事實。孔子之所以不語「怪力、亂神」，其思想理論中，可以歸屬於迷信的思想觀念甚少，也得益於這樣的思想方法。孔子「與命與仁」。依照郭沫若的理解，對孔子所「說的命不能解釋為神所預定的宿命，而應該是自然界中的一種必然性」。[239] 因此，孔子的天命觀，只是一種必然論。這種必然論意義上的天命觀，與在迷信範圍之內的宿命論是不可同日而語的。孔子在客觀方面「與命」，承認必然，在主觀方面求「仁」，追求人生的最高價值；求「仁」時強調人自身的主體性，「與命」時主張對世運的順應。而當「與命」與求「仁」，順應與奮鬥無法調適的時候，孔子的主張是「守死善道」，「殺身成仁」，強調的仍是人自身的主體性。郭沫若認為，這種「與命」與求「仁」的思想剛好構成了孔子思想中最具價值的兩極，支撐起了孔子的思想理論大廈。因此，郭沫若在引述孔子有關人的主體性作用的論述之後，從整體上對孔子的天命觀也作出了一種積極的評價。從郭沫若對孔子天命觀的評價中，我們不僅可以進一步看到他對孔子思想全方位的肯定，也可以發現他對孔子思想的欣賞與喜愛之情。在20世紀四十年代，不論是郭沫若對孔子思想的態度，還是他對孔子思想的評價，在依據馬克思主義的思想方法考察中國哲學史的學者中，確實是極具特色的。

郭沫若對孔子思想理論的解讀與評斷，特立獨行，自為一家之言，也曾遭到一些學者的批評。杜國庠即曾認為郭沫若在批判先秦學術思想的過程中「袒護儒家」。但郭沫若認為，自己對孔子思想的解析，是以正確地認識中國古代社會歷史的發展為基礎的。他曾明確表示：「社會機構得到明確的清算，從這裡建立起來的意識形態然後才能清算得更明確。我的對於孔子和墨子的見解，雖然遭受了相當普遍的非難，但我卻得到了更加堅定的一層自信。」[240]

---

239 郭沫若：《十批判書》，東方出版社 1996 年版，第 105—106 頁。
240 同上書，第 501—502 頁。

同時，郭沫若也堅信自己對文獻的發掘與解讀，足以支撐自己對孔子思想的評斷，並認為非難自己的學者，實惑於後世學者對孔子思想的解讀。郭沫若強調以文獻的發掘與考釋來證成自己的學術觀念，從方法的角度來看，也是值得我們借鑑的。

　　在中國現代學術史上，郭沫若的學術成就，以其對中國古代社會史的研究最具影響力，以史論批判的形式研究先秦諸子之學的認識成果，實為郭沫若古代社會史研究的重要組成部分。但是，不論是郭沫若的中國古代社會史研究，還是郭沫若的先秦諸子學研究，在學術界都曾受到人們的詰難與非議。其中，尤以海外華裔學者對郭沫若學術成就的非議最為尖刻、嚴厲。郭沫若有關中國古代社會發展歷史的結論是否合於中國古代社會發展歷史的實際，郭沫若對先秦諸子的批判，特別是他對孔子思想的評斷是否反映了孔子思想的真實面貌，在學術的範圍，完全可以更深入地探討。但是，如果我們將對郭沫若學術成就的考察，限定在其對孔子思想的解析的範圍之內的話，他在二十世紀的四十年代，以馬克思主義的思想方法對孔子思想的全面肯定，確實值得我們去認真地總結與思考。今天中國的學術界，在經歷近百年激烈的儒學批判、孔子批判之後，已經回歸到正面評價儒學和孔子思想的時代。因此，郭沫若當年解析孔子思想的方法以及他有關孔子思想價值的觀念，仍可為我們繼續解析孔子學說的現代性價值提供借鑑。同時，他從史論批判的角度研究先秦諸子之學，作為一種中國哲史研究形式，其在中國哲學史學科發展史上的地位也應得到肯定。因為這種研究形式的出現，從一個側面體現了當時中國哲學史研究的深化與發展。

四、以哲學問題史的形式研究中國哲學史

　　以哲學問題為線索研究中國哲學史，也是 20 世紀三四十年代中國哲學史研究的一種重要形式。以這種研究形式形成的學術成果，有學者直接稱之

為「中國哲學問題史」。張岱年在20世紀三十年代寫成的《中國哲學大綱》，另一名稱即是《中國哲學問題史》。張岱年的《中國哲學大綱》，是20世紀三四十年代以問題史的形式研究中國哲學史最具代表性的研究成果。此外，蔣維喬與楊大膺的《中國哲學史綱要》、李石岑的《中國哲學史十講》大體上也可以歸屬於以哲學問題史的形式研究中國哲學史這種類型的研究成果。所不同的是，蔣維喬、楊大膺是以區劃哲學派別的方式概括中國哲學的問題，透過對各種哲學派別的具體考察來清理中國哲學的發展歷史；李石岑的《中國哲學十講》則以講綱的形式提煉中國哲學問題，考察中國哲學的歷史發展，二者在方法方面與張岱年的《中國哲學大綱》均有所不同。張岱年的中國哲學問題史研究，筆者擬以專文考察論釋。這裡我們僅透過對蔣維喬、楊大膺的《中國哲學史綱要》和李石岑的《中國哲學史十講》的考察，對20世紀三四十年代以哲學問題史的形式研究中國哲學史的學術成果作一些回顧與解析。

在中國哲學研究方面，蔣維喬曾形成多種認識成果。其中除《中國哲學史綱要》、《宋明理學綱要》為與楊大膺合作完成之外，尚有《中國近三百年哲學史》、《道教概說》等著作。蔣維喬、楊大膺的《中國哲學史綱要》雖由蔣維喬與楊大膺合作撰寫，但其寫作方法實際上主要是由蔣維喬確立的。蔣維喬不僅有過個人宏大的中國哲學史寫作計畫，而且對中國哲學史研究方法也有過系統深入的思考。《中國哲學史綱要》成書的緣由之一即是蔣維喬不滿意於20世紀二三十年代中國哲學史研究的現狀。在蔣維喬看來，其時已經成形的中國哲學史著作，大都不盡如人意。因此，蔣維喬早有個人寫作中國哲學史的工作計畫。蔣維喬與楊大膺合作編寫中國哲學史，原因即在其計畫編寫的中國哲學史「造端宏大」，而他自己卻「精神日力，都有限制」。但蔣維喬與楊大膺原計劃合作編寫的中國哲學史並未成書。

蔣維喬與楊大膺合作編寫的《中國哲學史綱要》，實為應中華書局之約而

寫成的一部簡要的普及性質的中國哲學史著作。此書與蔣維喬原來計畫寫作的中國哲學史，不論內容還是篇幅都存在距離。但是，由於蔣維喬本來即有宏大的中國哲學史寫作計畫，且對中國哲學史的寫作方法有過系統思考，這又使得《中國哲學史綱要》一書，仍較為集中地體現了蔣維喬對中國哲學史寫作方法的理解，從而使得這部著作也具備我們從中國哲學史學史的角度來進行考察的意義與價值。

從方法的角度來看，蔣維喬的《中國哲學史綱要》確有自己的特色。這種特色體現了蔣維喬對中國哲學與中國哲學史學科建設的思考。在這種思考中，蔣維喬既主張哲學在中國的學術文化中成為獨立的學科門類，也主張哲學史在中國的學術文化中成為獨立的學科門類。在蔣維喬看來，中國人使用的哲學概念源自日本，日本的哲學概念則譯自西方。但是，在中國傳統的學術文化中，哲字本來即含有智識的意思，其意涵與西方的哲學概念頗多契合之處，而且，在中國傳統的學術文化中，實際上也涵括哲學的內容。因此，蔣維喬對當時學術界參照西方的觀念與方法，從哲學的角度考察中國學術文化的發展，使哲學在中國的學術園地獨立成「學」，持肯定態度，他將這樣的工作視作「一種有功績的事業」。

同時，蔣維喬也主張將中國哲學史建設成為獨立的學術門類。在蔣維喬看來，哲學在中國之所以成為獨立之「學」，與人們從事中國哲學史研究是密切相關的。人們清理中國哲學發展的歷史過程，實際上即是使中國哲學獨立成「學」的過程。但是，在中國的學術界，人們的哲學史觀念尚不是十分清晰，人們對哲學史這門學問的瞭解也遠未到位。哲學史的觀念本來也源於西方。依照西方的學術觀念，哲學史並不能等同於哲學，其本身也應當是一門獨立的學問。蔣維喬曾結合自己理解的哲學史，對20世紀二三十年代所形成的中國哲學史研究成果提出過尖銳的批評：「現在所流行的《中國哲學史》，無論是編的是譯的，都不是真正的中國哲學自身的史；而是中國哲學

家——或稱為中國學者——的史或傳。他們既然要做《中國哲學史》，似乎應該拿中國哲學為經，敘述這種學問本身的演變，及其前因後果，和它的系統派別，方算名副其實。」[241] 蔣維喬肯定哲學史是一門獨立的學問。肯定這門學問的基本任務在於將哲學視為一個整體的系統，描寫哲學的「誕生、發育、長大、成熟」，清理哲學發展的歷史。正是基於這樣的觀念，蔣維喬才對當時中國學術界已經形成的一些哲學史著作有所批評。依照蔣維喬的觀點，這些哲學史著作，除了少數為我國學者「自出心裁」的著述，其他多為移譯的日本學者的著作。而且這些中國哲學史著作，實際上並非真正的中國哲學史，而只是中國哲學家的「史」或「傳」。在蔣維喬看來，中國哲學史研究不能真正擔負起自己的工作任務，中國哲學在中國的學術園地即沒有完全獨立成「學」的希望。蔣維喬對中國哲學與中國哲學史研究狀況的這種理解，既為他的中國哲學史研究奠定了思想前提，也使他選擇與確立自己的中國哲學史研究方法尋找到了現實根據。

　　蔣維喬肯定的中國哲學史研究方法，最基本的原則是「以哲學為經，以哲學家為緯」來建構中國哲學史的框架和系統，在這樣的框架和系統中再現中國哲學的歷史發展。這種研究方法又被表述為「拿思想做經，哲學材料做緯」，並以此來「說明各種哲學思想的進展和演變」。兩種表述中，當以前一種表述更為準確。蔣維喬與楊大膺編寫的《中國哲學史綱要》的體例即是依照「以哲學為經，以哲學家為緯」的原則確立的。《中國哲學史綱要》中曾述及這種方法原則：「我國現在各書坊所出版的《中國哲學史》，都是以哲學家為經，而以哲學問題為緯。本書則反之，以哲學問題為經，哲學家為緯；所以只將我國所有哲學思想劃分為六派；而以派為分類的唯一標目，不再羅列某某人的哲學。然後將某派的中心思想，先敘述出來；再依時代的變遷，和

---

241 蔣維喬、楊大膺：《中國哲學史綱要》，嶽麓書社 2011 年版，第 4 頁。

後來學者思想的改換,說明各派思想變化和演進的情形。」[242]依照這種方法,《中國哲學史綱要》中將中國哲學區劃為自然主義、人為主義、享樂主義、苦行主義、神祕主義、理性主義等派別,透過對這些哲學派別的具體解析,來論釋中國哲學的歷史發展。運用這樣的方法,目的在於敘述「各個特殊的哲學上的事實」,使讀者從瞭解中國哲學的「個體」與「特殊」來推知中國哲學的普遍與系統。

　　蔣維喬主張的「以哲學為經,以哲學家為緯」的哲學史研究方法,實際上也可視為一種提煉哲學問題的原則和方法。這樣的方法,與依照哲學本身的內容來歸納問題,再以問題的形式論述哲學史的方法有所不同。因為,蔣維喬所釐定的這些哲學派別,實際上並不能完全歸屬於哲學問題的範圍。蔣維喬曾在《中國哲學史綱要》中記述自己區劃中國哲學派別的根據:「第一派所以名自然主義者,因為這派是主張清靜無為傚法自然的。第二派所以名人為主義者,因為這派主張用剛柔之術,專恃人力以治不可為的天下的。第三派所以名享樂主義者,因為他們是主張享樂求自我為表現的。第四派所以名苦行主義者,因為他們是主張捨己救人刻苦自礪的。第五派所以名神祕主義者,因為他們主張服食修煉,以求長生不死的。第六派所以名理性主義者,因為他們主張理性是天賦,而宇宙萬有,不能出乎理性以外的。」[243]從這種論述中我們可以看到,蔣維喬歸納的這些哲學派別,基本上是以哲學家的理論趣向或致思方向作為標準來區劃的。這使得自然主義、人為主義、享樂主義、苦行主義以及神祕主義與理性主義,雖然被作為篇目出現在《中國哲學史綱要》中,但是,《中國哲學史綱要》中著力論釋的哲學問題,實際上又並非其所謂的自然主義、人為主義、享樂主義、苦行主義以及神祕主義與理性主義,而仍是從宇宙觀、動靜觀、生死觀、人性論、知識論等不同的角度

242　蔣維喬、楊大膺:《中國哲學史綱要》,嶽麓書社 2011 年版,第 5 頁。
243　蔣維喬、楊大膺:《中國哲學史綱要》,嶽麓書社 2011 年版,第 9 頁。

或層面去論釋自己所理解、區劃的各派哲學。因此,作為一部中國哲學問題史類型的哲學史著作,蔣維喬歸納、提煉哲學問題的方法,似不如張岱年在《中國哲學大綱》中歸納中國哲學史問題的方法允當與適用。但是,《中國哲學史綱要》的問題意識與論述方法也體現出一些自己的優勢。因為,這樣的方法使得《中國哲學史綱要》上、中、下三冊中,每冊均只論述兩個哲學派別,而且論述的形式完全統一,即論述一個哲學派別時,均以「引論」、「正論」、「餘論」三節的形式進行具體論述。這種論述方式及其論述內容,確實有利於初涉中國哲學史的讀者,對中國哲學及其歷史的發展形成一種總體性的印象。

《中國哲學史綱要》在以六派哲學分論中國哲學的歷史發展的同時,對中國哲學的發展也作出了一些總體性的評斷。在這種評斷中,蔣維喬肯定中國哲學、印度哲學以及西方哲學的發展都遵循同一規律,並將哲學發展的規律理解為一個自外向內,或說由客體逐步進入主體的演進的趨勢與過程。在蔣維喬看來,中國六派哲學的發展順序所體現的正是這種哲學發展規律:「中國哲學思想的發展,和西洋、印度的哲學思想的發展,是同一種規律的。這種規律是什麼?就是哲學最初誕生,都是討論人身以外的宇宙問題,例如本體觀,宇宙觀,這些問題離人身非常的遠。後來近了一層,就來討論社會問題,例如政治、教育等。這些問題,仍舊是離開人身的,不過比較切近一些。再進一層,到了神祕派出世以後,於是中國哲學思潮的趨勢,差不多完全轉到討論人生的問題上來了;所以他們研究人怎樣能夠長生不死,怎樣去服食修煉。由神祕派到理性派,那更是以人生問題為研究的中心。」[244] 蔣維喬肯定中國哲學的發展有其自身的客觀進程與歷史趨向,這種思想不無合理的認識成分。但是,由於他將中國哲學的內容劃歸於自己認定的幾大哲學派別之中,肯定各派哲學與歷史的具體聯繫,將複雜的哲學理論的發展單線

---

244 蔣維喬、楊大膺:《中國哲學史綱要》,嶽麓書社 2011 年版,第 376 頁。

化，這又使得他對中國哲發展進程的理解並不完全符合歷史的實際。因為，在中國哲學的歷史發展中，他所歸之於自然主義的哲學理論，實際上也探討過人自身的問題，而他認定著力論釋人自身問題的哲學派別中，也不是不曾論及外在的自然與天道方面的問題。在中國哲學中，天、地、人三者統一，人們重視「三極大中之矩」，對天道與人道的探討是聯繫在一起的。人們的探討，側重點有所不同，認識層次也存有差異。但是，人們對自然、社會與人生的探討與思考並不是決然分離的。因此，蔣維喬以自己理解的六派哲學「出世的先後而定其順序，以暗示我國思想發展的路徑」，實際上並未真實地揭示中國哲學演生發展的歷史進程。

　　蔣維喬也肯定中國哲學的辯證發展。他說：「中國這六派哲學，我們可以把他們合為三組：自然主義派和人為主義派為一組。享樂主義和苦行主義派為一組。神祕主義派和理性主義派為一組。在這三組中間，可以知道一件事，就是每組都由兩種不同調的，或一正一反的思想組成功的。從這種情形來說，又可以知道中國哲學的進展，似乎是依照對演法(辯證法)發展的。」[245]從蔣維喬對中國哲學辯證發展的這種具體理解中，我們可以發現他的理解缺乏論證，也帶有推測的色彩。因為，斷言中國的「三組」哲學「依照對演法」發展，那麼理性主義哲學誕生之後的中國哲學如何發展呢？他沒有明確地論釋這樣的問題，實際上他也沒有辦法論釋這樣的問題。肯定哲學的實在性趨向，當也是蔣維喬對中國哲學發展的一種較具價值的理解：「中國的哲學思想，雖二千餘年來，全憑著哲學家的一個頭腦，冥想開發出來，沒有其他學問做幫助，更沒有科學來證實或指正。然而它的進展，還是趨向實在，同時走到後來，還有和科學接近的所在，不會愈走愈玄遠，和科學站在極端相反的地位。這可以證明中國哲學，也和西洋哲學一般，是向科學的方面進展

245　同上書，第 377 頁。

的。」[246] 肯定哲學與科學的「團結」或說「分工合作」，這種觀念不無合理之處，但將哲學的進展理解為「趨向實在」，若從方法的角度來看則並不完全妥當。哲學的方法在理性與思辨的範圍。實證的方法並不能直接地去幫助人們建構形上學理論，也很難幫助人們去理解人生的意義與價值。

另外，蔣維喬也意識到了分析的方法對哲學發展的重要，但是，他將中國哲學中的這種方法主要歸之於佛教，並認定宋明儒學的形成完全得益於佛教的方法：「如果看明白了宋、明理性思想的話，我們可以知道理性派哲學的根本思想，還是站在儒家的立場；至於所用研究的方法，卻是佛家的分析方法。用佛家的分析方法，來整理儒家思想，所以表面上看起來，好像充滿了佛家的色彩，其實他們的思想，何嘗是陽儒陰佛呢？」[247] 宋明儒學的形成，確曾受到過佛教的影響。宋儒不僅借鑑過佛教的思想方法，而且吸納過佛教的思想理論。但將宋明儒學的形成僅僅歸之於對佛教方法的運用，似乎也未能全面地揭示宋明儒學的成因。蔣維喬在《中國哲學史綱要》中對中國哲學的總體性評斷中，還曾論及中國各派哲學的形成，並透過對中國哲學與印度哲學、西方哲學的比較，認為中國哲學實際上是以政治與倫理為其中心，以實用為其特徵，或說中國哲學非純理論的哲學，而是一種實用哲學；西方哲學以科學為中心，故富有科學精神；印度哲學重信仰，所以印度的宗教哲學特別發達等。這些論述中同樣存在不少合理的認識成分，既有助於人們對中國哲學的整體性瞭解，也為人們留下了許多需要繼續思考的問題。

蔣維喬在其《中國哲學史綱要》出版之後，還曾與楊大膺合作寫成過一部《宋明理學綱要》。蔣維喬認為，《宋明理學綱要》的編寫方法與《中國哲學史綱要》的編寫方法又有所不同：「《中國哲學史綱要》是拿哲學史的體例編制的，所以偏重問題的發生及其變化的說明。本書是拿一種概論的體例編

---

246 蔣維喬、楊大膺：《中國哲學史綱要》，嶽麓書社 2011 年版，第 377 頁。
247 同上書，第 378 頁。

制的,所以偏重問題的各端的敘述。因此前者有時敘述較簡,但較有系統有線索。本書卻較詳細較明顯。」[248] 但是,從編撰方法來看,《宋明理學綱要》實際上仍然可以視為一部哲學問題史類型的著作。在《宋明理學綱要》中,除了「緒論」與「結論」部分之外,共分四章,分別為「論道體」、「論為學」、「論存養」、「論政治」。各章又分別以「目」來分述宋明理學所涉及的各種具體問題。這種體例基本上是仿照朱熹與呂祖謙編輯的《近思錄》的體例確立的。《宋明理學綱要》在體例方面之所以仿照《近思錄》,是因為蔣維喬認為朱熹與張栻對理學內容的分類已十分詳盡,不宜再有增減,同時,《宋明理學綱要》在體例上仿照《近思錄》,也是為了敘述的方便。從方法意識的角度來看,蔣維喬的《中國哲學史綱要》「以哲學史的體例」論述中國哲學問題,尚有學術創新的意識與追求,《宋明理學綱要》仿照《近思錄》的體例,實際上已失去這樣的方法意識與學術追求。因此,在中國哲學史學科史上,蔣維喬的《宋明理學綱要》,不論是其對宋明理學的論析,還是其論述的途徑與方法,相較於他的《中國哲學史綱要》,其價值都要遜色得多。但是,蔣維喬的《中國哲學史綱要》與《宋明理學綱要》,不論其內容還是其思想方法,又都可以歸屬 20 世紀三十年代中國哲學問題史研究;這兩種研究成果,各以自己的形式和內容豐富了當時的中國哲學問題史研究,在現代中國哲學史學科發展史上均有其歷史的地位與學術的價值。

　　李石岑的《中國哲學十講》,是 20 世紀三十年代又一部可以歸屬於哲學問題史類型的中國哲學史著作。這部著作實為李石岑 1932 年在福建講授中國哲學的講稿。《中國哲學十講》,由講稿整理成書,以講座的形式提出問題。用李石岑自己的語言表達即是:「單選擇中國哲學重要的部分,作一種概括的說明。」[249] 這種問題的提煉方式與蔣維喬的《中國哲學史綱要》不同。

248　蔣維喬、楊大膺:《宋明理學綱要》,嶽麓書社 2010 年版,第 3 頁。
249　邱志華編:《李石岑學術論著》,浙江人民出版社 1998 年版,第 4 頁。

在《中國哲學十講》中，每一講實際上都集中於一個問題。譬如，第一講「中國哲學與西洋哲學的比較研究」，即是對中西哲學歷史發展的總體性論述。從第二講至第六講，講題分別為「儒家的倫理觀」、「墨家的尚同說及其實踐精神」、「道家的宇宙觀」、「名家之觀念論的辯證法與形式論理」、「《中庸》的哲理」。這五講內容則皆限於先秦哲學的範圍。第七講「禪家的哲理」，從一個側面論釋佛教哲學。第八講「什麼是理學」，集中論析朱熹的哲學思想。第九講「體用一源論」，集中考察王夫之哲學。第十講「生的哲學」，內容涉及王夫之、顏習齋、戴東原等人的哲學思想，但論述中實以戴東原哲學為主。李石岑在論析朱熹哲學、王夫之哲學以及戴東原哲學時，都非常注意並曾專門論及宋代哲學背景與清代哲學背景。因此《中國哲學十講》，雖然篇幅不大，所涉及的哲學人物十分有限，但大體上也能自成系統。在這個系統中，既顧及中國哲學發展的歷史順序，也兼顧中國歷史上各種哲學的形成與發展。這使得《中國哲學十講》，不論是其編寫方法還是其全書內容，也能自立格局，成一家之言。

李石岑的《中國哲學十講》對中西哲學的總體性比較是一個重要的特色。李石岑在《中國哲學十講》中比較中西哲學時，在哲學方面已經接受辯證唯物論。因此，李石岑比較中西哲學，十分強調歷史條件對哲學思想的決定作用。他曾說：「由於歷史條件所決定的哲學思想，在同一個時期內，我們可以從形式上，從各家思想的總匯上，找到它們的一致的傾向，這樣，我們拿來作一回比較研究，絕不是一件沒有意義的事。」[250] 這樣的方法意識，使他比較中西哲學的視角首先指向了中西哲學發展的歷史過程。李石岑認為，不論中國哲學還是西方哲學，都經歷過成長期、嬗變期、發展期等歷史發展階段。中國哲學的成長期為西元前三世紀以前，西方哲學的成長期為西元前四世紀以前；中國哲學的嬗變期為西元前三世紀至十七世紀中葉，西方哲學的

---

[250] 邱志華編：《李石岑學術論著》，浙江人民出版社1998年版，第4頁。

嬗變期為西元前四世紀至十七世紀初葉；從十七世紀中葉以後中國哲學進入發展期，西方哲學的發展期則始於十七世紀初葉。在李石岑看來，中國哲學形成早於西方哲學的形成，而中國哲學的嬗變及其發展，在時間上卻要晚於西方哲學。但就中西哲學的內容而言，卻不無相似之處，其理論指向與學術追求也有其相近的地方。

為了證成自己的這種觀念，李石岑首先對成長期內的中西哲學進行了比較。在李石岑看來，中西哲學成長的社會背景有所不同，但不無相同的理論趣向與追求。譬如儒家代表人物孔子主張「正名」，希臘哲學家蘇格拉底宣導概念，兩者理論追求即是同一的。孔子主張「正名」，目的是使這種理論，在孔子生活的時代「成為一切政治、道德的基礎」。蘇格拉底宣導概念，目的也在於維護奴隸社會的秩序。因為，蘇格拉底「以為事物的本質可以用概念表明」，「概念是具有普遍性的，是具有永久不變性的」。李石岑曾這樣表述蘇格拉底宣導概念的目的：「蘇格拉底所以提出概念，主要的在應用到道德上，因此倡言：知識即道德。意思是說知識是普遍的，是永久不變的，所以道德也是普遍的，是永久不變的。在當時希臘征服波斯以後，忽然間增加無量數的奴隸，非有一種普遍的概念以範圍人心，維繫社會，勢必陷於潰散不可收拾之地。蘇格拉底的思想本是傾向貴族政治的，故極力宣導概念的正確和知識的尊嚴。」[251] 在這樣的比較中，李石岑既肯定孔子哲學與蘇格拉底哲學在形式方面有同一之處，也肯定孔子哲學與蘇格拉底哲學具有相同的理論追求與社會功能。在論及孟子哲學與柏拉圖哲學時，李石岑認為，孟子哲學的核心範疇是「我」與「心」，柏拉圖哲學中核心範疇是觀念或理念，兩者皆為觀念論的典型代表。因此，孟子哲學和柏拉圖哲學的社會功能也是相同的。李石岑對中西哲學成長期的比較，內容還涉及「荀子和亞里斯多德」、「墨家名家和主不變派」、「道家和主變派」、「楊子和勃洛大哥拉斯」等中西哲學派別，

---

[251] 邱志華編：《李石岑學術論著》，浙江人民出版社 1998 年版，第 7 頁。

在對這些哲學派別的具體比較中，李石岑都力圖「從形式上，從各家思想的總匯上，找到它們的一致的傾向」，以揭示中西哲學形成時期所顯現的共通的思想形式和理論追求。

李石岑對中西哲學嬗變期的比較，特色在其切入點。因為李石岑在這種比較中，除了對朱熹、王守仁和安葵奈斯、司苛特斯思想的具體比較，特別強調中國哲學中的「儒佛混合」與西方哲學中的「二希混合」對中西哲學嬗變作用的相似之處。在李石岑看來，中國哲學的嬗變實開始於「儒佛混合」。「儒佛混合」導致了中國哲學的嬗變，也改變了中國哲學的顏色。西方哲學的嬗變則始於「二希混合」。李石岑所謂「二希」，一指希臘主義，一指希伯來主義。在他看來，正是希臘主義與希伯來主義的混合導致了西方哲學的嬗變。在西方哲學的嬗變中，柏拉圖哲學與亞里斯多德哲學在基督教中的地位，正如孔、孟哲學在禪學中的地位。因此，李石岑的結論是：「佛教闖入了中國，成為中國哲學嬗變期，基督教闖入西洋，成為西洋哲學嬗變期」。[252] 李石岑對中西哲學嬗變根由的這種理解，確實反映了這一歷史時期中西哲學發展的某些實際。

李石岑將清代以來中國哲學的演進與拓展視為中國哲學的發展期，而自十七世紀開始則是他認定的西方哲學的發展期。在他看來，中西哲學的發展期在時間方面略有不同，但就發展途徑而言則都表現為一種「解放運動」，這種「解放運動」都具有復古的形式。中國哲學家主張復古，從表面上是主張學術回到先秦，但目的在於「託古改制」，這樣的復古實為發展。西方哲學家主張復古，是要回到希臘。回到希臘並非單一的復興古典，而是透過回覆古典的形式強調對現實生活的追求，尊重個性，尊重自由。因此，西方哲學家主張的回到希臘，實際上也表明了西方哲學的發展。同時，在這一歷史時期，中西哲學的發展還表現為懷疑的精神與實證的方法，重視理欲之辨。中

---

[252] 邱志華編：《李石岑學術論著》，浙江人民出版社 1998 年版，第 20 頁。

國哲學的懷疑精神與實證方法同西方哲學的懷疑精神與實證方法表現雖有所不同，但基本趣向是一致的。譬如，在理欲問題方面，中國哲學家大都主張理欲一元，強調「欲即是理」；西方哲學家同樣偏重於理依附於欲。這樣的思想理論都標誌著近代中西哲學在理論方面的一種轉向。李石岑對發展期中國哲學的辨析，在一定層面上吸納了梁啟超有關清代學術研究的認識成果。但是，他從發展期的角度對中西哲學的比較，仍可自為一家之言。

李石岑還從「思想實質」的角度對中西哲學進行過比較。這種比較從辯證法、唯物論、辯證法的唯物論三個方面具體考察中西哲學。李石岑認為，中國的傳統哲學中，辯證法思想的因素十分豐富。但是中國哲學在辯證法思想方面也存在自身的侷限。西方哲學家對辯證法的理解與運用，相比較於中國哲學則要深刻得多，進步得多。中國哲學中也存有唯物論傾向，但缺乏真正的唯物論思想系統；西方哲學則不僅具有深厚的唯物論傳統，且自希臘哲學開始，到十六七世紀英國的唯物論、十八世紀法國的唯物論以及十九世紀德國的唯物論形成，西方的唯物論哲學已獲得驚人的進步。西方哲學中的這種狀況，中國哲學很難望其項背，與其媲美。但是，李石岑並沒有否定辯證法的唯物論作為一種新哲學在中國出現的可能。因為，在他看來，一種新哲學的誕生，既決定於傳統的哲學基礎，也決定於社會發展的需要以及哲學工作者的主觀努力。李石岑有關中西哲學比較的具體結論，尚存在需要深入思考的地方。但就他對中西哲學的發展及其思想同異的考察與理解而言，在20世紀三十年代的中國哲學史研究中，仍不失為最具理論價值的認識成果之一。李石岑在《中國哲學十講》中，對先秦諸子、禪宗、宋明理學以及清代哲學的考察，也有其獨到的視角與見解。其中，他對《中庸》哲學、禪宗哲學、王夫之哲學以及戴東原哲學的解析均達到了很高的認識層次。這些內容，不僅極大地豐富了李石岑中國哲學史的研究成果，也從不同的側面體現了他以哲學問題史的形式研究中國哲學史的理論價值，並為人們研究中國哲

學的歷史發展，帶來了許多方法學層面的啟示，值得我們重視與總結。

　　總之，在 20 世紀的三四十年代，學者們或從哲學發展史的角度研究中國哲學史，或從思想史的角度研究中國哲學史，或以史論批判的形式研究中國哲學史，或以哲學問題史的形式研究中國哲學史，出現了多重研究形式，形成了多種學術研究成果。此外，還有一些學者專注於文獻整理，著力從文獻考釋的角度研究中國哲學史。這種研究實際上也可構成中國哲學史研究的一種具體形式。譬如，容肇祖的《魏晉的自然主義》一書，按照他自己的說法即只是「排出一些魏晉的自然主義的材料」，而刊行這樣的材料，原因則在於他認為這些材料「可以供給研究中國思想史者一部分參考」。又如，譚戒甫從文獻的角度考釋《莊子》、《墨子》、《公孫龍子》的部分學術成果，高亨的《周易古經今注》等著作也大體上形成於這一歷史時期。這些學術成果對後來的中國哲學史研究的深化與拓展，同樣發揮過重要作用。總之，20 世紀三四十年代多重形式的中國哲學史研究，成果豐碩，方法多樣。這不僅體現了這一歷史時期中國哲學史學科建設的全面發展，也為後來的中國哲學史學科建設進行了準備與鋪墊。

20世紀三四十年代中國哲學史研究的基本方向與多重形式

實踐過程的理性化：以中國哲學為視域

楊國榮[253]

實踐過程展開於多重現實關係，同時又面臨理性化或合理性的問題。理性化或合理性包含不同內涵，它既可以從價值層面或工具（手段）的意義上加以理解，也可以從實踐過程所涉及的不同關係加以考察。就更實質的方面而言，理性化不僅指向狹義上的「合理」，而且關乎廣義上的「合情」。

從知與行互動的視域看，實踐活動的理性化首先與廣義的認識過程相涉。理性的認識既指向認知，也關乎評價。認知以真實地認識世界與認識人自身為目標，評價則首先表現為對價值關係的把握：以人的合理需要為關注之點，評價意味著基於利與害、善與惡的判定，以確認、選擇廣義的價值形態（「好」或「善」── the good）。儘管利與害、善與惡的內涵有其歷史性和相對性，但在接受和肯定一定評判原則的前提下，唯有擇善而去惡，才可視為理性的行為；反之，知其有害或不善而依然執意加以選擇，則具有非理性的性質。不難看到，認知意義上對事（物）與理的把握以及評價意義上對價值的判斷和確認，構成了理性的兩個方面，實踐過程的合理性或理性化意味著以此為行動的根據。

以上兩個方面的統一，在實踐層面進一步指向目的與手段（包括方式、程式等）的關係。作為實踐過程的基本環節，目的與手段都存在合理與否的問題，當然，二者所涉及的合理性又有不同的內涵。目的的形成，以人的需要、欲求以及現實所提供的可能為根據，是否把握、體現人的合理需要和欲

---
253 楊國榮，華東師範大學哲學系教授。

求,直接制約著目的之正當與否。從實質的層面看,唯有合乎人走向自由的存在形態這一歷史趨向,需要和欲求才具有合理的性質,後者同時為目的的正當性提供了擔保。在此,目的的合理性取得了正當性的形式。相對於此,手段的意義主要體現在如何實現目的,其合理性則相應地表現為如何以有效的方式,保證目的之實現。質言之,手段的合理性首先在於其有效性。這裡,可以對實踐意義上的有效性(practical effectiveness)與邏輯意義上的有效性(logical validity)作一區分。邏輯意義上的有效性一方面表現為命題的可討論性和可批評性,另一方面又體現於前提與結論、論據與論點等關係,並以論證過程之合乎邏輯的規範和法則為其依據。實踐意義上的有效性(effectiveness)則以實踐過程所取得的實際效果來確證,並主要透過是否有效、成功地達到實踐目的加以判斷。當然,前文已論及,實踐意義上的這種有效性,本身又基於認知層面的得其真與評價層面的明其善。這樣,以實踐目的的正當性與實踐手段的有效性為指向,實踐的理性化具體地展現為真與善的統一。

實踐意義上的有效性與邏輯意義上的有效性,從不同的方面體現了廣義的理性化。然而,在當代哲學中,與突出語言活動相聯繫,一些哲學家每每將邏輯意義上的有效性放在至上的地位,以此為進路,實踐有效性意義上的理性化往往難以獲得適當的定位。在這方面,哈貝馬斯同樣具有一定的代表性。哈貝馬斯以交往行動為關注的重心,而交往行動的理性化,又與有效性要求(valid-ity claim)相涉,後者表現為提出可以批評的觀點,透過對話、討論、論辯,以達到相互理解和共識。這一層面的有效性—合理性,更多地呈現邏輯的意義,與之相輔相成,哈貝馬斯將涉及實踐有效性的所謂目的性行動置於理性化的視野之外,使之難以獲得合理定位。對理性化的如上理解,似乎未能充分把握理性化的內涵。

與實踐活動所涉及的不同關係相應,實踐過程的理性化也呈現不同的形

式。以主客體關係為視域，實踐過程的合理性具體關乎廣義之「理」。從現實的存在形態看，「理」不僅與認知或評價層面的理性相涉，而且與物件世界相關。就後一方面而言，「理」包含兩重涵義，即必然與當然。[254] 前者（必然）涉及存在法則，後者（當然）關乎社會規範。與「理」的以上涵義相應，實踐過程中的合乎理既意味著與存在法則一致，也意味著循乎社會規範。以旨在變革物件的實踐活動而言，其展開不僅需要依乎存在的法則（必然），而且應當遵循社會的規範，包括實踐過程本身的行動規則。前者使實踐具有合乎事（物）與理意義上的正確性，後者則賦予實踐以合乎社會準則意義上的正當性。同樣，以社會體制的建構和運作為指向的實踐活動，也既應合乎社會規範（當然），又應與存在本身的內在法則一致，以此保證行動的正當與正確。可以看到，在合乎必然與當然的層面，實踐的合理性或理性化以正確性與正當性為其具體內涵。

相對於必然，當然與價值的規定具有更內在的關聯；較之形式或程式的方面，價值的內容本身則更多地呈現實質的意義。與以上方面相聯繫，實踐過程的合理性或理性化同時涉及形式與實質的方面。事實上，價值層面的正當性，往往同時體現了實質意義上的合理性；程式之維的合理性，則主要展現形式的意義。哈貝馬斯在談到生活世界的交往行動時，曾對金錢、權力對生活世界的滲入提出了批評：「金錢、權力這類仲介依附於經驗關係，它們體現了對待可計算的價值的目的－理性態度，它們使給予參與者的決定以一般的、策略性的影響成為可能，而使以共識為指向的交往邊緣化。」以金錢、權力為生活世界中交往的媒介，必然引向「生活世界的技術化」

---

254 朱熹曾把「理」視為所以然與所當然的統一：「至於天下之物，則必各有所以然之故，與其所當然之則，所謂理也。」這裡的「天下之物」是就廣義而言，包括自然對象與社會實在，在引申的意義上，「所當然」與當然之則相關，「所以然」則可理解為必然。（朱熹：《大學或問上》）

實踐過程的理性化：以中國哲學為視域

(technicizing of lifeworld)[255] 在哈貝馬斯看來，生活世界中交往的理性化在於以語言為媒介，金錢、權力向生活世界的滲入，不僅導致了生活世界的非理性化，而且使生活世界中的交往行動具有非理性的特點。可以看到，上述意義上的理性化與非理性化，既涉及價值內涵，也關乎實質的意義。就此而言，哈貝馬斯對交往行動的考察，無疑也關涉實質的方面。

不過，如果作進一步的分析，便不難注意到，在哈貝馬斯那裡，實質層面的非理性（不合理）與形式層面的理性化（合理性）似乎構成了彼此相對的兩個方面：金錢（money）和權力（power）作為價值規定具有實質的意義，行動的合理性在哈貝馬斯看來本來在於以語言為媒介，然而，當實質層面的金錢和權力作為媒介滲入生活世界中的交往行動時，交往行動便開始偏離基於語言活動的理性化方向。要而言之，實質意義上價值規定（金錢和權力）的引入，導致的是交往行動的非理性化；透過語言的溝通而實現的理性化，則更多地呈現形式的意義。事實上，哈貝馬斯將交往行動的合理性主要與真實性、正當性、真誠性等聯繫起來，而所有這些方面又主要作為一種程式性的要求：它們首先涉及的是言說的方式（「如何說」）而非言說的實質內容（「說什麼」），而言說方式則以形式層面的程式性規定為其內涵。這樣，儘管克服金錢、權力對生活世界的滲入體現了積極的價值取向，但就實踐活動的理性化而言，哈貝馬斯顯然更多地關注於形式的層面。

與哈貝馬斯考察交往理性的以上進路有所不同，羅爾斯區分了理性（the rational）與合理（the reasonable）。根據他的看法，理性主要關涉「單個的、統一（united）的行動者（或者是個體，或者是合作中的個人），這些行動者具有追尋其自身獨特目的和利益的判斷與慎思能力。這些目的和利益的認可、確認，以及其優先性的獲得，都基於理性的運用。理性也用於手

---

255 J. Habermas，The Theory of Communicative Action，Vol.2，Polity Press，1989，p.183.

段的選擇，這種選擇受到以下那些耳熟能詳的原則的引導：採用對達到目的最為有效的手段，或者在同樣的條件下，選擇更可能的那一項（the more probable alternative）」。「理性主體（rational agents）所缺乏的是某種特定的道德感（moral sensibility），這種道德感構成了從事公正合作的意欲之基礎」。與之相對，合理的（reasonable）儘管並不一定是道德感的全部內容，但「它包含與公正的社會合作觀念相關的道德感」。[256] 具有合理意識的主體總是「考慮其行動對他人的利益產生的後果」。[257] 可以看到，羅爾斯所說的「理性」與「合理」既涉及個體性與群體性的分野，也關乎功利的關切與道德的意識之間的區別，後者在某種意義上與工具理性和價值理性之分相關。羅爾斯將涉及道德內涵與價值關切的「合理」（the reasonable）與利益考慮與效率計較意義上的「理性」（the rational）區分開來，無疑體現了揚棄工具層面理性化的趨向。同時，在羅爾斯那裡，「合理」與「理性」首先與行動主體的能力相聯繫，從而，二者既涉及實踐過程的合理化或理性化，也關乎實踐主體自身的合理化或理性化，這一看法注意到了實踐主體自身的合理化或理性化對實踐過程的合理化或理性化的內在制約。

　　以上論域中的合理與理性本身應如何定位？一方面，羅爾斯肯定理性與合理雖不同而獨立（distinct and independent），但二者同時相互依存：僅僅具有合理性，則行動者便無從獲得它們希望透過公正合作以達到的自身目的；單純合乎理性，則行動者將缺乏正義感，[258] 另一方面，羅爾斯又給予合理（reasonable）以更多道德上的優先性，後一趨向在「合理」與「理性」的以下區分中也得到了某種體現：「以『合理』與『理性』作為方便的術語來

---

256 J.Rawls, Political Liberalism, Columbia University Press, 1996, pp.50-51.
257 Ibid. p.49.
258 J. Rawls, Political Liberalism, Columbia University Press, 1996, pp.51-52.

實踐過程的理性化：以中國哲學為視域

表示康得對純粹的（pure）與經驗的（empirical）這兩種實踐理性形式（two forms of practical reason）所作的區分是很有用的。前者可表達為絕對命令中的命令（an impera-tive in the categorical imperative），後者則是假言命令中的命令（an imperative in the hypothetical imperative）。」[259] 眾所周知，在康得哲學中，理性的純粹形式相對於經驗而言具有主導性，道德的命令按康得的理解本質上則是絕對的，而非假言的。羅爾斯將合理和理性分別同康得道德哲學中的純粹形式與經驗形態、絕對命令與假言命令對應起來，顯然賦予他所說的合理以更為主導、優先的性質。儘管羅爾斯將合理與道德感、正義感聯繫起來，從而使之區別於工具層面的理性而涉及價值之域，但作為純粹形式、絕對命令的對應者——「合理」本身的形式之維也得到了更多的側重。在這方面，羅爾斯似乎又表現出與哈貝馬斯相近的取向。

實踐過程的理性化無疑包含形式和程式的方面，但同樣無法忽視實質的內涵。從實質的層面看，實踐過程的理性化既涉及「合理」，也關乎「合情」。這裡所說的「情」首先具有實在性的涵義，所謂「實情」、「情境」等等，便體現了這一點。事實上，在中國哲學中，「情」的原始涵義便與實在性相關。孟子在談到「物」時，曾將「物」與「情」聯繫起來，認為：「夫物之不齊，物之情也。」[260] 這裡的「情」，主要指事物的實際狀況：「不齊」即差異，在孟子看來，事物之間存在各種差異，這是事物的真實形態。《墨子》一書也從實際區分的意義上理解「情」：「天地也，則曰上下；四時也，則曰陰陽；人情也，則曰男女；禽獸也，則曰牝牡、雄雌也。真天壤之情，雖有先王不能更也。」[261] 天地之有上下，四時之有陰陽，禽獸之有牝牡，等等，都屬不同

---

[259] J. Rawls，「Themes in Kant』s Moral Philosophy，」in E. Förster (ed.)：Kant』s Transcendental Deduc-tions，Stanford University Press，1989，p.88.

[260] 《孟子・滕文公上》。

[261] 《墨子・辭過》。

物件固有的區分,「情」在此亦表示以上區分的實在性。荀子進一步從天人之辯的角度,談到了「情」:「故錯人而思天,則失萬物之情。」[262] 萬物之情即萬物的真實形態,在荀子看來,如果懸置了人的能動作用,便無法把握萬物的真實形態,將「情」與「萬物」聯繫起來,則既突出了「情」作為真實、實在的含義,又強調了其與多樣性的關聯。與之相近,《易傳》肯定「吉凶以情遷」,[263]「吉凶」是指行動結果所呈現的不同價值意義,在《易傳》作者看來,這種不同的價值意義又根源於具體情境的差異(「以情遷」)。以上視域中的「情」,不僅涉及物件世界,而且與社會領域相關,從孟子的如下看法中,便不難注意到這一點:「故聲聞過情,君子恥之。」[264] 這裡的「情」,便是指社會領域的具體事實(包括特定主體實際的所作所為),按孟子之見,真正的君子應當避免其實際的狀況與外在的名聲不相符合。作為與特定主體相關的事實,這裡的「情」也涉及具體性、特殊性。綜合起來看,在本體論的層面,「情」所表示的首先是事物多樣規定的真實性,其中既涉及實在性,也關乎特殊性、差異性,在此意義上,「情」更多地與存在的真實情境相聯繫。相對於「情」的以上涵義,「理」所展示的,首先是普遍的法則、原則或規範。與「情」和「理」的以上涵義相應,實踐過程中的合「情」與合「理」,意味著既合乎普遍的法則和規範,又適合於特定的實踐情境,二者的統一,構成了實踐過程中理性化的具體形態之一。

　　從某些方面看,哈貝馬斯也曾涉及情境的問題,不過,在他那裡,情境更多地與規範、原則的提出背景相關,從其如下論述中,便可注意到這一點:「命題與規範的有效性要求超越空間與時間,但在每一種現實的情況下,這種要求又是在此時此地、在一種特殊的情境之中提出的,其接受和拒絕對

262　《荀子・天論》。
263　《周易・繫辭下》。
264　《孟子・離婁下》。

社會互動具有真正的意義（real implications）。」²⁶⁵ 不難看到，這裡的關注之點主要不是普遍原則、結構在其作用過程中如何與特定的情境分析相結合，而是命題、規範本身在不同背景下的呈現方式。前文已一再提及，哈貝馬斯以交往行動為關注之點，這種交往過程又以語言為仲介，與之相聯繫，語言的規範與結構對他而言具有特殊的意義，而他在總體上所強調的，便是在語言基礎上形成的理解結構所具有的普遍性、確定性：「對於任何在語言所構成的生活形式之中宣稱有效的東西，在語言中達到的可能的相互理解的結構（the structure of possible mutual understanding in language），都構成了某種不可改變的東西。」²⁶⁶ 在此，結構—形式層面的普遍性，依然被視為主導的方面。這種看法，顯然有別於普遍之「理」與「實情」的交融。

「情」的另一基本涵義，涉及人的內在情感。²⁶⁷ 情感具有實質的價值意義：如果說，普遍的規範、原則主要從形式的層面體現了一定的價值取向，那麼，情感則從實質的方面展現了具體的價值意識。孟子曾指出：「君子之於物也，愛之而弗仁；於民也，仁之而弗親。親親而仁民，仁民而愛物。」²⁶⁸ 這裡的「仁」、「親」、「愛」，分別與不同的物件相關，並體現了不同的情感內容：「仁」作為人道之域的廣義情感，首先體現於人與人（廣義之「民」）的相互作用過程；「親」作為基於家庭倫理關係的情感（親情），主要展現於親子之間；「愛」作為寬泛意義上的珍惜、愛護之情，則更多地基於人與物的關係（表現為人對物的珍惜之情）。在此，無論是人我之間的「親親」、「仁民」，

---

265 J. Habermas，Postmetaphysical Thinking：Philosophical Essays，Polity press，1992，p.139.

266 J. Habermas，Postmetaphysical Thinking：Philosophical Essays，Polity press，1992，pp.139-140.

267 就詞義的歷史演變而言，「情」的情感義較之「情」的實情義可能相對後起。這裡所關注的主要不是「情」在詞義上的前後衍化。

268 《孟子・盡心上》。

抑或物我關係中的「愛物」，其「親」、其「仁」、其「愛」作為實踐意向都不同於單純的理性謀劃、計較，而是內在地滲入了情感的關切。同時，這裡所展現的情感的多樣性（「親」、「仁」、「愛」分別體現於不同的實踐關係，並相應地具有不同的情感內容）、真切性，與物「情」（實際的存在形態）的特殊性、真實性，也呈現某種關聯。情感的這種真切性和具體性，從一個方面體現了實質的價值內容。相應於此，「合情」意味著在實質的層面合乎一定的價值取向，與之相對的「合理」，則表現為從形式的層面循乎價值原則，二者從不同的方面賦予相關實踐活動以正當性，這種正當性本身同時體現了價值意義上的合理性或理性化。

就主體間的交往而言，除了透過對話、討論、相互批評等語言活動而達到的彼此理解之外，還涉及主體之間基於情感的溝通。言說者對於聆聽者不僅應當曉之以「理」，而且需要動之以「情」；不僅應當透過理性、邏輯的力量論而使聆聽者不能不接受其所說的內容，而且需要透過「情」的感化，使之心悅誠服。從肯定或積極的方面看，「情」往往與「悅」相聯繫，所謂「凡人情為可悅也」。[269] 情的這一特點同時為人與人之間的溝通提供了內在根據。對主體間溝通產生內在影響的這種情，在廣義上包括追求真與善的真誠之情和熱忱之意、願意接受批評的懇切之心，等等。僅僅憑藉理性和邏輯的力量，往往容易使言說成為冷峻的強制，難以使人樂於接受。唯有同時滲入真情實意，才能使人既「信」又「服」，達到「信—服」之境。另一方面，從聽者對說者的態度看，則應當有同情理解的意向。此處所說的同情理解，既包括相信他人追求真理的誠意，也意味著從他人的視域考慮問題，包括設身處地加以思考，以把握他人的真切之意。事實上，主體間的溝通和理解，常常發端於情：「始者近情，終者近義。」[270] 這裡的「情」在寬泛的層面表現為直

---

269 郭店楚簡《性自命出篇》。
270 郭店楚簡《性自命出篇》。

接、原初的內在意識,「義」則關乎理性層面的當然,在此意義上,始於「情」終於「義」同時意味著由「情」入「理」。

廣而言之,這裡同時涉及人我之間的相「感」。在中國哲學中,「感」既指事物(物件)之間的相互作用,所謂「天地感而萬物化生」,[271] 又指人對世界、他人由「感」而「通」,所謂「感而遂通天下之故」[272]。這裡的天下兼及他人,與之相聯繫的「感」既不同於對物的靜觀,也有別於邏輯的思辨,「通」則不僅指理性層面的「達理」,而且也包括情感層面的「通情」,具體而言,由「感」而「通」也就是在「贊天地之化育」、成己與成物的具體過程中,達到對世界和他人之情理交融的領悟與把握,這種「感」－「通」既非囿於言語之域的交往,也不限於理性的論辯,其中不僅包含知與行的實質內容,而且表現為通「情」與達「理」的統一。與單純的程式合理性不同,通「情」而達「理」以人我相感、情理交融的方式,體現了主體間交往過程的合理性。

主體間同情理解與彼此相感的進一步引申,便是推己及人。孔子在談到如何貫徹仁道原則時,曾指出:「仁者己欲立而立人,己欲達而達人,能近取譬,可謂仁之方也。」[273] 所謂「能近取譬」,也就是推己及人,其中包含二重前提:一方面,行動主體具有理性的推論能力,另一方面,主體應當對他人予以情感的關切,二者的結合,具體表現為一種情感的外推。孟子對此作了進一步發揮,並提出如下主張:「老吾老以及人之老,幼吾幼以及人之幼。」[274] 這裡同樣既涉及由己及人的理性推論,又滲入了主體間的情感溝通。單純的理性推論主要表現為邏輯層面的活動,其中並不涉及實質的內容,它固然具有理性的性質,但其中的合理性主要呈現形式的意義;基於情感溝通的外

---

271 《周易・咸・彖傳》。
272 《周易・繫辭上》。
273 《論語・雍也》。
274 《孟子・梁惠王上》。

推（情感的外推）則既體現了理性的形式（推論），又包含價值的內容（仁愛），由此展現的理性化，同時呈現實質的意義。對儒家而言，更廣視域中的道德實踐便建立在這一類的推論之上：「孩提之童，無不知愛其親也，及其長也，無不知敬其兄。親親，仁也；敬長，義也。無他，達之天下也。」[275] 親親、敬長是一種包含倫理內容（仁義）並具有本原性的道德情感，「達於天下」，也就是將這種包含仁義內涵的本原性情感普遍地推行於外。作為貫徹仁道等價值原則的方式，這種情感外推所體現的合理性，內在地制約著由此展開的實踐活動，並賦予後者以實質意義上的理性化形態。

具體而言，以上論域中的「情」與「理」不僅統一於廣義的理性化過程，而且其本身也具有彼此互融的特點。一方面，合乎必然與合乎當然意義上的合「理」既涉及「實情」之「情」，也關乎「情感」之「情」：合乎必然與合乎當然都基於對實情的認識和把握，這種把握又與追求真和善的內在之情相聯繫；另一方面，不僅對實情的認識受到「理」的制約，而且情感也需要「理」的引導。就情感的性質而言，往往有健全與否的區分，以人我關係而言，對他人的不幸有同情之感，這是健全的情感反應；相反，對他人的不幸遭遇感到幸災樂禍，這種情感體驗則缺乏健全的性質。形成健全的情感，便需要包括價值規範的理性原則的引導。同時，情感表達的過程還涉及適度性。《中庸》曾提出：「喜怒哀樂未發，謂之中；發而皆中節，謂之和。」「未發」是就情感尚未呈現於外而言；「發而皆中節」，則指在情感流露於外時，既合乎一定的價值原則（具有健全性），又保持適當的「度」，避免「過」與「不及」。情感的這種「中節」，同樣需要「理」的內在引導。在以上方面，「理」與「情」無疑呈現相互滲入的關係。

從實踐的具體過程看，「情」與「理」的互動涉及多重方面。以社會領域的實踐活動而言，如果既合乎情，又依乎理，便能使這種活動趨向於合理：

275　《孟子・盡心上》。

「夫能通天下之情，不違其理，守大中之節，不失其時，以此而行，則合聖人中正之道。」[276] 這裡涉及的首先是政治活動。「天下」包括天下之人，「天下之情」涉及天下之人心所向（包括情感趨向），「理」則是一定時代的價值原則、存在法則，「行」唯有順乎天下之人心（包括情感趨向），依循當然之則與必然法則，才能達到「中正」（合理）的形態。這種看法可以視為「仁民」觀念的具體展開：「仁民」在實踐的層面兼涉政治活動。社會領域的政治實踐往往關乎變遷損益，這種活動如果不悖乎常理，則往往呈現既合於情，也合於道的特點：「政有常，則其因革損益，莫不合於人情，與夫先王之道。」[277] 上述意義中的合「情」合「理」，已不限於主體之間的情感溝通，而是體現並滲入於現實的踐行過程之中。二者統一的形上前提，則是「道」與「情」的關聯性：「大道者，所以變化而凝成萬物者也；情性也者，所以理然不然、取捨者也。」[278]「然不然」（「然否」）屬實踐判斷，「取捨」則是與行相關的選擇，「道」所體現的存在法則與「情」所展示的實踐意向，在現實的世界以及人的踐行過程中彼此相關。

康德曾對規則（rules）與原則（principles）作了區分，在他看來，前者主要與知性相關，後者則涉及理性：「知性也許可以視為借助於規則（rules）使各種現象統一的能力，而理性則是使知性規則（rules）統一於原則（principles）之下的能力。」[27][279] 知性雖然透過概念或範疇（純粹知性概念）賦予感性雜多以統一性，但仍有其界限，理性則進一步透過理念將指

276　胡瑗：《周易口義》，卷十。此書由胡瑗口授，其弟子倪天隱錄述。

277　林之奇：《尚書全解》，卷三十八。

278　《大戴禮記·哀公問五義》。又，據相關考訂，此句所含「然不然」中後一「然」字疑為衍，「不」讀為「否」，「然否」與「取捨」相對應。（參見黃懷信：《大戴禮記匯校集注》，卷一，三秦出版社，2005，第67頁。）

279　Kant，Critique of Pure Reason，Bedford/St. Martin』s，Boston/New York，1965，p.303.

向不同的物件、彼此限於一定界域的知性統一起來。如果懸置康得關於知性與理性的特定界說而在引申的意義上運用規則（rules）與原則（principles）這兩個概念，那麼，便可以將規則與狹義的理性聯繫起來，而賦予原則以更廣的涵義，使之同時涵蓋「理」與「情」。在此意義上，僅僅與理性規則一致，還只是在「不違其理」的層面上呈現理性品格，合乎廣義的原則，則進一步表現為「通天下之情」與「不違其理」的統一，從而真正達到了「中正之道」。

上述意義上與規則相對的原則，近於「心同此理」中的「理」。這裡的「理」既不同於特定的理性規定，也有別於超驗的原理，而是與人的內在意識或觀念相聯繫，所謂人同此心、心同此理。從實質的方面看，「心同此理」既關乎普遍之則，又表現為一種共通感（common sense），這種共通感不限於康得哲學中的審美意識，而是以共同的價值趨向為其內涵。[280] 孟子曾說：「心之所同然者何也？謂理也，義也。」[281] 以理和義為內容的這種內在的相通意識（心之所同然），便可視為以共通感形式出現的普遍價值取向。與包含「理」與「義」相聯繫，這一層面的「心之所同然」，同時又以普遍之則為題中之義。以上兩個方面相互融合，構成了「心同此理」中「理」的具體內涵。不難看到，後者以相通意識與普遍之則互融的形式，體現了「情」與「理」的統一，而區別於狹義規則的廣義原則，則可以理解為以上視域中的「理」。

實踐過程的合理性不僅涉及主體間的交往以及更廣意義上的實踐過程，而且關聯著實踐主體。作為具體的存在，實踐主體包含多重規定。從精神形

---

280 在康得那裡，共通感（common sense）首先與審美活動相聯繫，其特點在於關涉情感（feeling）。對康得而言，情感的普遍可溝通性便以共通感的存在為前提，康得以此區別於共通的知性（common understanding），認為後者不是由情感，而總是透過概念作出判斷（參見 Kant, Critique of Judgment, Hafner Publishing Co. New York, 1951, pp.75-77）。這裡所說的「共通感」具有引申的意義，其中不僅涉及審美趣味，而且包含普遍的價值意識。

281 《孟子・告子上》。

實踐過程的理性化：以中國哲學為視域

態看，這裡關乎狹義的理性與情、意之間的關係。傳統的理學曾區分人心與道心，作為與心性關係中的「性」相一致的內在規定，道心更多地體現了理性的品格，與之相對的人心則表現為與人的感性存在相關的情、意以及感性的意欲。在人心與道心二者之中，理學的關注之點更多地放在道心：「須是一心只在道心上，少間那人心自降伏得不見了。人心與道心為一，恰似無了那人心相似，只是要得道心純一。」[282]「無人心」與「道心純一」相聯繫，不僅意味著以道心為主導，而且趨向於排斥人心，其中蘊含著理性與情意等精神規定之間的內在緊張。在實踐主體的內在人格或精神層面，廣義的合理性或理性化以健全的精神形態為其表現形式：當理性與情意彼此衝突時，實踐主體的內在人格便難以呈現健全、合理的形態。在其現實性上，人格的健全以理性（道心）與情意（人心）的統一為其題中之義，這種統一同時賦予實踐主體的內在人格以廣義的理性化或合理性的形態。從實踐過程看，這裡的人格包含二重意義：一方面，它構成了實踐活動展開的內在條件，並相應地呈現功能性品格；另一方面，它又表現為實踐過程的目的：從實質的層面看，實踐活動以成己與成物為指向，成物主要是成就世界，成己則意味著成就實踐主體自身。實踐過程的合理展開既需要在程式、方式等方面合乎當然與循乎必然，也應當使實踐主體自身達到健全、合理的形態，後者同樣涉及「合情」與「合理」的問題。

以上主要從實踐過程中的主體間關係及主體性之維，考察實踐過程理性化的不同內涵。從引申的意義看，上述過程所內含的「合情」與「合理」，也關乎主客體關係以及與之相關的實踐活動。前文提及的「仁民愛物」，便包含對事物的珍惜、愛護之情：如果說，「仁民」是從人我關係或群己關係方面體現了如何對待他人或群體的實踐原則，那麼，「愛物」則從物我關係或天人關係上，展現了對待自然、他物的實踐原則。張載的民胞物與之說，對此作了

---

[282]《朱子語類》卷七十八。

更具體的闡述:「乾稱父,坤稱母;予茲藐焉,乃混然中處。故天地之塞,吾其體;天地之帥,吾其性。民吾同胞,物吾與也。」[283] 在此,張載將整個世界視為一個大家庭,其中既包含對他人的關愛之情,也體現了對他物的珍愛之意,儘管與孟子所說的「仁民愛物」一致,以上看法所涉及的情感具有不同的內涵,但這裡又確實肯定了在「贊天地之化育」的踐行過程中應當既合乎理(天道),又合乎情(人道)。後來理學所一再確認的「仁者與天地萬物為一體」,可以視為民胞物與說的引申,它所體現的觀念,也與之前後相承。當代的一些倫理學說提出環境倫理或生態倫理的思想,其中所滲入的珍愛環境、保護自然、關心生態等意識,也涉及情境(物之情)與情感(人之情)。從上述觀念出發,則變革物件的實踐過程所涉及的合理性便不僅僅表現為合乎理性的謀劃、計算(合理),而且在於它同時既關注具體的實踐情境,也體現了基於「民胞物與」的「愛物」之情(合情)。

可以看到,實踐過程的合理性或理性化既涉及形式之維,也關乎實質的方面。從實質的層面看,理性化不僅與「理」相關,而且也與「情」相涉。在積極的意義上,實踐活動的理性化表現為合「情」合「理」,這一論域中的「合」既意味著普遍之理(存在法則與社會規範)與具體情境的交融,也展現為形式層面的理性程式與實質層面的情感溝通、情感關切的統一。理性化的以上內涵與前文所論的實踐理性原則具有內在的一致性:如果說,實踐理性的正當原則(the principle of rightness)主要表現為與「理」(作為當然之則的規範)相合、向善原則(the principle of goodness)內在地蘊含合乎「情」(體現價值取向的人之情)的要求,那麼,有效原則(the principle of effectiveness)則既意味著合「理」(作為必然的普遍法則),也趨向於合「情」(體現實然的物之情)。在相近的意義上,實踐過程的合理性或理性化與實踐智慧也呈現實質層面的相通性。當然,實踐智慧側重於從內在的觀念之

---

283 《張載集》,中華書局 1978 年版,第 62 頁。

實踐過程的理性化：以中國哲學為視域

維體現「情」與「理」的交融與統一，相對而言，實踐過程中的理性化則更多地在外在的實際活動中展現了上述統一。與積極意義上的理性化相對，消極意義上的「非理性化」或「不合理性」，表現為實踐過程中的悖「情」違「理」。

綜合而論，正如對認識過程的理解應當超越單純的認知而賦予其廣義的內涵一樣，實踐過程中的理性化，也需要在廣義層面加以把握，後者意味著賦予理性化以合「情」與合「理」雙重內容。然而，理性化的以上意蘊，往往未能進入哲學的視野。在這方面，哈貝馬斯的交往行動理論無疑具有一定的代表性。交往行動理論以如何達到交往過程的理性化為關注之點，但其主要趨向則是將交往行動與言語行動聯繫起來，並由此把與之相關的理性化首先歸之為合乎規範等程式層面的合理性，這種看法延續了康得的進路，基本上忽視了合「情」與合「理」的統一。對理性化的如上理解無疑具有狹隘性。從現實的層面把握實踐過程的合理性，需要從廣義的視域出發，對「情」與「理」予以雙重關注。

中國哲學史研究的民族自覺意識及其前景探索

鄭淑媛[284]

　　中國哲學史研究從其產生的那一天起就充滿了民族自覺意識。鴉片戰爭以來，伴隨著西方文明的入侵，中華民族的民族自覺意識逐漸覺醒並發展起來。從「師夷長技以制夷」、辛亥革命到新文化運動，無不是為了中華民族的存亡，在物質層面、制度層面、精神層面能夠追趕西方而進行的變革。但是在這些自覺向西方學習的運動中，始終激盪著民族自覺意識，使中國人搖擺於「中體西用」還是「西體中用」的爭論中，在西方文化與民族文化之間做著艱難的選擇。馬克思主義傳入中國之後，中華民族接受了馬克思主義，以其作為革命和建設的指導思想。在這一過程中，也出現了馬克思主義中國化的問題，實際上也反映了中華民族的民族自覺意識。中國哲學史研究在這樣的歷史背景下，民族自覺意識一直或隱或現地出現在研究過程中。

　　隨著全球化浪潮的湧起，民族文化認同問題日益成為時代課題。在這樣的背景下，目前的中國哲學史研究中的民族自覺意識進一步顯現出來，成為目前中國哲學史研究的顯著特徵。

284　鄭淑媛，渤海大學政治與歷史學院教授。

一、中國哲學史研究的民族自覺意識在中國哲學與西方哲學的關係中顯現出來

自從西方哲學傳入中國以來，就出現了中國哲學與西方哲學的關係問題。儘管「哲學」的確是西方文化的產物。但是，從事中國哲學史研究的學者們依然試圖彰顯中國哲學的民族特色，表現出強烈的民族自覺意識。

1. 提出了中國哲學的特色問題

20世紀20、30年代，胡適、馮友蘭等前輩按照西方哲學的框架在中國的學問中挑選出來的有關內容寫成中國哲學史。這便引發了關於西方哲學與中國哲學的爭論。馮友蘭認為：「其主要工作之一，即就中國歷史上各種學問中，將其可以西洋所謂哲學名之者，選出而敘述之。」[285] 強調哲學的普遍性並以西方哲學為哲學的普遍形式，而對中國哲學自身的理論特質即特殊性沒有給予應有的關照。金嶽霖式對此提出疑問：「所謂中國哲學史是中國哲學的史呢？還是在中國的哲學史？」[286] 實踐證明，在這個模式下所寫的中國哲學史，只能是「在中國的哲學史」。

張岱年則提出「類稱」和「特例」的概念，把西方哲學和中國哲學都作為哲學這一類稱的特例。如此，西方哲學就不再是標準，只是哲學的一種。「求中國哲學系統，又最忌以西洋哲學的模式來套，而應常細心考察中國哲學之固有脈絡。」[287] 因為中國哲學「許多問題的提法與排列的次序，都與西方哲學不盡相同」[288]，彰顯了中國哲學的民族特色。

---

285 馮友蘭：《中國哲學史》上卷，中華書局1984年版，第1頁。

286 金嶽霖：《審查報告二》，載馮友蘭《中國哲學史》下卷，第5頁。

287 張岱年：《自序》，載《中國哲學大綱》，中國社會科學出版社1982年版，第19頁。

288 張岱年：《新序——對於過去中國哲學研究的自我批判》，載《中國哲學大綱》，

20世紀90年代,中國哲學史研究區分了西方哲學與中國哲學。湯一介認為「中國哲學所注意的是追求一種真善美的境界,而西方哲學則注重建立一種真善美的價值的思想體系。前者可以說是追求一種『覺悟』,而後者則是對『知識』的探討」。[289]

2. 中國哲學的合法性問題凸顯中國哲學史研究的民族自覺意識

21世紀以來的中國哲學史研究在面對西方哲學時,同樣產生了同樣的困惑。這主要體現在有關中國哲學的合法性問題的探討上。關於中國哲學的合法性問題主要包含了兩個方面的內容。一是中國哲學學科的合法性問題,這主要集中於哲學的定義是什麼以及中國古代有無哲學的問題。這與20世紀20—30年代的討論相比較而言,認為西方哲學與中國哲學不單單是哲學的普遍性與特殊性的區別,而是在更為廣闊的事業中提出了現代性與民族性問題,認為現代性不僅僅是西方一種類型,中國的現代性也是其中的一種。在「中國的現代性」的前提下,中國哲學史成為民族性與現代性的統一,把西方哲學與中國哲學的問題轉化為現代性與民族性的問題,從而在更為廣闊的視域中承認了中國哲學的合法性。

中國哲學學科的合法性問題第二方面內容是以何種模式來研究中國哲學史的問題。其中,有關西方哲學與中國哲學的問題主要是關於西方哲學的理論來剪裁和敘述中國哲學史。有人認為從胡適、馮友蘭開始的直至今天的這種「漢話胡說」模式導致了中國哲學史不過是以西方哲學為標本的比較哲學而已。也有人認為,中國哲學完全拒絕西方哲學的參照,只是「自己講」、「講自己」,則會回到中國古代的「子學史」、「經學史」,而不再是「哲學史」。

總之,中國哲學史的研究者注意到了中國哲學與西方哲學的關係問題,

第6頁。
289 湯一介:《在非有非無之間》,臺北,中正書局1995年版,第72—142頁。

自覺到了中國自身的哲學與西方哲學的差異問題。無論結論如何,對這一問題本身的關注就很好地體現了民族自覺意識。

二、中國哲學史研究的民族自覺意識在中國哲學與馬克思主義哲學的關係中顯現出來

馬克思主義哲學與中國哲學的關係經歷了從隔離與批判到最終成為指導思想的歷程。但是,中國哲學始終並沒有放棄自己的民族特色。中國哲學史研究的學者們一直保持著民族自覺意識。

1. 指出限於唯物、唯心的中國哲學史的侷限,提出中國哲學的民族特色

馬克思主義傳入中國之後,中國哲學史研究也面臨了與馬克思主義哲學的關係問題。20世紀20—30年代,李石、範壽康以唯物史觀、辯證法為基礎初步闡述了中國哲學史。新中國建立之後,中國哲學史研究主要為以馬克思主義為指導思想,以馬克思哲學的唯物主義和唯心主義、形而上學與辯證法兩對對子來研究。同時,把中國哲學史看做是人類的認識發展史,遵循著螺旋式上升的發展規律。列寧曾經說過,哲學史「簡略地說,就是整個認識的歷史」。[290]「一個非常深刻而確切的比喻!!每一種思想＝整個人類思想發展的大圓圈(螺旋)上的一個圓圈。」[291]「人的認識不是直線(也就是說,不是沿著直線進行的),而是無限地近似於一串圓圈、近似於螺旋的曲線。」[292] 80年代的中國哲學史研究基本上是遵從這一指導思想進行研究的。但是,也有人提出了不同的看法,指出了中國哲學的特色問題,凸顯出中國哲學史

290　列寧:《哲學筆記》,人民出版社1974年版,第371頁。

291　同上書,第411頁。

292　同上書,第411頁。

研究的民族自覺意識。馮友蘭提出了「抽象繼承法」,即傳統哲學的具體意義與當時的政治、階級不能繼承,而其抽象意義則是可以繼承的。任繼愈也指出,中國哲學史限於唯物、唯心的鬥爭,偏重自然觀、認識論,在社會歷史觀方面留下空白,讓中國哲學史失去了許多有價值的內容;同時未給唯心主義流派以應有的歷史地位,不能反映哲學史的全貌。

20世紀90年代,中國哲學史研究提出了中國哲學的民族特色問題。馮契指出:單純講知識,是無所謂民族特色的,而「智慧學說,即關於性與天道的認識,是最富於民族特色的,是民族哲學傳統中最根深蒂固的東西」。[293]

2. 馬克思主義中國化視域下的中國哲學史研究的民族自覺意識

20世紀90年代以來,中國哲學史研究的民族自覺意識不斷高漲。這表現為在馬克思主義中國化背景下對馬克思主義哲學與中國哲學關係的進一步思考。

(1) 馬克思主義哲學中國化的民族自覺意識

馬克思主義哲學的中國化問題集中體現中國哲學史研究的民族自覺意識。馬克思主義中國化包括兩個方面:馬克思主義與中國具體實踐相結合,馬克思主義與中國傳統文化相結合。而馬克思主義與中國哲學的關係在當今時代主要是馬克思主義哲學與中國文化的關係,甚至是馬克思主義哲學與中國儒學的關係。「如果說對馬克思主義的三個組成部分的規定仍具有合理性的話,當科學社會主義的基礎──階級在社會實踐中不復凸現,其理論無可避免地遇到困境;當政治經濟學的根基──生產力與生產關係的關係在市場經濟的無主題變奏(即市場經濟的社會主義與資本主義性質問題的不爭論原

---

[293] 馮契:《認識世界和認識自己》,見《馮契文集》第1卷,華東師範大學出版社1996年版,第23頁。

則)下被懸置起來後，馬克思主義實實在在的硬核就只有哲學了。因此，馬克思主義與儒學的關係實際上就變成馬克思主義哲學與儒學的關係。」「並且提出了『對立說』、『結合說』、『互補說』、『改造說』等等說法。」[294] 中國哲學史研究伴隨著馬克思主義中國化的提出，也出現了馬克思主義哲學中國化和中國哲學的馬克思主義化的問題。馬克思哲學中國化與中國哲學研究主要以中國傳統文化與馬克思主義中國化的關係表現出來。研究主要集中於中國傳統文化與馬克思主義的契合點、馬克思主義的「中源說」、馬克思主義與儒學、馬克思主義被接受的傳統文化基礎等方面。同時，研究也涉及中國現代哲學史的有關人物的思想研究，如李大釗、陳獨秀、瞿秋白、毛澤東等的哲學思想。這些研究表明中國哲學研究學者意識到了馬克思主義哲學在中國的發展帶有了中國民族文化的特徵，顯現出民族特色。

(2) 中國哲學的馬克思主義化的民族自覺意識

與馬克思主義哲學中國化比較而言，問題的另一個方面主要是中國哲學的馬克思主義化的問題。這一問題並沒有作為一個問題明顯地提出來，而是以中國哲學的現代化問題以及中國哲學史的寫作等問題隱晦地傳達出來，更為深刻地表明瞭中國哲學史研究的民族意識。

中國哲學史研究的民族意識在中國哲學的馬克思主義化中首先體現為中國哲學的現代化問題。「中國哲學存在著古代傳統與現代傳統。馬克思主義哲學與中國哲學傳統的結合，應當並且必須包括兩方面的內容：一方面是馬克思主義哲學與中國哲學古代傳統建立聯繫，另一方面則是馬克思主義哲學參與建構中國哲學現代傳統。只有這樣，馬克思主義哲學才能進入到中國哲學傳統中去，而成為中國哲學的有機組成部分。只有當馬克思主義哲學與中國哲學有了共同的傳統後，才能真正實現馬克思主義哲學中國化。」[295]「馬

---

294 賈紅蓮：《求是學刊》2003 年第 4 期。
295 李維武：《馬克思主義哲學中國化與中國哲學的兩種傳統》，《江漢論壇》2008

克思主義哲學的中國化,同時也就是中國哲學的現代化。」[296] 對於中國哲學現代化,張汝倫認為有兩個可能的含義:「一是使傳統哲學現代化;二是使中國哲學的研究(方法、語言等等)現代化。前者表現為到底是『照著講』還是『接著講』的問題,後者表現為強調引進西方哲學的方法和概念的重要。」[297] 但是,他認為「中國哲學的現代化」的提法並不合適,而「中國哲學如何是現代的」的描述才準確。

中國哲學史研究的民族意識在中國哲學的馬克思主義化中又體現為中國哲學史的寫作問題。1949年以後,出版了很多哲學史著作。這些哲學史著作基本上是以馬克思主義哲學思想為指導,形成了以唯物主義和唯心主義的衝突作為中國哲學發展的基本線索,把中國哲學史分為本體論、認識論、辯證法和社會價值觀等幾個部分的基本格局。這些著作包括馮友蘭先生的《中國哲學史新編》,任繼愈先生主持的《中國哲學史》和《中國哲學發展史》,北京大學中國哲學史教研室編寫的《中國哲學史》,蕭萐父和李錦全先生主編的《中國哲學史》,馮契先生的《中國古代哲學的邏輯發展》和《中國近代哲學的革命進程》,石峻、楊憲邦先生主編的《中國哲學通史》等。

21世紀以來,中國哲學史研究的學者們對於前輩們所編寫的中國哲學史做了較大的修改,突破了唯物唯心的對立衝突,突出了中國哲學本身的特色。如郭齊勇撰寫,由高等教育出版社2006年出版的《中國哲學史》;張立文主編,中國人民大學出版社2007年出版的《中國哲學史新編》和復旦大學中國哲學教研室編寫的《中國古代哲學史》都體現了這一努力方向。李承貴評價郭齊勇的《中國哲學史》時說道:「比如,關於孟子的『萬物皆備於我矣。反身而成,樂莫大焉』,作者做了這樣的解釋:『這裡……是說道德的根據在

年第11期。
296　楊謙:《馬克思主義哲學的中國化與中國哲學的現代追尋》,《天津社會科學》2008年第4期。
297　張汝倫:《論中國哲學的現代化》,《哲學研究》2006年第5期。

自己……在道德的精神的層面上，探求的物件存在於我本身之內。道德的自由是最高的自由，不受外在力量的左右，因為道德的行為總是自我命令的結果。反躬自問，切己自反，自己覺識到自己的行為無愧於天人，就是最大的快樂。』（第 75 頁）這與那種『主觀吞併客觀的主觀唯心主義』的解釋相比，顯然是更符合中國哲學特色、更貼近孟子思想實際的。這也就是作者所主張的：『中國哲學範疇、術語不缺乏抽象性，但需要放在自身的語言、文化、思想系統中加以解讀』。（第 7 頁）」。「比如，作者寫董仲舒哲學思想，就寫董氏的『人副天數』說、天人感應論、人性論等方面，這顯然比以往將董氏哲學寫成『天人感應』神學目的論、『深察名號』的唯心主義認識論、『天道不變』的形而上學更切合實際。」[298] 這些評價，說明了學者對以往唯物唯心範式下的寫作的中國哲學史的反思，提出了中國哲學史寫作的民族特色問題，彰顯了中國哲學史研究的民族自覺意識。

三、中國哲學史研究的民族自覺意識在中國哲學與社會歷史的關係中顯現出來

哲學作為抽象的理論，似乎是遠離了具體的社會歷史。但是如果體現本民族的哲學特色，似乎從具體的社會歷史入手是一個不錯的選擇。中國哲學史研究的民族自覺意識也在這個選擇中展現出來。

1. 探究中國哲學思想的周圍背景，突出中國哲學的民族特色

哲學是範疇的觀念發展史，但是，觀念發展不能離開其周圍背景。只有在周圍背景的研究中，其內涵以及民族特色才能得到充分理解。李維武在《蘊含思想史維度的哲學史研究——對 20 世紀中國哲學研究的方法論思考》

---

298 李承貴：《開啟〈中國哲學史〉寫作的新範式——評郭齊勇教授新著〈中國哲學史〉》，《哲學研究》2007 年第 5 期。

[299] 一文中也指出了這個問題。論文以 19—20 世紀的中國哲學研究為例，提出了擴大問題域、關注中國哲學與思想界的聯繫、中國哲學與歷史文化環境的聯繫等周圍背景問題。20 世紀 90 年代以來，中國哲學史研究開始關注有關儒學與社會政治制度的互動、宋明理學與書院講學的興衰、宗法禮俗與傳統儒學的落實、傳統哲學與以經學為核心的學術建構的關係、傳統哲學的地域性問題等新的問題。21 世紀以來，尤其是近幾年的《中國哲學史》所發表的論文，很多論文內容開始注意探究某一中國哲學思想的周圍背景以及某一哲學思想的發展脈絡，以期進一步理解某一哲學思想。以 2012 年為例，就包括了《李贄與耿定向的學術人格的對比 —— 耿李論戰的原因分析》、《湖湘知識群體的船山詮釋與文化建構》、《道南一脈考》、《明末道德人心問題與清初三大儒的哲學重建》、《朱子門人群體特徵概述》、《明皇改經與〈孝經〉學的轉折》、《談呂祖謙浙東學術的領袖地位》、《葉時〈禮經會元〉與宋代儒學的發展》等。這些文章把中國哲學思想研究與周圍背景的研究結合起來，使抽象的哲學思想帶有了具體歷史性。而恰恰是這樣的具體歷史性才表明了此哲學思想只能在此才能得到說明，從而突出了中國哲學思想的民族特色。

2. 辨析中國哲學的身分與地位，關注民族文化身分

近幾年來，對中國哲學的身分與地位的研究也體現了中國哲學史研究的民族自覺意識。劉笑敢認為，中國哲學具有現代學科和民族文化的雙重身分。但是，目前「最龐大和最有實力的是其現代學術的身分和一種學科領域的角色」。[300] 但是，文章同時指出：「大概不會有人否認中國哲學所研究的儒、釋、道具有民族文化和生命導師的身分和功能，但是這種身分與功能如何實

---

299 李維武：《蘊含思想史維度的哲學史研究 —— 對 20 世紀中國哲學研究的方法論思考》，《哲學研究》2007 年第 1 期。
300 劉笑敢：《簡論中國哲學的身分、角色與功能》，《文史哲》2010 年第 1 期。

現是有待於社會各界關注和討論的。」[301] 對於中國哲學的民族身分也給予了關注。幹春松也提出：「因為中國哲學與西方哲學在物件上的差異性決定了它不僅僅是單純的學術研究的物件，更重要的是處於價值困惑的現代社會，中國哲學應該擔負起『價值的承擔者』和『精神導師』的重任。」[302] 文章明確主張中國哲學的民族身分。

四、中國哲學史研究的民族自覺意識的前景探索

在現今時代，隨著生產力的不斷發展，科學技術水準的不斷進步，全球化的趨勢進一步加強，世界文化的同質性日益明顯，民族文化身分逐漸模糊。在這種情況下，中國哲學史研究的民族自覺意識的前景如何呢？我們認為，中國哲學史研究的民族自覺意識會進一步強化。這可以從以下幾個方面來得到說明。

1. 中國哲學的普適性與民族情緒

任何民族文化，包括哲學的影響力都是伴隨著經濟實力的強大或者弱小而變化的。在未來的一段時期內，中國經濟的發展必然會被世界所矚目。因此，中國民族的文化影響力也會隨之擴大。中國哲學作為中華民族文化的核心也必然會擺脫由於西方文化霸權而產生的所謂「依附地位」，在世界哲學舞台上得到應有的地位。而這應有的地位不是依靠強力奪取的，而是憑藉著中國哲學的普適性而獲得的。這就需要細緻研究中國哲學的全人類性，以期建立一個與其他哲學不同的適合全人類的新的哲學範式與秩序。

當然，這需要克服比較褊狹的民族情緒，而還以理智、寬容的態度。自

---

301 劉笑敢：《簡論中國哲學的身分、角色與功能》，《文史哲》2010 年第 1 期。

302 幹春松：《「天下」與「中國」：尋求突破的中國哲學 —— 最近十年的中國哲學轉向掃描》，《學習與探索》2009 年第 3 期。

從鴉片戰爭以來，我們的民族對西方文明的心態始終是矛盾的：既向西方學習又反抗西方。所以有時在中國哲學史研究中也或多或少地帶有較為狹隘的民族情緒。我們所說的中國哲學史研究的民族自覺意識是要排除這種狹隘的民族情緒的，而代之以理性寬容的心態來建立新的哲學範式。

2. 中國哲學的原創性與現實視域

中國哲學的「民族文化」身分使它承擔著接續民族文化慧命的重任。這就說明中國哲學史研究不僅僅是學科意義上的「史」的整理與說明，而是需要理論的原創性。而理論的原創性來自於對於現實問題的關注與思考。只有經歷了現實世界的洗禮，哲學理論才能獲得原創性，才能成為文化慧命之一環。所以，中國哲學史研究需要關注現實問題，擴展現實視域，才能完成其「民族文化」身分的使命。

但是，中國哲學史研究的現實視域不等同於拋棄理想視域。我們要保持中國哲學史研究的批判立場，既從現實出發，又超越於現實本身，而不能成為現實問題的解釋者與辯護者。

3. 中國哲學的基礎性與資源性

目前我們一直強調中國哲學、西方哲學、馬克思主義哲學三者之間的對話與融通。但作為中華民族文化中的一員，民族文化始終是人的安身立命之根。中國哲學應該成為中國哲學史研究者的心靈修養的源頭活水。擁有了安身立命之根，才有對話和融通的基礎。

這樣，中國哲學才不僅僅是當代思想的外在資源，才能擺脫附屬的命運，挺立其民族自覺意識。

透過以上探討，我們可以瞭解到民族自覺意識始終貫穿著中國哲學史的研究過程。我們要正視這一點，努力使其發揮正面的作用，為中國哲學的復興作出貢獻。

20世紀中國哲學史的艱難開拓及其未來展望

周海春[303]

沒有和西方哲學的對比就沒有所謂的中國哲學和中國哲學史。從這個意義上說，我認為20世紀中國文化和思想史上的重大事件就是中國哲學史的艱難開拓。在這一開拓過程中，大陸以及大陸赴臺知識份子作出了重要的貢獻。但也存在一些不足，正確認識這些不足，有助於把握中國哲學史21世紀的發展走勢。

一、20世紀中國哲學史的開拓

中國哲學史的現代形態的開創者當屬胡適。胡適在1922年寫的《我的自述》中說，在哥倫比亞大學時，他已經「在中國哲學史的研究上尋著我的終身事業了，同時又被一班討論文學問題的好朋友逼上文學革命的道路了。從此以後，哲學史成了我的職業，文學做了我的娛樂」。[304] 他在中國哲學史上的成就集中體現在1919年出版的《中國哲學史大綱》上卷。正如蔡元培所言，《中國哲學史大綱》在材料、形式等方面都有新的開拓。

---

303 周海春，武漢大學哲學博士後科學研究流動站博士後，湖北大學哲學學院教授，湖北大學國學研究所所長。

304 葛懋春、李興芝編：《胡適哲學思想資料選》上，華東師範大學出版社1981年版，第214—215頁。

20 世紀中國哲學史的艱難開拓及其未來展望

　　馮友蘭的中國哲學史研究被認為是用現代方法研究中國哲學史。馮友蘭說：「我的學術活動有兩個方面，一是哲學，一是中國哲學史。我是以哲學為主，以中國哲學史為輔。」[305] 他的兩卷本的《中國哲學史》、《中國哲學簡史》、《中國哲學史新編》勾勒出了中國哲學史的宏觀面貌。梁漱溟之《東西文化及其哲學》《中國文化要義》等更多的是文化的開拓。張岱年的《中國哲學大綱》被認為是第一部以問題為主題的中國哲學史。熊十力之《新唯識論》、《原儒》、《體用論》、《明心篇》、《乾坤衍》等開出了中國哲學義理的新面貌，但對中國哲學歷史的系統梳理顯然不是其優長。牟宗三以「一心開二門」為基本的邏輯框架整合中西，以道德理想主義的心性之學的內聖學開出知識界的外王學溝通了現象和物自身，以色心不二、分解和非分解的統一最後達一哲學的大綜合、一徹底的唯心論和圓教圓善的道德的形上學哲學理論，力求把哲學義理和哲學史統一起來，提升了中國哲學史的哲學化水準。

　　任繼愈的《中國哲學史》被認為是中華人民共和國建國後第一部用馬克思主義分析的中國哲學史。蕭萐父、李錦全主編《中國哲學史》試圖對中國哲學史的研究物件作出新的篩選，突出了中國哲學歷史中那些作為人類認識史的內容，是影響較大的一部中國哲學史教科書。馮契著的《中國古代哲學的邏輯發展》和《中國近代哲學的革命進程》透過對中國哲學歷史的重新解讀，來建構他的「智慧說」。此後，中國哲學史面貌發生了很大的改變。

　　改革開放以來，關於中國哲學史教科書的討論持續不斷，也在嘗試編寫新的中國哲學史，出現了各種不同的解釋視域，出現了百家爭鳴的發展局面和中、西、馬互動的格局。經過近現代以來中國哲學現代化的努力，中國哲學史取得了長足的發展，尤其是改革開放以來，中國哲學史的發展更是迎來了一個新的發展機遇。20 世紀最後的二三十年，中國哲學史出現了新的面貌。一些學者對此進行了概括，大致包括以下共識：

305　馮友蘭著：《三松堂全集》第 13 卷，河南人民出版社 2000 年版，第 481 頁。

其一，態度的轉換。逐步克服了文化決定論思想傾向，不再認為中國的落後，都是由於文化尤其是儒家文化或者中國哲學造成的；儘量合理地處理視界和本文的關係，不把中國哲學史當做材料來註解；儘量避免簡單的文化對立和否定性傾向，注意以積極的肯定的方式繼承中國文化的傳統；儘量避免簡單求同的思想傾向。

其二，強調「中國哲學」學科的自立性或自主性、主體性。如「中國哲學合法性問題」，「中國有無哲學問題」，「中國哲學特殊性問題」，「中國哲學優缺點問題」，「中國哲學形成原因問題」，「中國哲學的發展軌跡」，「中國哲學的主幹」，「中國哲學發展方向問題」，「中國哲學史教材寫作」等等問題的提出。

其三，追問中國哲學的內在結構。如提出中國哲學中的範疇及其結構問題，追問中國哲學中的本體論、認識論、真理觀、歷史觀、價值論等問題。

其四，範圍拓展的動力作用。範圍和研究領域的拓展，尤其是新墨學、新道學、新儒學、新佛學等成為一種強勁的發展脈絡。

其五，方法的自覺與提出新的哲學學說。經過近現代以來，尤其是現代以來中國哲學現代化的努力，中國哲學取得了長足的發展，尤其是改革開放以來，中國哲學的發展更是迎來了一個新的發展機遇。提出中國哲學史研究方法、中國傳統哲學遺產的繼承等問題，形成了如下研究視域：馬克思主義哲學視域、新儒學視域、和合學視域、場有哲學視域、比較哲學視域、解釋學視域、傳統與現代的研究視域。

其六，現實關懷的動力作用。如考察中國哲學中的生態智慧、管理智慧、人生智慧，中國哲學與市場經濟關係，中國哲學與現實社會關係，中國哲學的現代價值等。

二、20世紀中國哲學史建設提出的核心問題

關於20世紀中國哲學哲學史的總體特徵，我在《「中國哲學史」的歧義與中國哲學的未來》一文中進行了一定的分析。在中國哲學史的概念中包含著很多的歧義。在以往的中國哲學史研究當中，都包含著一定的對中國哲學史這一概念的理解方式。分析這些歧義可以給未來的中國哲學史建設一個基本的定位。

1. 哲學和哲學史的關係問題

中國哲學和中國哲學史並不等同。混淆二者也是常有的思維方式。馮友蘭自述自己的學術活動有兩個方面，一是哲學，一是中國哲學史。他以哲學為主，以中國哲學史為輔。這個問題在胡適那就碰到了。胡適雖是現代中國哲學和中國哲學史開山的人，但他的哲學建構卻不是中國哲學，而是西方哲學，也就是實用主義的。馮友蘭的新理學是中國的，但依憑的素材和基本精神卻是宋明理學的。金岳霖肯定了馮友蘭在處理哲學和哲學史的關係的時候採取的一般的哲學形式的意義。張岱年在《中國哲學大綱‧自序》中指出自己的這本書是透過問題的研究顯示中國哲學之整個的條理系統。問題史的範式具有一定的論的性質。應該說馮友蘭的新理學、熊十力的新唯識論等也可以看作是中國哲學的一種導論。

每一種中國哲學史或者中國哲學的研究中都會有一定的主導的觀念，挖掘出來加以系統化就成了「論」——中國哲學的一般性的論。但到目前為止，比較客觀的、從中國哲學史的廣泛背景出發的、自覺的中國哲學的建設工作還任重而道遠。如此看來，描述中國哲學之一般的論絕非一件容易的事。在中國哲學史當中需要一定的哲學。這個哲學有兩個方面，一個方面是哲學的一般的形式問題；另一個方面就是具有中國哲學特色的哲學內容問題。

中國哲學的未來發展要從中國哲學史廣泛的原始素材及其基本精義出發，並實現中國哲學和中國哲學史的有機統一。

2. 一般與個別問題

金嶽霖提及的一種哲學主張和普遍的哲學形式的問題是研究中國哲學以及中國哲學史必須面對的問題。其中已經揭示了一個基本的邏輯關係：一般和個別。張岱年在《中國哲學大綱》中使用一般和個別來處理中西哲學的關係問題，不過他首先解決的是名稱的類與特殊性問題。馮友蘭把一般和個別的思維方法貫穿於哲學觀、方法論、社會歷史哲學、文化觀、本體論等多個層面。馮友蘭把一般和個別應用於對哲學本身的分析當中。牟宗三力主中西哲學會通，思考了會通的程度、限度，在哪些層面上會通，在什麼問題上會通等問題。他認為哲學會通的可能性在於哲學真理既有普遍性又有特殊性，有普遍性也不失其特殊性，有特殊性也不失其普遍性，由此可言中西哲學的會通，也可言多姿多彩。徐複觀也用共性和個性的概念來解釋中西文化的關係問題。他認為在共性上應該承認有世界文化，在個性上應該承認有民族文化；文化的個性是不斷向文化共性的上升；其過程是個性與個性之間、共性與個性之間的接觸、吸收導致個性的重新凝集從而不斷擴大共性和形成新的個性。

用一般和個別的理論範式處理中國哲學和西方哲學的關係以及中國哲學和中國哲學史的現代化的問題顯示了中國哲學力圖透過這一範式實現中國哲學的一般化、普世化、合法化的努力，有著它特殊的意義。但如何處理個別和一般的關係本身就是一個哲學難題。馮友蘭設定了一個從哲學最高的認識物件——宇宙，顯示宇宙之理的多種可能的哲學是本然的哲學系統。這樣一來，中西哲學這些都是能夠接近本然的哲學系統的具體的哲學系統，其中都有哲學的一般。各自的一般相對於另外的具體的哲學系統來說必然就是特

殊。中西哲學的融合，必然是中國哲學的一般（相對於西方哲學就是特殊）和西方哲學的一般的結合，這就是用邏輯分析的方法分析中國的天地境界，中國的極高明而道中庸。但這樣一來，哲學的一般其實就脫離了具體的哲學，成為一種邏輯的設定，哲學一般的具體內容還是空的。反過來，如果把哲學一般看作是從具體哲學中抽象出來的，也要解決從中國哲學還是從西方哲學中抽象的問題。從具體哲學抽象出一般還有一個這個一般能否容納另外一種哲學的一般的問題。如果從世界各種具體哲學中進行抽象則需要世界哲學更大範圍的互動的前提。牟宗三主要依據中國哲學的資源參照西方哲學得出了一個一般的哲學架構，不同的哲學家還可以依據另外的哲學資源提出更多的一般哲學架構。一般和個別的處理方式還蘊涵一個難題，那就是以抽象出來的一般指導研究中國哲學的個別，自然就會肢解中國哲學的個別。一般要從個別中得出，中國哲學特殊性的揭示其實就是中國哲學家的一般性。中國哲學的未來發展更需要能夠涵蓋中國哲學諸多人物和派別的一般，而不是外在設定的一般哲學的剪裁、肢解。

　　一般的哲學實際上成了現代哲學家處理哲學和中西哲學關係的一個形而上學的立場，用一個形而上學立場處理中西關係在近代就已經發端。在近現代的中國哲學和中國哲學史的研究中，處理中西文化及其關係一直是這一學科發展的重要動力和目的，但以此作為研究中國哲學的基本出發點，必然要找到一定的理論範式作為融會中西的基本尺度。一般和個別範疇在使用中出現的問題從另一個側面啟發我們思考另外一個問題，那就是中國哲學的研究是否一定要在中西文化及其關係問題的引領下進行。中國哲學自近代以來的發展一直沒有超出中西文化及其哲學的關係的制約，相關的哲學構建也是在中西文化及其哲學的關係的判斷這一基礎上進行的。中國哲學的發展昭示著、呼喚著一個新的中國哲學獨立建設的時代的來臨，這一新的階段要求在中西哲學比較業已取得的成果上深入地、獨立地發展中國哲學。中國哲學的

未來發展需要認真思考這一問題。

3. 中國問題

　　中國哲學與中國哲學史中所謂的中國指的是什麼？在近現代以來形成的中國哲學和中國哲學史當中有兩個基本的問題是需要注意的。其一就是地理性、民族性、文化性和階級性的不同取捨。中國是地理概念的中國，國家概念的中國，民族概念的中國，還是文化概念的中國？不同的理解會帶來不同的中國哲學史面貌。如果是一個地理的概念，那麼其他的哲學流傳到本地以後，也應該算作是中國哲學。如果是一個國家的概念，也是如此，但會更加強調在政治上佔據了統治地位的哲學，更加強調哲學的階級性和意識形態的性質。如果中國是一個民族的概念就會認為是中國人的哲學，那就必須區分是研究普通老百姓平均水準下的思想狀況，還是研究少數哲學家的思想狀況這一問題。如果是中國文化的概念，就必須關注形成傳統的東西。

　　其二就是要解決中國概念中包含的中西古今問題。一方面要看到，中國哲學和中國哲學史的成立是和中國的哲學家逐步認識到西方文化的價值以及相應的歷史觀、國家觀的改變密切相關的。西方文化不能得到真正的承認，就不能自覺地建構中國文化和中國哲學及其歷史。世界性的眼光的出現和發展同時帶來了中國哲學和中國哲學史面貌的巨大革新。但這種革新同時給中國哲學史的建設帶來了另一個新的問題。這就是，現代意義上的中國哲學史和古代意義上的中國哲學史之間由於巨大的歷史觀和世界觀差異帶來的材料取捨等一系列問題。這就必須承認和挖掘中國現代以前的哲學和哲學史自身的邏輯內容和自身的獨特的哲學理念，並在這種獨特的哲學邏輯基礎上建設一箇中國哲學史的嶄新形態。現有的中國哲學史在這個方面做了很多的努力，但也有著重大的缺陷。這個缺陷就是古代中國哲學史所依憑的哲學理念和哲學邏輯是籠罩在西方文化的強勢話語下麵的。中國哲學史還缺少「中國

氣派」。和西方相比較的情況下的「中國」與中央之國的「中國」哲學史是不同的。和西方相比較的中國概念指導下的中國哲學史要和獨立的中國概念指導下的哲學史有一個有機的結合。中國哲學史的建設需要一定的中西比較，但僅僅侷限在中西比較的外在引導的學術進路則是有缺陷的。

4. 哲學問題

中國哲學史的建設還涉及對哲學的理解和定位的問題。中國哲學史當中所說的「哲學」是指什麼呢？是在怎樣的思維框架下來理解哲學的呢？其中涉及如下一些問題：

其一，是描述哲學家的哲學思想、民族的哲學思想，還是哲學經典的哲學思想呢？中國哲學和中國哲學史當中所說的「哲學」是指哲學家呢，還是指哲學著作呢？還是民族的哲學思想呢？在現存的一般的中國哲學史著作當中，民族的哲學思想佔據了比較重要的地位，然後是哲學家的哲學思想，其次是哲學著作的哲學思想。未來的中國哲學史要突出哲學典籍在描述哲學史過程中所具有的重要地位，並且要努力實現三者的協調。

中國哲學史首先應該是現存的哲學典籍反映的哲學思想的歷史，然後才是中國哲學家和中華民族哲學思想的發達史。因為哲學典籍具有社會性和一定的超時代性，而哲學家的哲學則具有一定的時代性，加上考證的困難，追問哲學家的哲學思想往往有很大的侷限性。

其二，哲學、思想、文化之間如何進行適當的區分，用科學、宗教、哲學三分方法來解讀人類文明的體系是否合適。文化、宗教、科學等劃分方法很容易忽略佛教和道教等在中國哲學中的獨特地位，忽略史學和文學典籍在中國哲學中所具有的獨特的哲學和哲學史價值。

其三，在怎樣的學術和學科分類體系的設定下描述中國哲學史？20世紀中國哲學史的誕生很大程度上是西學衝擊的產物，中國哲學史這一名稱本

身就帶有西學的色彩,是中國學術自我發展的一個新的階段,它拋棄了中學過去以「六藝」為核心、以「四部」為框架的學術和圖書分類體系。中國近代一些思想家,如嚴復等人曾經嘗試用天地人三學的劃分方法來整合中西學問,也有用「性理之學」和「器數之學」二分的方法來進行學術歸類。中國現代的思想家們多用形而上學、人生哲學、認識論或知識論、辯證法和歷史觀等方法來進行哲學分類。一般的中國哲學史教材是按照自然觀、辯證法、認識論、歷史觀等結構式的解讀來安排中國哲學的。胡適則分為宇宙論、知識論、倫理學、教育哲學、政治哲學、宗教哲學等幾個方面。張岱年在《中國哲學大綱》中則分為宇宙論或天道論、人生論、修養論、政治論等部分。這種分類提供了在宏觀上把握中國哲學的一個範疇框架,但也要看到,由於中國古代漢語和古代哲學中的一些概念同時可以描述主客體、人和自然、社會和歷史等多個方面,在上述框架下闡釋中國哲學需要更為艱難的語言分析。

其四,在中國哲學的各家各派中如何進行內容來源的取捨和排序?中國哲學的內容和來源是不斷拓展的,不是既定的。時代的發展產生的新的需求要求不斷重新解釋舊的哲學史內容,同時開闢新的研究領域。領域的拓展是中國哲學史發展的動力之一。以一種新的哲學觀念和敘述方式描述舊有的內容也是中國哲學的發展必需的工作。近現代以來中國哲學的發展就經歷了理學或宋學的現代化,考據學和古文經學的現代化,今文經學的現代化,「諸子學」的復興,中國佛教革新與佛學研究的現代化,道學、易學的哲理化,西方哲學和馬克思主義哲學的中國化等發展過程。這些研究給一種能夠廣泛涵蓋中國哲學各派的哲學精神的中國哲學的一般理論的誕生創造了條件。但同時由於後現代思潮對體系這些的批判,又給這種體系化的哲學提出了很多的質疑。儘管如此,必須要看到中國哲學史的建設更多地依賴深植於中國哲學廣博的基礎上的中國哲學的一般理論這一基本的事實。如何平等對待並有效整合各家的思想是制約中國哲學史未來發展的一個十分重要的問題。

其五，中國哲學史在建構的路數上涉及的文化先行的引導路數，還是反過來的問題。這個問題涉及中國哲學史的哲學純粹性的問題。中國哲學和中國哲學史的建構最初主要是在文化上來立論的。這除了當時哲學文化要把更多的精力集中到社會問題上這一原因以外，也和中國文化和中國哲學自身的學科分類系統有關係，西方的學科分類系統在沒有被深入地介紹和接受之前，新形態的、獨立的中國哲學和中國哲學史是不能形成的。在20世紀30—40年代才形成了中國哲學史和中國哲學並不是歷史的偶然。因此中國哲學史建構過程中的一個基本的規律是先建構中國文化和中國文化史，或者有著中國文化和中國文化史的建構和理解才能有中國哲學和中國哲學史。就中國哲學和中國哲學史家個人而言，情況也大致如此，比如梁漱溟就是個典型。馮友蘭把中國哲學和中國哲學史的建構達到了一個新的歷史高度。文化問題在其思想體系中是一個子部分。但儘管如此，解決中西文化問題依然是其哲學研究和哲學創造的一個目的和動力之一。馮友蘭真正在三個方面有貢獻，他把三方面有機地結合在一起了。但要建設一個有中國氣派的中國哲學史並不一定要把哲學研究的焦點放在中西文化矛盾這個問題上，而是要面對人類社會生活中的出現的新問題和一些萬古常新的問題。在中國哲學自身思想的深入研究的基礎上，中西文化的關係問題自然就得到了很好的解決。

5. 歷史問題

中國哲學史也要面對原本的歷史和當代史這一關係問題。中國哲學史的現代建設和未來發展具有當代性。中國哲學史也表現為一種當代史。由於人是人類歷史的經常前提，也是人類歷史的經常的產物和結果，而人只是作為自己本身的產物和結果才成為前提。中國哲學史的當代性本身就是中國哲學和中國文化傳統的結。中國哲學史的當代性並不妨礙中國哲學的傳統性。儘管如此，能夠自覺體認時代的精神，並較好地深入中國哲學本有的精神世界

之中，則是中國哲學史建設一直要追求的一個價值目標。中國哲學史建設的當代性強調中國哲學和中國哲學史家的自主性和批判性；中國哲學史建設的傳統性強調中國哲學史家的對歷史的接納性和繼承性。實現了二者的有機結合，中國哲學史的建設一定會形成新時代的「世界眼光」和「中國氣派」。中國哲學的未來發展需要對近現代以來形成的中國哲學史建設路向進行科學的描述和反思。如此才能把握建設的大方向。

　　總體上看，目前的哲學史研究和中國哲學史教材依然保留了20世紀的慣性作用。目前的中國哲學史研究或多或少存在不同程度地落後於時代需要的情況。主要表現為：對思想家自身思想的內在邏輯分析和展現不夠充分，中國哲學史研究如何趨近中國哲學的原始內核的問題依然沒有得到很好的解決；中國哲學史在文化普及功能，培養對中國文化的興趣，培養公眾對中國文化的認同感方面，在引導公眾學習人格修養的方法方面功效不夠明顯；在文化取向方面還沒有有效地反映中國哲學自身的特徵，主體地位突出得很不夠。

三、中國哲學史的未來展望

　　中國哲學史建設將要形成一個研究方法和研究範式的大的創新時期。這個創新時期會有一些明顯的不同於以往的特色。主要包括：中國哲學史的發展將擺脫儒家為主線的單一的格局，融入更多的佛道等內容，並且各家的內在關聯構成的整體邏輯演進將是未來中國哲學史研究的基本要求；將會改變現有中國哲學研究過於忽略史學和文學著作的情況，呼應後現代的要求，中國哲學研究將具有一定的非宏大敘事的特徵；隨著西方哲學傳播的深入和中國哲學研究者西方哲學素養的提高，在吸收西方哲學的道路上將擺脫單純的西方哲學和西方文化外在引導的路向，突出中國哲學自身的特點的把握，同時能夠反映和回答西方哲學提出的問題；將改變亦步亦趨的「接著講」和「照著講」的方式，獨立自主的哲學創造將隨著中國國際地位的提高而完成；將

改變從現實入手的外在化的研究路向，深入中國哲學研究的內核是中國哲學未來發展的必然要求，以哲學原著的哲學闡發為主將取代哲學家和社會環境的外在化解讀和平均化解讀，而突出中國哲學家的個性色彩；建構主義和建設性的信古態度將是中國哲學史建設的必然選擇；視域的融合和方法創新是中國哲學史發展開拓新局面所必需。

中國哲學史的革新方向可以概括為：平視儒釋道，相容文史哲，把握了時代的脈搏；中西互相闡釋，突出中國哲學自身的特點的把握，同時能夠反映和回答西方哲學提出的問題；改變了亦步亦趨的「接著講」和「照著講」的方式，逐步在研究中探索獨立自主的哲學創造；在研究中深入中國哲學研究的內核，以哲學原著的哲學闡發為主取代哲學家和社會環境的外在化解讀和平均化解讀，突出中國哲學家的個性色彩；採取一定建構主義和建設性的態度進行中國哲學史的研究和教學；注重視域的融合和方法創新；在內容方面能夠相容知識性、學術性和實踐性。

未來的中國哲學要有個性，要超越簡單求對錯的哲學，而要創造個性化的、多元的哲學。哲學思想的演化不是單線的，而是多元的。講哲學是要講出一種思考方式，而不是別的什麼東西，每一種哲學都有自己的思考方式，思考方式不同會使同一個或者相類的概念和說法有不同的意義。哲學的變化不僅僅是研究的主題和重點的變化，更是思考方式的變化。哲學的魅力在於在同一種語言運用中讓人看出不同的意義。對哲學的評判要在把握其基本的思考方式的前提下進行，對待中國古代哲學尤其要如此。當然你要尋找中國哲學的本義，總是在一定時代背景下，由具體的個人進行的，哲學的本義可以多元。哲學和中國哲學的發展和繁榮不是單線條的邏輯演進。雖然可以找到規律性，但不能硬尋找規律。哲學是多元的、多線條的。能夠提出更多的問題，能夠有更多的思考方向和解決問題的嘗試就是哲學的發展。

從外在的問題中超脫是成就負責任的哲學家的方式：不必認為古人的哲

學的對話如同現代人一樣在研究所謂的學術問題,或者真的對時代或者自己的人生有沉重的責任感。最有價值的哲學創造往往並不是為了給整個社會講的,不是為了和別人爭論和爭鳴,可能只是對少數學生和朋友講,或者給自己講的。這樣一來,就不能侷限在各個派別和中西哲學的區別上來瞭解哲學,要看到人類有著共通的問題和共通的思考和解決問題的生存經驗。

古代哲學家的哲理在典籍中展現,儘量在自己的哲學知識和哲學框架的底蘊和背景下,面對原著本身,而不是直接以一種哲學理解古代哲學。因此明白古代哲學家的思路至關重要,這才是關係中國古代哲學生死存亡的大問題。未來的中國哲學史需要對中國哲學的原意不斷地追尋,奠基主義的精神是不可或缺的。

如唐君毅說:「我理想的世界,我不名之為聯合國的世界,而名之為以德性為中心而人文全幅開展的世界;不名之為一大同的世界,而名之為一太和的世界。我理想的世界中之人生,不只名之為人人各盡所能各取所需的人生,人人都能滿足其慾望,不斷的享幸福的人生,而名之為德慧雙修的人生,福慧雙修的人生,而一切幸福皆從德慧來。」[306] 未來的中國哲學應該努力使自己成為中國人的人文世界的構造因素和靈魂的支撐。

---

[306] 唐君毅:《人文精神之重建》,廣西師範大學出版社 2005 年版,第 20 頁。

體古今人性之常，通古今人性之變
——論中國哲學史研究的意義和目的

周可真 [307]

一

原始人類是矇昧無知的，當矇昧無知的人類逐漸開化到自覺無知時，遂有一批積極探索世界與人生的好問好學之士應運而生，由於他們及其後繼者們的問學求知的不斷開展，就逐漸地形成了後來被中國人稱作「學問」、西方人稱作「愛智」的學術。古希臘語「愛智」一詞即後世所謂「哲學」一詞的原型，中國古語中沒有與之完全對應的詞，但是據實說，西方的「愛智」之說和中國的「學問」之說初意本無二致，不過是指事相同而所指重點不一罷了，即它們都是指好問好學者自覺求知之事，但「學問」是意重於自覺求知的問學活動，「愛智」是意重於自覺求知的意欲態度。我們或許可以這樣來描述它們的關係：「愛智」是「學問」的心理動機，「學問」是「愛智」的行為體現。但是後來，「愛智」和「學問」都被用來稱謂專門的智力活動，這個時候它們就有了較大差異：西方的「愛智」（哲學）之名是在其求知活動發展到學者的思想發生分化從而各有其不同的學術追求時用於指稱只為探求真理的理論學術（尤指探求宇宙終極原因的理論學術），[308] 而中國的「學問」之名則是泛稱

---

[307] 周可真，蘇州大學哲學系教授。
[308] 例如，亞里斯多德把當時所有的學術劃分為「實用學術」、「製造學術」、「理論

體古今人性之常，通古今人性之變—論中國哲學史研究的意義和目的

一切可成一家之言的學說和相應的學術。[309] 這意味著西方的「愛智之學」比較重視智力活動中求真方法及其技術訓練，中國的「學問之術」則比較重視智力活動中表意方法及其技藝訓練。

然而，當我們撇開其學術形式差異，只看其智力活動的物件與內容時，我們便可以發現，無論是西方的「愛智之學」，還是中國的「學問之術」，它們都不外乎是智者或學者們對包括他們自己在內的人類與人類所生活的世界的相互關係和由這種關係所引出的種種問題的思考，而且這種思考在其古代階段都不是立基於反覆的經驗觀察與實驗所提供的確實可靠的事實來進行的實證思維，而是以思考者在求知過程中所積累起來的相當有限的直接和間接的經驗知識作為基礎，主要憑藉其先天固有並經過其後天的鍛鍊所發展起來的悟性與理性來進行的感想、聯想、比附、類推、推理等等主觀性鮮明而強烈的思辨活動，借用當年恩格斯站在實證科學的立場上來評論以往的自然哲學的話語來說，那種思辨活動是「用理想的、幻想的聯繫來代表尚未知道的現實的聯繫，用臆想來補充缺少的事實，用純粹的想像來填補現實的空白。它在這樣做的時候提出了一些天才的思想，預測到一些後來的發現，但是也說出了十分荒唐的見解，這在當時是不可能不這樣的」。[310]

古代學術較之於現代實證科學，其知識是如此不確切，其求知方法是如此不可靠，我們為何還要去研究古代學術？是否意味著要把古代學術當做現代實證科學的反面教材來進行研究，以便吸取古人在認識道路上誤入歧途的教訓呢？假如是這樣，難道現代實證科學竟無足夠地認知教訓可以自我總結

學術」三類，並把理論學術中「研究既是獨立又不動變的事物」者稱作「第一哲學」。（參見亞里斯多德：《形而上學》，吳壽彭譯，商務印書館 1959 年版，第 119—120 頁。）

309 《史記‧太史公自序》有「究天人之際，通古今之變，成一家之言」之說。

310 恩格斯：《路德維希‧費爾巴哈和德國古典哲學的終結》，《馬克思恩格斯選集》第 4 卷，人民出版社 1972 年版，第 242 頁。

和自我吸取,必欲尋訪古人以求可以「訓今」的前車之鑒嗎?

顯然,如果僅僅是為了發展現代實證科學,則古代的學術方法及知識除卻其少量早就被這種科學吸收了的因素以外,是根本無助於這種科學發展的。這意味著至少在直接意義上,研究古代學術是與發展現代實證科學無關的。那麼,究竟為什麼要研究古代學術呢?著名英國哲學家、數學家、邏輯學家伯特蘭‧羅素 (Bertrand Russell,1872—1970) 對於哲學的有關論述為解答這個問題提供了有益的啟示。

羅素在他所寫的《西方哲學史》(1945) 的「緒論」中,首先從哲學內容的構成上說明了哲學之所以為哲學的本質特徵是在於它在某種程度上同時兼有兩種因素——屬於傳統的宗教和倫理範疇的東西(信仰因素與思想因素)和屬於廣義科學範疇的東西(知識因素),[311] 進而將哲學理解為「某種介乎神學與科學之間的東西」,意思是說,哲學是依憑和運用人類理性對於那些迄今仍為確切的知識所不能肯定但卻是心靈所最感興趣的事物或問題的思考、研究[312];在該書最後一章「邏輯分析哲學」中,羅素闡明了科學昌明時代之所以還會有哲學的原因和哲學之所以有必要繼續存在的理由:該時代的學術「仍舊有一個傳統上包括在哲學內的廣闊領域,在那里科學方法是不夠的。這個領域包括關於價值的種種根本問題;例如,單憑科學不能證明以對人殘忍為樂是壞事。凡是能夠知道的事,透過科學都能夠知道;但是那些理當算是感情問題的事情卻是在科學的範圍之外」。[313] 這裡羅素非常明確地表示:科學只能知道它能夠知道的事,但有些事(如價值方面的事)是科學不足以完全了知的,還有些事(如感情方面的事)則是超出科學的認知能力的。這樣,他實際上是直接和間接地說明了如下幾個相互關聯的問題:

---

311 參見伯特蘭‧羅素:《西方哲學史》,何兆武、李約瑟譯,商務印書館 1963 年版,第 11 頁。

312 同上書,第 11—12 頁。

313 同上書,第 395 頁。

體古今人性之常，通古今人性之變——論中國哲學史研究的意義和目的

第一，科學和其他學術（涉及或專門研究諸如價值、情感之類的問題的學術）有互相併存的充分根據和互相補充的積極關係。

第二，研究古代學術對發展實證科學也許是沒有什麼實際意義或至少沒有直接的積極意義，但對於發展非實證性學術（哲學、人文、藝術、神學等）卻是有意義，有必要的。

第三，非實證性學術是以價值、情感等為主題的文化研究，它們對古代學術的研究本質上也是屬於文化研究，即對反映在古代學術中的價值、情感等文化因素的研究。

由此我們可以領悟到研究古代學術的意義：透過對反映在古代學術中的價值、情感等文化因素的研究，把握寓於這些文化因素之中的人性，由以體古今人性之常，通古今人性之變，從而達到如蘇格拉底（Socrates，前469—前399）所謂「認識你自己」的目的。

人性之為人類之本性，自然不只是同一些特定的人有關，而是與古今中外所有人乃至於未來人都有密切關係，因為凡人都有人性，只要是人，就必有人性。由於自然界長期進化而由自然界中產生出來並生活在仍處在進化著的自然界的人類，其人性當然不可避免地有其變動的一面，但它同時又有其恆常的一面，歷史範疇的人性即是「常」與「變」的對立統一。人性若無其「變」的方面，則是意味著人類永遠保持其絕對的自我同一而無所謂進化、無所謂發展；若無其「常」的方面，則是意味著人類在變化中不能保持其同質性而變得不再是人類而成了別的物種。正因為人性是歷史的常與變的統一，所以古今中外一切人之間都既有其個性又有其共性，既有其特殊性又有其普遍性，這種辯證關係體現在世界各民族之間就是這些民族的人類共性與民族特性的統一，體現在同一民族不同群族之間就是這些群族的民族共性與群族特性的統一——這是人性的常變統一在歷史空間向度上的表現形式；體現在同一民族不同時代之間就是這個民族的族類通性與時代特性的統一，體現在

不同時代的人類之間就是人類的自我同質性與時代變異性的統一——這是人性的常變統一在歷史時間向度上的表現形式。

　　非實證性學術的文化研究無非有兩種向度：一種是空間向度，一種是時間向度。空間向度的文化研究又有兩種維度：一是人類學維度，即透過對世界異質文化（如中、西文化）的比較研究來把握人性在不同民族之間所表現出來的常變關係；一是心理學維度，即透過對某一民族不同區域文化（大者如中國的北方文化與南方文化，中者如中國南方的吳越文化與閩南文化，小者如吳越的吳文化與越文化）的比較研究來把握其民族特性在不同群族（大如中國的北方人與南方人，中如中國南方的吳越人與閩南人，小如吳越的蘇州人與紹興人）之間所表現出來的常變關係。時間向度的文化研究也有兩種維度：一是世界史維度，即透過對人類文明史的研究來把握人性在文明進化不同階段之間所表現出來的常變關係；一是國別史維度，即透過對某個民族文化史（如中國文化史）的研究來把握其民族特性在其文化發展不同階段之間所表現出來的常變關係。

　　學術史研究本質上也是屬於文化研究，其有別於一般的文化研究之處在於：一般的文化研究是偏重於人的心理（意識）的情感形式和意志形式，是以「情」「意」為主題和核心的「心靈文化研究」；學術史研究是偏重於人的心理的認知形式，是以「知」為主題和核心的「智慧文化研究」。

　　哲學史研究作為學術史研究的一種特殊形式，它也是以「知」為主題和核心的「智慧文化研究」，只是作為哲學史研究物件的「知」是「哲學之知」而非一般的「人文之知」——如「文學之知」、「歷史之知」、「藝術之知」之類。這意味著，哲學史研究和其他一切形式的文化研究一樣，根本目的也是為了把握人性，達到對人的自我認識。具體而言，哲學史研究的目的是為了把握反映在哲學之知中的人性，達到對人的哲學知性的自我認識。

　　對人的哲學知性的自我認識這一哲學史研究的一般目標，體現在中國哲

體古今人性之常，通古今人性之變──論中國哲學史研究的意義和目的

學史研究中，就是要透過研究中國哲學之知，達到對中華民族所特有的哲學知性的認識，對於華人學者來說，即達到對中華哲學知性的自知之明。

二

提出「中華哲學知性」的新概念，自然會帶來諸多問題。其中首要的問題便是最近一些年來成為中國哲學史界「熱門話題」之一的所謂「中國哲學合法性問題」，亦即中國究竟有沒有哲學的問題。筆者本無意於參與這個話題的討論，但在本文的具體語境下無法避而不談這個問題。

依筆者之見，所謂「中國哲學合法性問題」，其真意其實不過是某個特定的哲學概念的合法性問題，因為無論是肯定還是否定中國有哲學，其肯定者或否定者總是依據某一特定哲學概念，以其概念的內涵所蘊含著的哲學標準來做出相應判斷的，其論爭諸方的意見分歧，歸根結蒂是由於各方所依據的哲學概念和相應的哲學標準不同所造成的。

然而，哲學概念是具有相當大的不確定性的，其情形類似文化、科學、宗教等概念，這是一些反映人類生活現象的文化科學概念或精神科學概念a，它們絕不似反映自然物質現象的自然科學概念（如「光」、「電」、「原子」、「分子」、「細胞」等等）那樣，可用經驗觀察或實驗的方式來確證其意義，因而可以達到形式邏輯所要求的其概念的清晰性及其使用的同一性和自然科學所要求的其概念的精確性、確定性及其使用的統一性。以文化概念來說，關於它的定義迄今有數百種之多。科學概念也並不統一，從標誌科學概念的語詞方面說，著名英國科學史家丹皮爾 (William Cecil Dampier，1867—1952) 曾指出：「拉丁語詞 Scientia（Scire，學或知）就其最廣泛的意義來說，是學問或知識的意思。但英語詞『science』卻是 natural science（自然科學）的簡稱，雖然最接近的德語對應詞 Wisseschaft 仍然包括一切有系統的學問，不但包括我們所謂的 science（科學），而且包括歷史，語言學及

哲學。」³¹⁴ 另外，從科學概念的思想基礎方面說，自從 18 世紀英國哲學家休謨（David Hume，1711—1776）提出科學理論中歸納方法的有效性問題以來，關於歸納法的合理性就一直是許多哲學家所關注和討論的問題，像波普爾（Karl Raimund Popper，1902—1994）這樣堅定的反歸納主義者，其對歸納邏輯的批判，在某種程度上其實也是對基於實證主義和歸納主義的科學概念的一種批判；而波普爾的證偽主義及由此所引發的有關「證偽」話題的討論，也表明了近代以來一直流行於科學界並實際地支配科學界內外大多數人頭腦的實證科學概念並非是什麼不容置疑的確切概念。宗教概念同樣是不確定的，這尤其突顯在近些年來中國哲學史界關於「儒教是否宗教」的討論中。至於哲學概念，它其實從來是不確定的，就是「哲學」一詞的發源地古希臘，其哲學發展不同時期也有不同的哲學概念。例如，亞里斯多德（Aristoteles，前 384—前 322）的哲學概念有廣義和狹義之分：廣義的哲學概念是指理論學術；狹義的哲學概念是指理論學術中的神學（又稱「第一哲學」或「第一學術」）。³¹⁵ 但是古希臘哲學晚期，「斯多葛派認為哲學有三部分：物理學、倫理學與邏輯學。當我們考察宇宙同它所包含的東西時，便是物理學；從事考慮人的生活時，便是倫理學；當考慮到理性時，便是邏輯學，或者叫做辯證法」。³¹⁶ 這顯然不同於亞里斯多德的哲學概念（無論是廣義的還是狹義的），因為亞氏是把倫理學歸入「實用學術」的，在亞氏看來，倫理學連「理論學術」都算不上。中世紀的哲學概念又有變化，例如，經院哲學家湯瑪斯‧阿奎那（Thomas Aquinas，1225—1274）說，哲學（又名「思

314　[英] W.C. 丹皮爾：《科學史及其與哲學和宗教的關係》，李珩譯，商務印書館 1975 年版，第 9 頁。

315　參見亞里斯多德：《形而上學》，吳壽彭譯，商務印書館 1959 年版，第 5—6、33、119—120 頁。

316　《哲學原理髮展概述》編寫組：《哲學原理髮展概述（上）》，福建人民出版社 1981 年版，第 5 頁。

體古今人性之常，通古今人性之變—論中國哲學史研究的意義和目的

辨科學」）有三門：物理學、數學和神學。「除了上述三門以外，並沒有什麼第四門的哲學」。其中神學「其所以稱為神學，是因為它所研究的物件主要是上帝。它也稱為形而上學，意思是超過了物理學，因為我們在物理學之後遇到這個研究對象，我們是必須從感性事物前進到非感性事物的。它又稱為『第一哲學』，因為其他的科學都從它取得自己的原則，都跟從它」。[317] 阿奎那的「第一哲學」概念與亞里斯多德的「第一哲學」概念根本是兩碼事，儘管後者也被亞氏稱作「神學」，但它並不是以「上帝」為對象的宗教神學。進入近代以後，就更沒有一個被一切自稱為從事哲學研究的學者所共同接受的哲學概念了。據筆者的初步考察，近代以來關於哲學的研究物件至少有八種觀點：(1) 以實際事物為研究物件的「物理哲學觀」——以英國哲學家弗蘭西斯·培根（Francis Bacon，1561—1626）為代表；(2) 以人生為研究物件的「倫理哲學觀」——以中國哲學家馮友蘭(1895—1990)為代表；(3) 以人心為研究物件的「心理哲學觀」——以德國哲學家費希特（Johann GottliebFichte，1762—1814）為代表；(4) 以超人間、超自然的實體為研究物件的「神性哲學觀」——以德國哲學家黑格爾（Georg Wilhelm Friedrich Hegel，1770—1831）為代表；(5) 以科學為研究物件的「論理哲學觀」——以科學哲學（the philosophy of science）學派為代表；(6) 以知識為研究物件的「知性哲學觀」——以中國哲學家毛澤東（1893—1976）為代表；(7) 以語言為研究物件的「語義哲學觀」——以德國哲學家維根斯坦（Ludwig Wittgenstein，1889—1951）為代表；(8) 以歷史上的哲學（主要是「中、西、馬」）為研究物件的「史義哲學觀」——這是當代中國哲學界雖並無其理論形式卻實際上被廣泛應用著的一種哲學觀。[318]

317　北京大學哲學系外國哲學史教研室編譯：《西方哲學原著選讀》上卷，商務印書館 1981 年版，第 266 頁。

318　參見拙文：《中國哲學、西方哲學、馬克思主義哲學在哲學觀上的會通——對當代中國哲學創新的元哲學及方法論思考》，《中國社會科學（季刊）》(英文

哲學觀和相應的哲學概念是如此多變多樣而不確定，以至於著名德國哲學家、哲學史家文德爾班（Wilhelm Windelband，1848—1915）在《哲學史教程》(1892)中只能如此向學習哲學者道以實情：「鑒於『哲學』一詞的涵義在時間的進程中變化多端，從歷史的比較中要想獲得哲學的普遍概念似乎是不現實的。根據這種目的提出來的概念，沒有一個適用於所有自稱為哲學的思維活動的結構。」[319] 在這種背景下，自然也不可能形成統一的哲學方法論。正是鑒於這種情況，當代英國分析哲學家麥可·達米特（Michael Dummett）曾中肯地指出：「哲學沒有一致的方法論，而且也很難有任何毋庸置疑的成就，因而哲學特別容易形成派別和宗派主義。但是這些東西只能對哲學有害。」[320] 以筆者之見，最近一些年來中國哲學史界之所以會發生關於中國有沒有哲學的所謂「中國哲學合法性問題」的爭論，恐怕是與達米特所說的那種哲學宗派主義大有關係的。

對於像哲學、宗教、科學、文化等等這樣的概念，我們首先應該尊重傳統或習慣所賦予它們的涵義，就像文德爾班在《哲學史教程》中所做那樣，儘管他感到要想提煉出一個「適用於所有自稱為哲學的思維活動」的哲學概念是極困難的事，但他既沒有因此而陷入哲學概念問題上的相對主義和虛無主義，也沒有自說自話地或主觀主義和獨斷主義地給哲學下一個莫名其妙的定義，而是尊重習慣的理解給哲學概念作了如是界說：「所謂哲學，按照現在習慣的理解，是對宇宙觀和人生觀一般問題的科學論述。」[321] 羅素在《西方哲學史》的「緒論」中開宗明義的第一句話「我們所說的『哲學的』人生觀與

版)2009 年第 3 期。

319　[德]文德爾班：《哲學史教程》，商務印書館 1987 年版，第 11 頁。

320　[英]麥可·達米特：《分析哲學的起源·序》，王路譯，上海譯文出版社 2005 年版，第 5 頁。

321　[德]文德爾班：《哲學史教程》，第 1 頁。

體古今人性之常，通古今人性之變─論中國哲學史研究的意義和目的

世界觀乃是兩種因素的產物⋯⋯」，[322] 也表明了他所說的「哲學」是就「人生觀與世界觀」而言，這與文德爾班按「習慣的理解」所下的哲學定義具有明顯一致性，表明了羅素和文德爾班一樣，也是尊重這個「習慣的理解」的。長期流行於我國哲學教科書上的哲學定義（通常被表述為「哲學是理論化、系統化的世界觀」），同樣是尊重了上述習慣上對哲學的理解。這個習慣的理解其實是淵源於亞里斯多德在《形而上學》中關於形而上學（第一哲學）的學術特徵的一段論述：

「有一門學術，它研究『實是之所以為實是』，以及『實是由於本性所應有的秉賦』。這與任何所謂專門學術不同；那些專門學術沒有一門普遍地研究實是之所以為實是。它們把實是切下一段來，研究這一段的質性；例如數學就是這樣做。」[323]

在這段論述中，亞里斯多德指出了形而上學有兩個基本特點：其一，研究物件是「實是」整體或整個「實是」；其二，研究內容有兩個要點：一是研究「實是」的所以然之理；一是研究「實是」的所當然之理。在理解亞里斯多德這段話的意義時，不應糾纏於細節，拘泥於這裡所講的「實是」的具體涵義（按：這裡「實是」概念在外延上包括一切存在），以為唯有研究這個意義的「實是」才屬於形而上學，才是真正的哲學，而是應當抓住這段話的精神實質，把握其思想的基本原則，對其本義作合乎其思想基本原則的合理引申，將「實是」看作是一個泛指一定研究領域的客體存在的語詞，從而把亞里斯多德所指形而上學的學術特點理解為是它在研究客體存在時所表現出來的區別於其他學術的特殊思維路向，即它不是去研究而且也無意於去研究客體存在的具體屬性以及這些屬性之間的具體聯繫，而是把著意點放到客體存在的本體（按：它的各種屬性都不過是其本體的現象形態）上，去探究客體

---

322 ［英］伯特蘭・羅素：《西方哲學史》，第 11—12 頁。
323 亞里斯多德：《形而上學》，第 56 頁。

存在的「所自然之體」、「所以然之故」和「所當然之理」。

所謂客體存在的「所自然之體」，就是研究它、認識它的人所欲探知的它的本來狀態之究竟，這種狀態相對於它顯示在研究它、認識它的人面前的感性形象來說，就是它的本體，後者則是它的現象。對研究它、認識它的人來說，它的本來狀態（本體）不僅隱藏在他所感知到的它的感性形象（現象）背後，而且外在於他的感覺，絲毫不受他的感覺因素的影響，因而不僅是它的本來狀態，也是它的自然狀態，在這種狀態中，它就是它自己，一個獨立而完整的自在之體。哲學對客體存在的「所自然之體」的窮究，是意味著要達到對客體存在的全面性認識或整體性把握。在這個意義上，「哲學之知」即是「全面之知」、「整體之知」。

所謂客體存在的「所以然之故」，就是對於研究它、認識它的人來說欲知它為何如是的原因和原理。它的原因就是對研究它、認識它的人來說尚不清楚的、促使它產生出來的他物；它的原理就是促使它產生出來的這個未知的他物的內在動力——假使這個未知的他物是人抑或被想像為似人一樣有意識的東西（神），那麼，這個他物的內在動力就是他（人或神）的動機或目的。哲學所關注和研究的客體存在，其原因和原理都不是在它自身之中，而是外在於它的他物及其本性，因此，對它的原因和理由的研究，就是意味著把它和在研究者看來是與它相關的他物聯繫到一起，考察它與他物相互影響、相互作用的關係，以發現它與他物之間的必然聯繫。哲學對客體存在的「所以然之故」的追究，是意味著要達到對隱藏在客體存在背後的必然聯繫的認識。在這個意義上，「哲學之知」即是「必然之知」。

所謂客體存在的「所當然之理」，就是在已知其背後的必然聯繫的人看來它在這種聯繫中為它的原因和原理所決定的它與它的未來之間的聯繫。對於研究它、認識它的人來說，它與它的未來之間的聯繫也是隱藏在它背後的必然聯繫，但是這種必然聯繫中的未知之物與它的關係不是它與他物之間的關

體古今人性之常，通古今人性之變──論中國哲學史研究的意義和目的

係，而是它的自我關係——它與未來之它的關係。從客體存在的時空維度上說，它與他物之間的必然聯繫是空間上的必然聯繫，它與未來之它的必然聯繫是時間上的必然聯繫。對研究這兩種必然聯繫的人來說，如果他把握了這些聯繫，那麼，其空間上的必然聯繫對他來說乃是已然性的實然聯繫，其時間上的必然聯繫對他來說則是未然性的應然聯繫。未然而應然的必然聯繫即為當然聯繫。哲學對客體存在的「所當然之理」的研究，是意味著要達到對隱藏在客體存在背後的當然聯繫的認識。在這個意義上，「哲學之知」即是「當然之知」。

如果我們尊重傳統或習慣所賦予哲學的涵義，我們就有理由認為，按其本性來說，哲學就是「求體」、「求故」、「求理」之學。這門學問所追求的知識是關於客體存在的屬性或現象之外的知識，亦即關於客體存在的現象界背後的本體界的知識。這便是傳統哲學的學術特性之所在。

三

以上所述乃是依據淵源於亞里斯多德哲學的西方傳統的哲學概念來對傳統哲學的學術特性所作的分析與判斷，但是，這種西方傳統的哲學概念是否也適用於中國？換言之，中國固有的學術中是否也有一個追求「整體之知」、「必然之知」、「當然之知」的傳統？

中國學術的發端如果從西周算起，那麼，從西周開始，經歷春秋、戰國、秦朝，至西漢武帝時，已經形成了一個如司馬談(?—前110)所稱的「究天人之際，通古今之變，成一家之言」[324]的學術傳統。所謂「究天人之際」，[325]按西語習慣來表達，就是研究宇宙和人生及其相互關係。而「究天人

324　《史記‧太史公自序》。

325　與司馬談同時代的董仲舒（前179年—前104年）則稱為「觀天人相與之際」（董仲舒：《天人三策》，載班固《漢書‧董仲舒傳》），而三國魏何晏(?—249年)則有「論天人之際」（劉義慶：《世說新語‧文學四》）之說。

之際」的所謂「究」是「窮究」之「究」[326]，意指追本窮源。「究天人之際」不是研究宇宙中的具體事物和人生的具體事務及其相互間的具體關係，而是對宇宙、人生及其相互關係作追本窮源的學術探究，如此探究所得到的知識、思想、觀念，按西語習慣來表達，正是中國傳統的宇宙觀和人生觀。自西周以來逐漸形成而至西漢初年已成傳統的「究天人之際」的學問，就是中國傳統學術中的哲學——中國傳統哲學。

和西方傳統哲學一樣，中國傳統哲學同樣是「求體」、「求故」、「求理」之學。這裡無須亦不容作長篇大論，只消考察和分析一下老子之學，即可收「窺斑見豹」之效。

先從「求體」說起，老學已開其端。老子說：「天下有始，以為天下母。既得其母，以知其子；既知其子，複守其母。」[327] 老子想像宇宙有一個開端，他稱開端時的宇宙為「天下母」。開端時的宇宙是怎樣？這是老子首先要探究並且後來他自認為終於弄明白了的問題。就他當初探究這個問題時，開端時的宇宙或宇宙的本來狀態便是他所未知而欲探究的宇宙的所自然之體。「得其母」便是指獲知宇宙的所自然之體。對宇宙的認識者來說，這個被他稱作「天下母」又「字之曰道」的原始宇宙與由它所派生出來的萬物的關係，就是宇宙本體與這個本體的屬性或現象之間的關係。所謂「既得其母，以知其子」的「母」與「子」，正是老子認識論中用以標誌本體與屬性或現象的一對範疇。「既得其母，以知其子」是意味著以「得母」（把握本體）為「知子」（理解現象或屬性）的充要條件，這是老子認識論的根本觀點。這個觀點蘊含著被他稱作「道紀」的認識路線與認知方法：「執古之道，以禦今之有。能知古始，是謂道紀。」[328] 老子之所以堅持從本體（道）到現象（有、萬物）的認知

---

326 許慎（約58—約147）：《說文解字》：「究，窮也。」
327 通行本《老子 · 五十二章》。
328 《老子 · 十四章》。

體古今人性之常，通古今人性之變——論中國哲學史研究的意義和目的

路線和依據對本體的認識來理解具體的現象或屬性的認知方法，這顯然意味著他是要達到對世界認識的全面性，避免認識的片面性。事實上，老子的確說「聖人不行而知」、「不出戶，知天下；不窺牖，見天道」，他所擺出的理由就是：「其出彌遠，其知彌少。」[329] 即認為由經驗活動（「行」）得來的知識是完全不可靠的，對於認識世界的真相毫無益處，相反，越是沉迷於經驗知識的索求，就越是遠離世界的真相。老子的「求體（道）」方法，在大思路上頗似弗蘭西斯‧培根在《新工具》(1620) 中評論創自亞里斯多德的傳統演繹法時所指這種方法在把握宇宙本體方面的表現：「從感官和特殊的東西飛越到最普遍的原理」，[330]「開始時一下子就建立起某些抽象的、無用的、普遍的東西」。[331] 實際上，老子所謂「既得其母，以知其子」的認知邏輯，與西方傳統演繹法所蘊含的認知邏輯並無二致，在認識路線上是同一的，只是老子並沒有像亞里斯多德那樣按照這套認知邏輯去深入鑽研怎樣進行演繹推理從而創立關於演繹推理的理則學（logic）[332]。

從另一維度看，老子不僅「求體」，他同時還「求故」，因為「道」既被他看作本體（本來狀態或自然狀態）、整體（混然為一的混沌狀態）的宇宙，又被他看作萬物由以產生的根源。「道」作為萬物的根源對認識者（老子）來說，正就是他起初想要知道且後來他自認為終於獲知了的造成現象世界（萬物）的原因。正是從這個維度看，老子所謂「母」「子」也具有認識論上的因果意義，從而其「既得其母，以知其子」的認知邏輯，也可以被理解為是他

---

329 《老子‧四十七章》。

330 ［英］弗蘭西斯‧培根：《新工具》，許寶騤譯，商務印書館 1997 年版，第 12 頁。

331 參見［英］弗蘭西斯‧培根：《新工具》，第 12—13 頁。

332 「邏輯」是 1902 年嚴復（1854—1921）翻譯《穆勒名學》時對英文 logic 一詞的音譯，意譯為「名學」，日語譯為「論理學」，牟宗三（1909—1995）則譯作「理則學」。筆者認為牟先生的譯法最為得體，故而從之。

將自己所把握到的「道」與萬物之間必然的因果聯繫引入到認知領域，把它當做認識世界的思想規律來看待的結果。另外，從促使萬物產生的「道」的內在動力來看，老子所謂「道常無為而無不為」[333]的「常無為」，恰恰就是他起初欲知其究竟而後自以為得知的萬物為何能產生和存在的原理，這個原理同時也是他所理解的「道」為何能生萬物的緣故。「求故」在老子之學中的具體意義，就是既求萬物生存之理，又求「道」生萬物之故。而「常無為」，就是老子所求得的並且自以為是千真萬確的萬物生存之理和「道」生萬物之故。從老子思想的整體來看，「常無為」之理是他所最為看重的，因為在他看來，對治理天下的「侯王」來說，認識萬物生存之理和「道」生萬物之故最為重要，如果掌握了這兩個方面的原因（實為同一原理的兩個方面），「侯王」就能「同於道」：「道常無為而無不為。侯王若能守之，萬物將自化。」[334]這意味著「常無為」對「道」來說就是「道」為其本性所決定的它的當然之理，而對治理天下的統治者來說，則是其治理天下所該遵守的應然之理。而所謂「常無為」的意義，在「道」即是「道法自然」，在「王」即是「守道」。在老子看來，「侯王」若不能「守道」而「常無為」，他就只是個徒有其「侯王」封號的蹩腳統治者，絕不能成為與「道」、「天」、「地」並稱「域中四大」的「王」。「王」之所以為「王」，是因其像「天」「地」一樣「守道」，即如「法自然」的「道」那樣「常無為」。「故道大、天大、地大、王亦大。域中有四大，而王居其一焉。人法地，地法天，天法道，道法自然。」[335]這裡「自然」[336]一詞

333　《老子・三十七章》。

334　《老子・三十七章》。

335　《老子・二十五章》。

336　據東漢許慎《說文解字》對「自」的解說，「自」的本字為「鼻」。而「鼻」字，許慎《說文》解為「主臭者」（指鼻子），西漢揚雄（西元前53—西元18)《方言》則解為「始」。後來「自」從「鼻」字中分離出來而獨立成詞以後，仍留有「始」之義。先秦典籍中，「自」既有作代詞用的情況，也有作名詞用的情況。如《孟子・離婁》：「人必自侮，然後人侮之；家必自毀，而後人毀之；國必自伐，而

含有雙重意義,既是指對宇宙來說的它的本來狀態,又是指對人來說的宇宙的自然狀態。所謂「人法地,地法天,天法道,道法自然」也是一語雙關:既是就「可以為天下母」的「道」本身而言,說「道」是永遠保持著它的本來狀態而不改變;又是就「域中四大」中的「天」、「地」、「王」而言,說它們都是傚法「道」而與宇宙自然狀態保持同一而無有偏失——這正是老子將其三者與「道」並稱「域中四大」的理由。根據老子的論述,「域中四大」中的「道」有兩種存在狀態:一是它作為「天地之始」的「無名」狀態,一是它作為「萬物之母」的「有名」狀態。[337]「道法自然」的「自然」是指「道」作為「天地之始」的「無名」狀態而言,這種狀態對「道生一,一生二,二生三,三生萬物」[338] 的演化過程來說就是「道」之「始然」或「本體」。處於這種原始狀態的「道」,老子稱它為「無名之樸」。[339] 所以,直接地說是「道法自然」,間接地說其實是「道法無名」。他所謂「道常無名」,[340] 實際上正是說「道以無名為常法」。「這裡『無名』應被理解為猶如處在黑暗中的人尚未向他人發出表明自己存在情況的口語信號,自然之道尚處在『寂兮寥兮』[341] 的狀態而沒

後人伐之。」此處「自」為代詞,指自己。作名詞使用時,「自」含有「起始」、「開頭」、「由來」、「起源」等意義。如《韓非子・心度》:「故法者,王之本也;刑者,愛之自也。」這裡「自」與「本」被併舉使用,它們是近義詞,「本」是「根源」之意,「自」是「起始」之意。如《禮記・中庸》:「知風之自,知微之顯,可以入德也。」這裡的「自」是「由來」、「起源」之意。所以,「自然」一詞既可釋義為「自己如此」,又可釋義為「原初的樣子」。在後一種意義上,「自然」相當於張載(1020—1077)《正蒙・太和》「太虛無形,氣之本體」的所謂「本體」(意指本來狀態)。

337 《老子・一章》:「無名,天地之始;有名,萬物之母。」
338 《老子・四十二章》。
339 《老子・三十七章》。
340 《老子・三十二章》。
341 《老子・二十五章》。按:寂:無音聲。寥:空,無形。

有以感性形式來表現自己。」這是表明「道」尚未有「自我表現之欲」。[342] 這種「常無慾」的無名狀態，便是所謂「虛極」、「靜篤」[343]的原始虛靜狀態。「道以無名為常法」是意味著「道」永遠保持著它原初的那種無慾虛靜狀態。在老子看來，「道」常無慾虛靜就是意味著「道常無為」。正因為「道」是如此常無慾、虛靜、無為，它才可以作為「域中」的最高準則而為天、地、人所取法，換言之，「道」之所以為「域中」「天下式」[344]，就是因為「道法自然」——「道」永遠保持著其無慾、虛靜、無為的原始狀態。《莊子‧天道篇》所謂「夫虛靜恬淡寂寞無為者，天地之平而道德之至也」，其實也是講的這個道理。就是根據這個原理，老子認為欲觀「道」之「常無為而無不為」之要妙，須得如「道」之「常無慾」[345]，否則就無法「得道」，「守道」便無從談起了。

在筆者看來，老子之學是「求體」、「求故」、「求理」之學，這是確然無疑的。如果把老學的範疇同玄學的「本」「末」範疇、佛學和理學的「體」「用」範疇聯繫起來，我們更可以看到，這三對範疇是有其歷史的和邏輯的聯繫的，它們之間既是一脈相承，又互有差異，即它們都是反映「求體」、「求故」、「求理」之學所特有的認知方式的認識論範疇，都是標誌作為認識物件的客體存在的本體與現象的關係範疇，只是在由它們所分別代表的三種互有同異的認知方式下，這種關係被賦予了相近而不完全相同的意義。粗略地說，在以老子為代表的上古時代的認知方式下，本體與現象的關係普遍被理解為「母」「子」關係，這個時代的認知方式可稱為「母子模式」；在以王弼

---

342 參見拙文：《「體道」的必要性、原理及方法 ——〈老子〉道篇首章新解》，《江南大學學報（人文社會科學版）》2011 年第 6 期。

343 《老子‧十六章》：「致虛極，守靜篤。萬物並作，吾以觀複。」

344 語出《老子‧二十二章》：「曲則全，枉則直，窪則盈，敝則新，少則得，多則惑。是以聖人抱一為天下式。」又見《二十八章》：「知其白，守其黑，為天下式。」

345 《老子‧一章》：「常無慾，以觀其妙」。

~273~

（226—249）為代表的中古時代的認知方式下，本體與現象的關係普遍被理解為「本」「末」關係，這個時代的認知方式可稱為「本末模式」；在以朱熹（1130—1200）為代表的近古時代的認知方式下，本體與現象的關係普遍被理解為「體」「用」關係，這個時代的認知方式可稱為「體用模式」。與之相應，這三個時代的「求體」、「求故」、「求理」之學可分別被歸結為上古的「求母之學」、中古的「求本之學」和近古的「求體之學」。「求母之學」以老子之學最為典型，其特點上文已論之。較之於上古的「求母之學」，中古的「求本之學」的特點在於：它不像「求母之學」在知行問題上只講「得母」和「守母」，而是既講「崇本息末」又講「統本舉末」。由此可以看出這兩個時代的認知方式是不一樣的：「母子模式」是只關心現象背後的本體，不關心現象如何表現本體，只講本體決定現象，不講現象對本體的能動作用；「本末模式」則不但關心現象背後的本體，也關心現象如何表現本體，不但講本體決定現象，也講現象對本體的反作用。可以認為，「母子模式」是機械的本體決定論認知模式，「本末模式」是帶有辯證性的本體決定論認知模式。近古的「求體之學」又與中古的「求本之學」有一定差異，這突出地表現在「求體之學」主張「體用一源，顯微無間」，其如此強調本體與現象之間互相依賴、互相包含、互相轉化的同一性，實有將本體與現象合為一體的思想傾向，由此可以看到近古時代的認知方式與過去的認知方式都不同：上古的「母子模式」和中古的「本末模式」儘管有一定差異，但它們都是屬於決定論認知模式，而近古的「體用模式」卻是一種非決定論認知模式。於此可見，從上古到中古再到近古，中國傳統哲學的發展呈現出這樣一個規律性現象：越往古則越是關心現象背後的本體，越往今則越是不關心現象背後的本體。或者也可以說，越往古則越是不關心現象世界，越往今則越是關心現象世界。這個規律性現象在很大程度上反映出中華傳統哲學知性有一個從「理智哲學知性」到「經驗哲學知性」的演變過程。

哲學知性是人類知性的一種形式，無論這種知性在人類知性系統中佔有怎樣的地位和發揮怎樣的作用，它都是人類本性（人性）內容之一，這是確定無疑的，因而它也無疑是我們自己作為人類成員的類本質的內容之一，在此意義上，哲學史研究不過是從一個方面對自己的類本質進行歷史維度的自我反省，以達到對這種自我本性之來龍去脈的自知之明。就我們作為中華民族的成員來說，中國哲學史研究也不過是對自己的民族本性進行歷史維度的自我反省，以達到對這種自我本性之來龍去脈的自知之明。

體古今人性之常，通古今人性之變──論中國哲學史研究的意義和目的

論從傳統到現代的創造性轉化

朱曉鵬[346]

一

中國是世界上少有的有著數千年延綿不絕的文明史的國度。中國數千年的文明史為我們留下了豐富悠久的思想文化傳統，面對這種傳統的思想文化，我們後人當然有責任要予以繼承和發揚。然而，需要我們認真思考的一個重要問題是，我們究竟為什麼要研究傳統的思想文化？應該研究傳統思想文化中的哪些東西？我認為傳統思想文化的研究歸根結底是為了現代人的生活和思考，是為現時代以及未來人們尋求一種更合理、更有意義的生活服務的。因此，對傳統思想文化的研究要著重研究傳統思想文化中所具有的那些恆久生命力和普遍性價值的成分，那些蘊含了可以成為回應現時代問題及重建當代思想文化的豐富可貴的精神資源，使之成為中國社會從傳統向現代性轉換過程中應予以借鑑依憑的一個特有的民族性基礎。具體而言，就是既要研究傳統思想文化中其固有的價值和精華，特別是其對於現代社會的思想文化和社會生活所具有的那些作用和意義，包括透過對傳統經典的現代闡釋和運用揭示出傳統思想文化中所蘊含的現代性要素及其意義，蘊含的那些可以轉化為推進我國社會發展和現代化的豐厚「軟實力」，又要研究傳統思想文化現代化或作用於現代社會的思想文化、社會生活的途徑、方法問題，研究傳統文化向現代文化轉型的路徑等問題。只有這樣，在當今現代化和全球化的

---
346 朱曉鵬，杭州師範大學中國哲學與文化研究所教授、所長。

論從傳統到現代的創造性轉化

歷史潮流中,民族復興和中國文化的重建才既可以有其具有普適性的現代性座標,也可以找到自己獨特的民族性基礎。

為了實現上述目標,我們今天對傳統思想文化的研究、繼承和發揚,就不只是要向傳統回歸、讓傳統復活,而是要實現傳統的創造性轉化。由華人學者林毓生教授最早提出的「創造轉化」的觀念,近 30 多年來已經在華人的文化圈、學術界裡被普遍接受。創造性轉化意味著從現代的維度來觀察、研究傳統思想文化問題。它不但要以此克服五四新文化運動以來西化派與傳統派的長期對立與糾葛,也要求超越可能缺乏自信的「中國傳統思想如何現代化」的命題,將一百多年來學者們有關思想變革的看法,導入至少在心態上是一種相當健全的方向。正如韋政通先生所說的,「創造轉化」思想的精髓,不但對中國的思想傳統在態度上應採取批判地繼承,對西方文化也應做到批判地吸收,徹底解除以往「我族中心」或「西方中心」文化交流上的不平衡、不理性的狀態。[347]

按照這一思路,從傳統到現代的創造性轉化,就不僅僅是涉及「古今」問題,還要涉及「中西」問題。正因此,有關中西古今之爭成了中國近現代一個最重要的文化主題。一個多世紀以來中國的文化思潮與文化論爭,大都是圍繞古今中西關係而展開的,從中體西用論、西化論、五四新文化運動,一直到 20 世紀 80 年代以來的文化熱,這一主題都不斷再現。這種中西古今之爭的實質是如何理順文化的民族性與時代性、本土文化與外來文化的關係,從而解決任何後發展中國家在邁向現代化過程都必然碰到的現代文化的重建問題。

不過,從歷史形態上看,這樣一個複雜的「中西古今」問題,首先碰到的就是嚴酷的「中西」衝突問題。中國人在因遭受西方列強堅船利炮的侵略

---

[347] 韋政通:《中國思想傳統的創造轉化》,《韋政通自選集》自序,雲南人民出版社 2002 年版,第 1 頁。

和先進科學技術及文化的強烈衝擊後所產生的嚴重的文化危機時，首先提出了「中體西用」論，即以西方先進的科技之用補救中國固有文化之體，試圖以此作為實現從傳統到現代的創造性轉化的主要應對之策。然而，因為中國傳統社會是一個以小農為主導的農業社會，近現代社會在本質上是以大工業生產為主導的工業化社會和以商業生產和交換為主導的市場化社會。顯然，這兩種社會的主導價值觀和文化形態是存在巨大差異的。這種差異不僅僅是空間分佈上的不同典型，更是時間縱向上的不同發展序列。中國傳統社會文化是典型的古代社會文化形態，而西方近現代社會文化則是現代性社會文化形態，它們之間有著質的區別，中西異質文化和異質社會造成了「中西之別」在很大程度上也就是「古今之別」。所以，如果說「中體西用」論還基本上把中西方文化定位為不同的文化類型，甚至骨子裡還把中國傳統文化看作高於西方文化之「體」，那麼，自甲午戰爭、戊戌變法失敗之後，「中體西用」論完全破產後，隨之興起的西化論、新文化運動等則已將「中西之爭」進一步演變成了「古今之爭」，即將中國傳統社會文化看作停留於中古階段的社會文化，而西方近代以來的文化則被視為代表著人類新的文明方向的現代文化。[348] 因此，中國近現代「向西方學習」的過程也就並不僅僅是被當做不同文化之間模式、典範的「轉型」，更是被視為社會文化在整體層面上由傳統向現代的演進、變遷。正如馮友蘭所說：「一般人心目中所有之中西之分，大部分都是古今之異。所以以近代文化或現代文化指一般人所謂西洋文化是通得多……我們近百年來之所以到處吃虧，並不是因為我們的文化是中國底，而是因為我們的文化是中古底，這一個覺悟是很大底。」[349]

從文化發生學上來看，上述觀念演變是有其合理性的。中國近代以來的

---

348 參見朱曉鵬：《中國傳統社會文化的近現代變革》，《河北學刊》2006年第2期。
349 馮友蘭：《馮友蘭學術論著自選集》，北京師範大學出版社1992年版，第156頁。

中西文化衝突實質上是在不同歷史階梯上的文化衝突：近代中國還是傳統文化的世界，但它面對的已不是西方世界的傳統文化，而是近現代文化！這樣一種以傳統文化對抗現代文化的戰爭，當然是難免失敗的。所以我們不能簡單地對中西文化做出好壞優劣甚至先進落後的價值判斷。就一般而言，任何一種文化的價值及其效用都不可能是無限的，而是必有其核心與邊界。根據經濟學上的「邊際效用」原理，一種東西的價值及其效用將會呈現從核心到邊界的遞減規律。因此，要對各種文化的價值及其效用進行正確的判斷，必須首先對不同文化劃分出其合理的「價值邊界」，從而認識到不同文化既有其核心價值，也有其「價值邊界」。在這種「價值邊界」，其文化的價值及其效用很可能是十分微小甚至歸零。根據這一道理，我們要對中西文化作出正確的價值判斷，也必須首先對中西方不同文化劃分出合理的「價值邊界」。就中國傳統文化來說，儘管在其「價值邊界」以內，有其曾經十分輝煌、燦爛的核心價值，但是一旦超出了其「價值邊界」，其效用可能就不行了，因為它已經與其相適應的特定的社會文化環境、歷史條件相脫節，所以無法發揮其應有的效用。如傳統倫理道德主要滋生並適應於以血緣宗族關係為基礎的鄉土社會、「熟人社會」，但顯然已經不適用於現代高度流動性、平等化的工商社會、「陌生人社會」。因此，我們不能簡單地說傳統文化失效了，因為它已超出了其適應範圍。而面對現代高度流動性、平等化的工商社會、「陌生人社會」，必須進行與之相適應的倫理道德的重建。

二

如上所述，從當代的視野來看，中國文化發展的現代化，首先是一個從傳統到現代的創造性轉化過程，實際上它就是一個「中西古今」的融合貫透過程。也就是說，它既必須打通「中西」，又必須對接「古今」，並最終實現從傳統到現代的創造性轉化和現代思想文化的創新。

一方面，必須在橫向的空間維度上打通「中西」。要實現從傳統到現代的創造性轉化，對中國固有的豐富悠久、深刻博大的思想文化傳統首先應該有深入準確的瞭解，這幾乎是不必待言的。但是僅僅如此顯然還不夠。要知道我們生活在東西方文化交融甚至文化全球化的時代，西方文化已經作為一個重要的參照系存在於我們的面前，我們普遍地受到了西方文化的深刻影響，這是我們所無法迴避和漠視的事實。更何況，一百多年來西方文化對中國文化產生了非常巨大的衝擊，以致造成了中國原有的傳統社會秩序和文化體系崩潰的嚴重社會文化危機。因此，如何看待中國傳統文化和西方現代文化及其關係就成了一個十分迫切的問題，整個近現代中國的思想文化論爭首先是圍繞著這種「中西之爭」展開的。不過，無論是「中體西用論」還是「西化論」，都是無法最終有效地解決中國傳統思想文化的現代化問題的。因為一方面，實際上任何文化形態的更新發展都離不開原有文化的積累作為有效載體，離不開原有文化主體的積極參與作為內在動力。中國傳統的思想文化能夠延續發展幾千年的頑強生命力也使它完全具備作為文化更新發展的有效載體和內在動力的主體資格。歷史事實表明，一種具有豐富獨特的民族性、地域性色彩的文化越是具有活力，在世界文化舞台上就越能夠散發出獨有的魅力，從而越容易具有世界性的地位和影響。因為所謂世界歷史和世界文化也就是由這種豐富的富有活力的多樣性文化組成的。而另一方面，西方文化作為一個重要的參照系不僅在從傳統到現代的文化形態的更新發展上先走了一步，因之具有示範作用，而且作為對中國傳統文化產生了巨大衝擊，造成了中國近代社會文化空前嚴重危機的外來異質文化，正可以對中國思想文化從傳統到現代的創造性轉化形成必要的張力。思想文化的轉型一般有兩種模式：一種是主動的自我更新，如明清之際的思想啟蒙運動，西方的現代化運動；一種是被動的誘致性變遷，如近代中國文化的變革。不過，在現代社會文化條件下，特別是全球化進程迅猛普遍的世界裡，上述兩種模式幾乎都不可能

單獨發生和成功。真正成功有效的思想文化的現代轉型，往往都需要有兩種模式的交互作用，最後形成由被動的誘致性變遷導致主動的自我更新，從而實現從傳統到現代的創造性轉化。因此，我們實際上要對西方文化有很深的瞭解和吸收，使西方異質文化和中國固有的傳統文化相互融合，才可以做重建傳統的創造性工作。而且西方文化作為一種異質文化，能使人對自己原有的文化圈產生「距離化」，從而有利於對其進行更清醒、理智的審視和批判。可以說透過吸收異質的西方文化而達到對傳統文化的批判是現代思想文化創造的一個重要途徑。總之，現代思想文化的真正發展，絕不是在原有封閉的文化體系中的自我爬行，而必須要放眼世界，以全球化的眼光，以海納百川的寬闊胸襟來對待一切外來文化和先進文化，以人之長，補己之短，勇敢地融入到浩浩蕩蕩的世界歷史進程中去，創造出中西文化會通融合的現代新文化。這既是文化變革的內在要求，也是文化發展和創新的必要條件。中國近代著名思想家洪秀全、康有為、嚴復、譚嗣同、孫中山等都主張中西文化不同程度的會通融合。康有為在戊戌變法時提出：「泯中西之界限，化新舊之門戶。」[350] 嚴復則指出：「必將闊視遠想，統新故而視其通，苞中外而計其全，而後得之。」[351] 孫中山也強調：「發揚吾固有之文化，且吸收世界之文化而光大之，以期與諸民族並驅於世界。」[352]

另一方面，必須在縱向的時間維度上對接「古今」。古與今、傳統與現代並非是二元對立、非此即彼的，思想文化的轉型不是要透過徹底否定傳統、拋棄傳統來實現的。因為社會及文化的發展有一些共通性，由此即使現代社會文化的發展也需要傳統的某些內容，需要從傳統中吸取有用的資源；現代文化的發展還可以從傳統文化的形成、發展的機制和理路上吸取有益的經驗

350　康有為：《康有為政論集》（上冊），中華書局1981年版，第294頁。

351　嚴復：《嚴復集》第3冊，中華書局1986年版，第560頁。

352　孫中山：《中國革命史》，《孫中山全集》第7卷，中華書局1981年版，第60頁。

教訓，所以任何文化形態的更新發展都不可能是在一個文化「廢墟」或「空地」上出現，更不可能直接透過文化移植或文化替代來實現，而是必然要在原有的文化基礎上進行文化重構。但是，中國傳統文化畢竟又是適合於傳統社會這一特定時代的精神產品，它更多地具有過去的歷史時代的特徵，反映著以往社會文化的需要，體現了一種歷史性的維度。因此，思想文化的轉型需要建立現代性的維度，從現代人的需要和眼光對傳統進行分析和反思，剔除傳統中消極的、不合理的成分，使它能贏得現時代更多人的心理認同、文化認同，獲得更多更大的文化包容性，體現出思想文化的時代性、世界性。當然，更重要的是，要以思想文化的創新來實現傳統思想文化與時代性、現代性的對接。繼承的目的是為了創新，離開了創新，文化變革也就失去了其本來的意義。只有創造出符合現代社會生活特點和需要的新文化，傳統思想文化的現代轉型才能算是成功的，才可以說是從傳統到現代的創造性轉化。因此，要發揚中國的傳統思想文化，至少要具備現代的基本的能力、基本的知識和思考的訓練，要有明確的現代意識。在這個基礎上，去消化傳統的思想，去思考傳統的問題，去審視傳統的思路，給傳統問題一個屬於這個時代的解釋，賦予傳統以現代的生命，使它具有現代的意義。否則，以傳統解釋傳統，會由於它已經缺乏活潑潑的生命去承載而把傳統變成一種腐朽了的東西。也只有如此，思想文化才具有真正的現代性。如前所說，如果說「中體西用」論還基本上把中西方文化定位為不同的文化類型，文化形態的更新發展過程被當做不同文化之間模式、典範的「轉型」，那麼，將「中西之爭」進一步演變成了「古今之爭」之後，中國現代文化形態的更新發展過程也就被視為是在社會文化的整體層面上要實現由「古」到「今」、從傳統向現代的變遷。實際上，這樣一個過程到現在為止仍然遠未完成，中國思想文化的現代化仍然任重而道遠。

從另一個角度上看，要實現傳統思想文化與時代性、現代性的對接，一

個十分重要的途徑是要深入到社會現實層面。形而上的沉思不能疏離形而下之域，哲學思考不僅不能囿於單純的形而上的思考，反而應該切入到現實的形而下的生活世界中去，在現實的生活世界中去關注社會生活的本質、發現現實中的根本性問題，然後利用各種思想文化資源尋求解決這些問題的思路和辦法。從這個意義上說，傳統思想文化的現代價值正是主要取決於它們能夠在多大程度上利用這種思想文化資源發現現代社會生活的本質、解決那些根本性問題。當然，這樣一個過程往往也就蘊含了真正的思想文化創新的重要基礎。

三

具體來說，要透過「中西古今」的融合貫通實現從傳統到現代的創造性轉化，就至少還要從以下幾個具體方面進行展開和努力：

一是必須對中國歷史上的基本原典以及重要思想文化現象作深入的解讀研究。以儒家、道家等為代表的傳統思想作為中國文化史上輝煌燦爛的思想範本，是真實地體現出了民族文化的原型精神的文化符號，是中國傳統文化中極為重要的基本組成部分，是以後的思想者可以反覆從中汲取思想養料、獲得思想啟迪的重要精神資源。透過系統深入地研究這些重要思想能夠幫助我們今人更好地理解本民族的傳統文化的內在精神、文化類型和理論思維的特點，理解作為一個文明的整體和特有的文化傳統所具有的內在特質，理解其中所蘊含的各種核心價值和基本觀念及其對於本民族悠久的文明發展所起的規範和導向作用。在具體的解讀研究中，應該採取歷史和邏輯相統一的方法。一方面，要對各種經典原著和重要史料包括出土文獻作出必要的考證、整理和詮釋，因為對一些史料史實進行考證和對歷史和事實盡可能提供深入確實的分析說明，切入到對文本的具體詮釋的深度解讀研究，正是任何一種思想史的研究都需要的最基礎的研究。為此，應該盡可能地「復原」或「再

現」那些基本原典以及重要思想文化現象產生時的現實「語境」，重建它們在的歷史上的思想生態環境，以求與古代思想家進行超時空的交流、溝通和「對話」，從而達到較客觀準確的理解和闡釋。另一方面，由於任何原著和史料都不可能是一種僵死了的抽象理智的陳列，是一系列毫無生氣、也毫無聯繫的史料的堆積，而是一些體現了前代人對自然、社會、人生、價值、理想等的理解和追求，以及表達、闡述這些思想、理論和信念的建構方式和概念系統，因而我們今人對以往思想的研究，除了應努力對那些原創性原典作全面的、富有新意的解讀，甚至在微觀上對一些重要的概念命題和史料史實作必要考證辨析之外，還應著重從學理上對那些原典及其思想展開多層次多角度的探析。也就是說，我們不能僅僅滿足於對原著和史料包括出土文獻的考證、整理和詮釋，而是應對古人透過那些具體的文本所體現出的思想和認識作深刻系統的理解和闡釋，並且學習研究這些思想和認識生長髮展的特有方法和途徑即「如何思想」，努力揭示那些基本原典以及重要思想文化的基本內涵、主要精神及其固有價值和意義。儘管它們難免還會摻雜有我們今天的闡釋者「自己的理解和闡釋」，但這種從考據與學理、文本結構與邏輯結構、宏觀與微觀、內在邏輯與歷史發展相統一的多元化角度對傳統思想文化的理解、把握，無疑是十分有利於從整體「原生態」上、從活生生的思想有機體來貫穿和統攬整個傳統思想的理解和闡釋，以此盡可能構建、復原那些真實的傳統思想形象。

二是努力挖掘傳統思想文化的普適價值及其意義。由於不同時代和地域的人類所面臨的生存環境和生存方式有其共同性，人類對超越自然和自我、實現理想的追求也有某些相似之處，所以在思想文化上就必然會產生某些被普遍認同的文化觀念。任何一種人類歷史上較為重要的思想文化體系，都是反映這種人類思想文化背景的產物，即它們既是當時的時代精神和社會傳統的結晶，又都或多或少包含有某些超越於時代和地域的普適價值，體

現了其具有時代性和普適性的雙重屬性的統一。而這些具有普適價值的思想文化往往構成了人類文明發展的重要基礎，體現了一些人類生活的共同準則和價值的基本取向。中國是文明古國、禮儀之邦，其悠久傳統所體現的深厚的文化積澱，往往就具有極豐富的普適價值。特別是其中所蘊含的豐富的人生智慧、生態倫理觀念、道德禮儀文化，可以說是中華民族傳統文化貢獻給人類社會的最具有普適價值的文明成果之一。這些豐富的人生智慧、生態倫理觀念、道德禮儀文化，在剔除掉其中不合時宜的一些具體歷史內涵後，作為觀念樣式，它們確實仍具有某些超時空的價值，兼有時代性和普遍性的雙重屬性。

然而，注重傳統思想文化的普適價值並不意味著排斥傳統思想文化自身往往特有的地域性、民族性、本土性的價值，相反，從世界文化發展史上來看，正是由富有活力的多樣性文化組成了所謂世界歷史和世界文化。每一種具有獨特活力的民族性、地域性色彩的文化往往越能夠在世界文化舞台上散發出其獨有的魅力，從而越容易具有世界性的地位和影響。即使是一種非主流的、邊緣化的思想學說，也不見得僅僅具有有限性的、地區性的意義，而是有可能蘊含了當時主流文化、正統社會還無法理解和包容的新的價值觀。因此，研究具有獨特的地域性、民族性、本土性價值的中國傳統思想文化不但對於研究特定地域的傳統思想文化與當時當地的整個思想文化及經濟社會發展的關係、地域性與全球化、區域文化與普適性文化等等的關係，都是非常有意義的研究課題，而且對於探討那些獨特的區域文化傳統中所蘊含的根本性「本土性問題」及其解決方案在中國思想史上的重要價值和地位，探討在目前日益全球化背景下重新評估所謂「地方性知識」的意義和普適性價值，以及當代問題意識下思想文化的本土化途徑、傳統文化的現代化路徑等問題都會富有啟迪作用。總之，自由、寬容和多元化的思想文化生態正是一切思想文化發展的根本保障。

三是實現歷史追溯與思想探索的緊密結合，即「史」與「思」的統一。例如哲學的思考不同於其他學術研究的一個重要特點就是它離不開對以往哲學史的研究，正如黑格爾所說的，哲學是哲學史的總結，哲學史是哲學的展開。從一定意義上說，哲學就是「史」與「思」的結合。哲學作為一種「思」，總是在過去「思」的積累基礎上進行的，因此，哲學史作為過去「思」的積累，其本身就構成了哲學之思的一個基礎，是與我們現在的「思」密切相關的一種「活」的歷史。任何新哲學的重建總是以不斷地反省以往哲學為自己的前提。因此，哲學史上曾出現過的那些哲學思想，特別是那些具有原創性的重要哲學思想，就成了後人需要不斷返回駐足的思想原點，成了以後的思想者可以反覆從中汲取思想養料、獲得思想啟迪的重要精神資源。正因此，我們必須以豐富全面的歷史材料、經典文本作為基礎進行扎實的研究。但是另一方面，我們又必須站在現時代的前沿，以對現實社會和人生重大問題的關切為基點，從「以道觀之」的形而上高度作為視點來推進理論的智慧之思，以史和思的聯繫來展開其所思的維度，以求在融通古今中西原創的思想智慧基礎上以「既濟」來支撐「未濟」，使任何當下的思想探索都既有充分的歷史厚度，又始終能有一種面向未來、保持開放的態度。顯然，這樣一種態度，在今日中國思想文化長期處於喪失本位狀態的情況下，應該是對於傳統思想文化的一種真正意義上的批判繼承態度，也是一種在「會通以超勝」的開放視域和總體取向中的思想創新之路。

四是要致力於探討傳統思想文化的多方面、多層次的重要的現代價值和現代意義。思想史研究的一個重要意義還在於它能夠為當代的思想文化的研究和創新提供可以借鑑的寶貴資源。因為傳統思想文化並不僅僅是一種只能供博物館展覽的「化石」，而是仍具有許多「活的精神」，仍具有多方面、多層次的重要的現代價值和現代意義，值得現代人去深入挖掘、闡發和借鑑。所以傳統思想文化研究的一個重要使命是必須以現代意識和批判精神去審視

論從傳統到現代的創造性轉化

那些傳統思想文化,以較廣闊的視野、較大的包容性和必要的前瞻性深入地分析其所具有的現代意義及其侷限性,努力做到在現代人的視野中分析把握古典思想,以現代批判意識去重新評判傳統精神,努力從各個不同的角度拓展研究探討傳統思想文化中含有的現代價值和現代意義。而且,任何理論探討本來就不僅不能侷限於單純的形而上的沉思,而是應該切入到現實的形而下的生活世界中去,在其中去發現現實中的根本性問題,從而努力去解決這些問題。我們研究各種思想文化資源的一個重要目的就是要為解決這些問題尋求到一些更合理有效的思路和辦法。正因此,對傳統思想文化的研究就要著重研究傳統思想文化中所具有的那些恆久生命力和普遍性價值的成分,那些蘊含了可以成為回應現時代問題及重建當代思想文化的豐富可貴的精神資源。而在中國傳統思想文化中無疑顯示了其所具有的恆久生命力和普遍的價值,蘊含了可以成為回應現時代問題及重建當代哲學的豐富可貴的思想資源,成為從傳統向現代性轉換過程中應予以借鑑依憑的特有的民族性基礎,以便我們以開放的心態、相容並包的氣度、綜合創新的精神,透過中西方多種不同文化、哲學思想的融合會通,為傳統思想文化的現代性轉換和重建探索出新的境域,也為在實踐上構建一種人類社會的新的生活方式和更合理的文明形態而提供自己特有的精神導向作用。為此,我們要以現代性的維度為參照系來評價和探求傳統思想文化的現代價值,既要發現其與現代化、現代社會的契合性,並予以現代闡釋和對接會通,也要發現其與現代化、現代社會的異質衝突性,並予以梳理過濾、篩選改造等,從而最終努力挖掘和轉化傳統思想文化中所蘊含的普適價值及其現代意義。而顯然,從傳統到現代的創造性轉化乃至思想文化的真正創新也就體現在了這樣一個過程中。

當代中國古代哲學研究的回顧與反思

喬清舉 [353]

　　本文系對 1949—1999 年五十年中國哲學史研究的回顧和反思，略分為三個部分。第一部分對學術界目前使用的「中國哲學」概念進行說明。第二部分著重回顧 1949 年至 1999 年之間的古代哲學研究。第三部分就整箇中國哲學史研究這門學科的存在和發展提出一點自己的感想。文中的「中國」僅限於大陸學術界，不包括港臺學術界。因為在 1949 年以後的很長時間內，大陸與臺港地區、國外缺少學術聯繫和互動，形成了相對獨立的研究方式。1978 年改革開放以後，聯繫逐漸增多，形成了相互影響的互動態勢。

一、從「在中國的哲學」到「中國的哲學」：「中國哲學」概念的說明

　　「中國」和「哲學」可以是形容關係，即「中國的哲學」，指在中國形成並得到發展的哲學，此即傳統哲學。「中國哲學」也可以指「在中國的哲學」，包括西方哲學、印度哲學、馬克思主義哲學等。這是一個集合概念，其中的中國是個地域，在中國的哲學原本和「中國」沒有聯繫。「中國哲學」還有一個意義，專指「馬克思主義哲學」。

　　「中國哲學」和「中國哲學史」也有一些區別。「中國哲學史」一般指對作為客觀對象的歷史上的中國古代哲學的研究，而「中國哲學」則有重建中

---

[353] 喬清舉，南開大學哲學學院教授，南開大學中國哲學研究中心主任。

國哲學的意思。「史」似乎意味著舊的態度和方法,沒有「史」的「中國哲學」則意味著新的態度和方法。此外,「中國哲學」也在與「西方哲學」對稱的意義上使用。在中國,西方哲學史學科一般是截止到馬克思主義產生為止,此後叫做西方現代哲學。

目前中國哲學研究的趨勢是「在中國的哲學」逐漸成為「中國的哲學」。進入現代(1919年)以後,中國哲學主要受歐洲大陸哲學、尤其是德國哲學和英美分析哲學的影響,在中國的哲學主要指西方哲學。德國哲學和中國哲學的淵源是非常深的。往前追溯,早在17世紀傳教士把中國哲學典籍傳到西方的時候,中國哲學曾經影響了德國的萊布尼茲、沃爾夫以至於康得。1687年法國出版了《孔子與中國哲學》[354],1716年萊布尼茨出版了《關於中國哲學的信》。現代以後,主要是德國哲學對中國哲學產生影響。1923年春,中國學者張頤在牛津大學研究黑格爾哲學,後來又到德國愛爾蘭根大學留學,寫成《黑氏倫理探究》(英文版),獲得牛津大學博士學位。張頤教授回國後在北京大學、廈門大學、四川大學任教。20世紀三四十年代,中國哲學界主要是受康得、黑格爾哲學的影響。馮友蘭、賀麟,包括後來的牟宗三、唐君毅等人,受康得、黑格爾哲學的影響都是十分明顯的。改革開放以後,中國哲學又廣泛地接受了歐洲大陸主要是德國哲學、法國哲學,還有奧地利佛洛德的精神分析哲學。叔本華、尼采、胡塞爾、海德格爾、薩特、加繆等人在中國掀起了一波又一波的哲學高潮。在中國哲學研究領域,出現了用現象學和海德格爾哲學研究中國傳統哲學的著作。

不僅德國哲學,英美分析哲學對於中國哲學的影響也是十分顯著的。馮友蘭尤其是金嶽霖都採用了分析哲學的方法。不過,他們只是採用了分析哲

---

354 1687年柏應理在巴黎以拉丁文出版了《中國賢哲孔子》(Confucius Sinarum Philosophus)一書,中文書名為《西文四書直解》(實際只有三書,尚缺《孟子》)。它是十七世紀歐洲介紹孔子及其著述的最完備的書籍。此書實為四位傳教士殷鐸澤、恩理格、魯日滿、柏應理多年在中國傳教的共同成果。

學的方法，而不是它的反形而上學的結論或觀念。馮友蘭、金嶽霖都是新實在論者，他們都把分析的方法、邏輯的方法用來建構和論證自己的形而上學體系。他們之所以這樣做，是接受西方先進文化、建立具有本體意義的中國哲學的產物。這也表明，「在中國的哲學」變成中國的哲學。

1949 年以後，哲學家可以建立自己體系的可能性不存在了。除了熊十力以外，所有學者都是把中國哲學史作為客觀的對象進行研究。這種態度到上一世紀九十年代以後有所改變。

二、民族理性走向成熟的歷程：1949—1999 年的中國古代哲學研究

可用「民族理性走向成熟」作為主線，把從 1949—1999 年的中國哲學史研究作為一門學科 ——「中國哲學史學史」來進行探索。

現當代中國承繼了近代以來的文化斷裂，古代哲學成為一個靜態的不再發展的「物件」、「遺產」。各種外來思潮不斷湧入，成為中國哲學史研究的史觀、方法論、元理論或指導思想；中國哲學史研究成為這些到中國後發生不同程度變形的「元理論」審視中國哲學的過程。這樣，當代中國哲學史研究或者說中國哲學史學史便有兩方面的內容：一是元理論或史觀的進展，一是元理論下所獲得的對於中國哲學的新認識。這兩個方面實實上都反映了當代中國的哲學進展和思想面貌，所以說中國哲學史學史也是以中國哲學史研究為縱軸和視角的當代中國思想史、哲學史，這是當代中國哲學史學史的本質。當代中國古代哲學研究可以分為以下幾個階段。

第一階段（1949—1957）：中國哲學研究的範式與話語體系的改變 這一階段的主要內容是普及日丹諾夫模式、毛澤東思想，改變 1949 年前馮友蘭等人確立的研究範式。

1949 年前後中國哲學史研究的元理論的轉變無疑是 1949 年政權更替的邏輯結果。新政權和學界對此都有所準備。1947 年 6 月 20 日，蘇共中央主管意識形態的書記日丹諾夫代表蘇共中央在亞歷山大洛夫所著《西歐哲學史》一書的討論會上發表講話。這個講話很快由李立三翻譯過來並在各地出版，名為《日丹諾夫在〈西歐哲學史〉一書討論會上的發言》，至 1954 年，此書印數已達 8 萬冊。[355] 學者方面也自動地瞭解並嘗試著運用日丹諾夫範式。從 1949 年 5 月 24 日起，鄭昕和金嶽霖召集有關學者討論哲學和哲學史問題，其中有三次是討論日丹諾夫的哲學史定義問題。[356] 1949 年 6 月 19 日，馮友蘭發表《哲學家當前的任務》，文章開頭即提到日丹諾夫的講話。這可能是中國哲學史界最早提到這個講話者。[357] 從 1950 年起，在有關方面的要求下，中國哲學界開始系統地學習這個講話，轉換研究範式，適應新的話語體系。學習的主要材料是《聯共（布）黨史簡明教程》、日丹諾夫《在亞歷山大洛夫〈西歐哲學史〉一書討論會上的發言》、《實踐論》、《矛盾論》。思想改造運動同時也是普及毛澤東思想的過程。透過學習和改造，學術界基本上接受了日丹諾夫的範式。主要內容有以下四點：1.「鬥爭史觀」：哲學史是唯物唯心的鬥爭史；2.「目的論史觀」：哲學史是科學的唯物主義胚胎、發展的歷史；3.「革命史觀」：哲學史研究是為了現實的革命進程；4.「對應史觀」：哲學上的唯物、唯心分別與政治上的進步和反動階級相對應。這四觀成為相當長時期內中國

---

[355] 1949 年 10 月以前先後由華北新華書店、山東新華書店、東北書店、冀魯豫、晉察冀、上海時代書報社、中原新華書店等分別以《論哲學史諸問題及目前哲學戰線的任務》、《蘇聯哲學問題》、《日丹諾夫同志關於西方哲學史的發言》、《論哲學史諸問題及目前哲學戰線的任務》、《論文學藝術哲學問題》等書名印刷。1950 年和 1954 年又分別以《蘇聯哲學問題》、《在關於亞歷山大洛夫著〈西歐哲學史〉一書討論會上的發言》的名稱由新華書店和人民出版社各自出版。

[356] 《新建設》報導「中國新哲學研究會組織之座談會自 49 年 5 月 24 日起，開會 32 次」。

[357] 馮友蘭：《三松堂全集》第 13 卷，河南人民出版社 1994 年版，第 3 頁。

哲學史研究的金科玉律。

第二階段（1957—1959）：新範式的初步反思及其挫折 這一階段主要是對日丹諾夫模式進行反思，以「反右」和「反對修正主義」告終。

鬥爭史觀的邏輯結論是唯物唯心各自發展、各自繼承論，目的史觀的邏輯結論是馬克思主義頂峰論，革命史觀的邏輯結果是狹隘的「服務史觀」，對應史觀造成了對哲學史人物階級分析的錯誤定位。1956年5月25日，中共中央提出「百花齊放，百家爭鳴」，主張「人民內部有宣傳唯心主義的自由」。[358] 此後，社會逐步形成了自由鳴放的空氣，學術界也形成了反對教條主義的討論。1956年10月18日，鄭昕在《人民日報》發表《開放唯心主義》，提出允許大學開設唯心主義哲學課程，允許一部分人堅持唯心主義。10月23日，馮友蘭在《人民日報》發表《關於中國哲學史研究的兩個問題》，提出唯物主義和唯心主義之間也有相互吸收和轉化；11月16日，馮友蘭在中國人民大學哲學系做《中國哲學史中思想的繼承性問題》的講演，提出「抽象繼承」問題。1957年1月30日，朱伯崑在《人民日報》發表《我們在中國哲學史研究中所遇到的一些問題》，系統地分析了新範式下中國哲學史研究所面臨如何劃分唯物唯心、如何評價唯心主義、如何妥善地運用階級分析、有沒有歷史唯物主義等問題。筆者稱此為中國哲學研究的「朱伯崑問題」。[359] 1957年1月22—26日，北京大學哲學系召開了「中國哲學史問題」學術研討會，主題是反對「教條主義」。但是，由於反右運動的介入，反思很快遭到挫折，反對「教條主義」變成了反對「修正主義」。孫定國提出：「修正主義者恰恰就在攻擊『教條主義』的幌子下攻擊馬克思主義的最根本的東西。因此，要

---

358 此講話以《百花齊放、百家爭鳴——一九五六年五月二十六日在懷仁堂的講話》為題發表於1956年6月13日《人民日報》。

359 據朱先生回憶，這篇文章是應於光遠之邀撰，由《人民日報》約寫的，發表前於光遠曾經看過，認為寫得很好。後來反右時此文被認為是右派言論的先聲，朱先生因此受到批判。

徹底粉碎資產階級右派分子的進攻，在哲學戰線上展開反對修正主義的鬥爭。」[360] 關鋒說此次「中國哲學史問題座談會」表現了為害嚴重的「修正主義傾向」。張岱年、張恆壽等人被打成右派；賀麟、朱伯崑的一些發言被認為是「反黨反社會主義言行」。[361]

第三階段（1960—1965）：相對平靜的收穫時期 這一階段由於大躍進等帶來的經濟困難，大規模的政治運動相對減少，學界難得地享有了幾年的相對平靜，出現了一些大規模的成果。如馮友蘭的《中國哲學史新編》第1、2冊，任繼愈主編的《中國哲學史》前三卷，侯外廬主編的《中國思想通史》5卷6冊至此全部出齊。

第四階段（1966—1976）：「文化大革命」與評法批儒：進一步陷入歧途 「文化大革命」期間，中國哲學史研究徹底喪失了作為一門學科的獨立性，淪為政治的附庸；批林批孔、評法批儒成了這門學科僅餘的活動。中國哲學研究進一步陷入歧途也有十分嚴密的內在邏輯。革命史觀的極致就是「服務史觀」。1950年3月，艾思奇即指出，哲學史研究的任務並不是為了瞭解過去，而是「為著解決現有的問題」。[362] 既然如此，它也當然可以為現實的儒法鬥爭服務。同時，儒法鬥爭成為學術事實也是範式轉換的結果，它內在地蘊涵在新範式中。在評法批儒之前，馮友蘭在《中國哲學史新編》（試稿）「孟子」章已經使用了「儒家法家兩派」的尖銳鬥爭的說法。「文革」只是把新範式所包含的邏輯結論充分展開並推向極致。

第五階段（1976—1989）：改革開放後的再反思與新的開始 1976年粉碎「四人幫」對於中國哲學史研究來說幾乎是和1949年同等重要的標誌性事件，中國哲學史研究在反思中走出「文革」，走上正軌。反思從影射史學開

360　孫定國：《反對哲學思想中的修正主義》，《哲學研究》1958年第1期，第1頁。
361　關鋒：《反對哲學史工作中的修正主義》，《哲學研究》1958年第1期。
362　《新建設》第3卷，第1期，第22頁。

始逐漸深入到對日丹諾夫哲學史定義的重新認識,採用列寧的哲學史是一般認識史的定義,重新評價唯心主義、建立「科學的」中國哲學史等。由於遭受長達十年的「極左」思潮,這次反思的起點比 1957 年要低,深度也不及後者。進入 80 年代中期以後,作為認識史對鬥爭史的揚棄的邏輯展開,中國哲學的研究物件呈現多樣化趨勢,出現了對「範疇」、哲學史發展的邏輯進程、思維方式、人的價值問題的研究。80 年代也是通史出版最集中的時期,出版了 11 種通史。

第六階段(1990—1999):方法的多元化、中國哲學的意義的再發現和復興的提出 20 世紀後 10 年,中國發生的有史以來最大的社會變動之一是建立社會主義市場經濟體制的提出和改革的深入、人的存在的多樣化;與之相適應,中國哲學研究領域的視角和方法論也呈現出多元化的趨勢。中華民族精神與文化凝聚力、國學熱、傳統文化與市場經濟、天人合一、「和」、現代新儒學、馬克思主義和儒學的關係等問題的討論,構成了 90 年代中國哲學研究的豐富背景。中國哲學研究在易學哲學、道家哲學、宋明理學等方面形成了突破。存在主義、當代西方倫理學的視角、黑格爾哲學理念演化的思想在中國哲學研究中轉變為方法。中國哲學研究呈現出詮釋的特色,中國哲學的當代意義與未來發展問題進入學者視野。中國哲學的價值在於提高人的精神境界在這個時期已經成為學界公論;馮友蘭等人提出建立當代「仁學」的主張,得到不少學者的回應。

從歷史事件的必然聯繫上看,對當代中國哲學史研究可以得出以下幾個結論。首先,哲學史研究的元理論的進展和社會進程是互動與統一的;其次,知識和人的存在之間具有同構性;第三,民族理性在走向成熟。這些可以說是對中國哲學史研究的哲學反思和超越。

元理論的選擇和轉換與當代中國社會的發展形成協同的互動。首先,元理論的選擇是由社會發展所決定的;其次,對於元理論的認識的變化也反映

並受制於社會發展的進程。不過，元理論的認識的發展和深入，又不單純表現為對社會思潮的被動反映，也表現為元理論自身邏輯的展開：即把理論所包含的各種邏輯內涵、它的合理性和不合理性充分地展示出來，進而肯定其合理的方面，否定和拋棄其不合理的方面，由此推動元理論的發展。元理論的邏輯展開過程實際上也是對中國哲學史元理論的認識的不斷深入的過程。社會的變動、元理論的邏輯展開、認識的深入三者是一致的。

所謂知識和存在的同構，是說在當代中國哲學史研究的過程中，歷史上的中國哲學、當代學者個人曾經創立的哲學體系、現實中的中國哲學史學科、學者對這門學科的研究四者和學者自身的存在之間存在深刻的和內在的同一性。學者作為人的存在和他的學術研究之間相互影響、相互決定；學科的意義、研究的意義、研究者的存在的意義內在地一致。知識和存在的同構是當代中國哲學史學史的重要特點；1949年以來的中國哲學史研究不只是對歷史上客觀事實的陳述、說明或論證，同時也是學者對自身存在狀態的表述；學術研究過程也是知識份子獨立人格的形成過程。

進入20世紀80年代以後，中國哲學的價值在於提高人的精神境界，已經成為學界的公論。這就進一步擺脫了1949年以來用外在於中國哲學的觀念來為中國哲學的價值定位的做法，真正從這門學科本身來發現它的意義。與此同時，中國哲學的再生問題也浮出水面。馮友蘭肯定中國哲學為「人學」，此外，重建現代仁學、「當代新道家」的概念等等，都意味著中國哲學生命的復興。可以說，經過50年的發展，當代中國哲學史研究終於走到了這樣的地步：肯定它自身的價值，把它作為活的源泉而不是死的遺產，重新啟動它、尋求它的智慧，讓它再生，以幫助解決困擾當今世界和人類的難題。

如果把1949年以後的整個中國知識界放到「五四」以來甚至上溯到1840年或者更遠的歷史進程就會發現，1949年以後的知識界和歷史有著深刻的內在關聯。這種聯繫表現為它是中華民族「理性的成熟」或者「精神的

成熟」過程的一部分。民族理性走向成熟是當代中國哲學史學史的實質，也是我們審視作為整體的當代中國哲學研究的內在尺度之一。從外在地接受一種模式作為唯一的權威到自覺反思哲學史研究的方法論，從只有一種方法到方法多元，從這一學科只有證明馬克思主義正確性的工具價值到肯定它具有提高人的精神境界的意義，從把它作為「遺產」到探求它的新生命，這些演變過程表明中國哲學史學科對於中國哲學的認識愈加理性化了，民族理性經過 50 年的曲折發展終於回到了自身，開始走向成熟。

三、結論：「哲學」的期待：中國哲學的世界意義

在當代，「內聖外王」的理想已基本上不可能，社會已經不可能有職業道德楷模，「良知」是普通人的實踐理性而不是聖人的標誌，未來「中國哲學生命的復興」更多地應採取「哲學」的形式。

採取「哲學」的形式，是近代留給我們的遺產；也是我們走向世界影響人類的切實途徑。選擇「哲學」來理解中國傳統的學問，自然有其先天的侷限性。也就是說，無論中國傳統學問是什麼，都必須把它作為「哲學」，「哲學地思考」它。只有這樣，才能產生「中國哲學」。即使是不叫「中國哲學」，而叫道學、道術學、義理之學等，也不可能在回到純粹與西方接觸之前了。因為其西方背景會影響到這門學科的選材，甚至把經學、諸子之學中的一些部分找出來作為一個學科這個思路本身就是西方哲學的投射。這種「哲學地思考」的過程，使得所有的中國哲學研究在某種意義上說也是一種「建構」的工作。這就是用「哲學」來整理中國傳統材料的先天限制或侷限。所以，迄今為止的中國哲學研究實質上只有一種模式，即「以西釋中」的模式，不存在「本土化的研究」、「西化的研究」的模式，不同的只是這種模式的運用是否恰當、熟練，以及程度有多深。

整個國際範圍內最早的與中國哲學有關的哲學史是 1895 年日本井上哲

次郎的《日本的朱子學》、《日本的陽明學》，使用的是德國唯心論的方法。這宣告了以西方的知識或哲學框架整理東方史料的開始。這種態度和做法包含著這樣的結論，即中國傳統學問的存在方式發生根本性轉折、道統滅亡，道統的連續性中斷、文化的內在發展中斷，中國傳統學問被作為物件、客體、過去的死物，物件性的研究態度得以建立，與此對應的是實有諸己的一體性的功夫論態度的放棄。聖賢之學、義理之學轉變為中國「哲學」。這是近代以來中國文化發展的線索，也是「中國哲學」形成的過程，或者說是中國哲學範式的形成。後來所有中國哲學史研究，總體上不出這一思維方式。這種轉變的歷史必然性在於中國和整個東方文化的近代轉型。日本的第一本中國哲學史通史是松本文三郎 1898 出版的《中國哲學史》，此後分別有遠藤隆吉 1900 年出版的《中國哲學史》，宇野哲人 1914 年出版《中國哲學史講話》等。中國的第一本近代意義的哲學史是謝無量的《中國哲學史》（1915），此後有胡適的《中國哲學史大綱》（1919），真正奠定這一學科基礎的是馮友蘭的《中國哲學史》上下卷（1930、1934），德國的第一本中國哲學史是阿爾佛雷德・佛爾科（Alfred Forke）1927 年出版的《中國古代哲學史》（Geschichte der alten chinesischen Philosophie），此後又分別於 1934 年和 1938 年出版了《中國中世紀哲學史》（Geschichte der mittelalterlichen Chinesischen Philosophie）和《中國近代哲學史》（Geschichte der neueren Chinesischen Philosophie）。後來六七十年代牟宗三又分別出版了《心體與性體》、《才性與玄理》、《佛性與般若》等著作，勞思光的《中國哲學史》，羅光的《中國哲學思想史》，1949 年以後中國大陸出版了各種哲學史通史教材等等，總之，迄今為止所有中國哲學研究都是「以西釋中」的「哲學範式」的產物。這是近代以來中國哲學史研究的第一個普遍命題。

由於中國沒有一門一以貫之的作為獨立學科的「哲學」，所以，只要一提

「中國哲學」，無論是「中國的哲學」，還是「哲學在中國」，都是以公共的「哲學」前提為背景或者舞台的演出，不同的只是演出者對此是否有意識而已。這意味著，迄今為止，所有中國哲學研究模式，也都是「比較哲學研究」的模式，這是近代以來中國哲學史研究的第二個普遍命題，也是由第一個命題邏輯地推演出來的命題。這是一個採用「哲學範式」所必然產生的宿命，是中國哲學史在方法上的先天限定。只要是哲學，就得是哲學的研究方法，就得「哲學地思考」。在這種情形下，許多學者都不由自主地把西方哲學作為普遍的方法，作為建構中國哲學的方法了。由此可見，所謂「化理論為方法」，實在是對已經如此的理論處境的描述，是中國哲學研究的方法論的表述，也包含著把西方哲學普遍化的結論。在運用西方哲學研究中國哲學的時候，西方哲學就已然變成了「哲學」，變成了方法、標準和價值觀；研究則成為一種「對於」(ueber) 中國哲學的研究，一種自上而下的俯視，或者說以西方哲學為標準進行批判。這種做法在 1949 年後一度達到極端。「比較研究」作為一個方法，不過是對於比較更為自覺，使雙方各自的特點更加清晰。

關於近代以來中國哲學研究的第三個命題是：不同的西方哲學對於「中國哲學」有不同的適合度。這也是中國哲學史學史的基本事實。就中國自己的哲學史研究來說，謝無量的哲學史也採用了宇宙論、知識論的模式。「五四」時期產生較大影響的是胡適的實用主義的中國哲學史，對於墨子等人的論述還尚可，對於公孫龍等人的論述，就差得多。中國哲學史的真正奠基之作馮友蘭的哲學史採用了新實在論的觀點。這一著作對於公孫龍、程朱理學的解釋，至今仍為不易之論。新實在論對於中國哲學無疑更具有適用性，但是，在對於陸王之學的分析方面，則稍顯欠缺。牟宗三以康得哲學來解釋中國哲學史，對於陸王的理解無疑更為深入，但對於程朱則又顯得武斷。此外，勞思光的哲學史以道德主體性為根本理解中國哲學，加深了對孟子、陸王的理解，但把許多哲學家排除在哲學之外，尤其顯得武斷。羅光的哲學史

在加深對於「天」、「理」的理解的同時，也把天變為「上帝」，顯露了較為明顯的士林哲學特點。

可見，所成即所偏是所有中國哲學史研究方法的共同特點，中國哲學史研究沒有一種一勞永逸的徹底解決方案。時代在前進，哲學在發展，方法論也在更新。這就進入中國哲學史研究的第四個命題：無論意識到與否，迄今為止，「中國哲學」都是靠西方哲學挺立的。西方哲學是中國哲學背後的支撐。先有一個時代的西方哲學，然後才有這個時代對於中國哲學的「最先進」的理解。縱覽中國哲學史學史可以發現，我們基本上把西方哲學作為方法論用了一遍，王國維的康得、叔本華、尼采哲學，胡適的實驗主義，馮友蘭的新實在論，牟宗三的康得哲學，賀麟等人的康得、黑格爾哲學，勞思光的主體性哲學，羅光的新士林哲學，近幾年的胡塞爾的現象學，英美的分析哲學，海德格爾、薩特等人的存在主義，加達默爾的詮釋學等等。每一種新的解釋都加深了對於中國哲學的理解，挺立了中國哲學的價值。但同時也促使我們反思，中國哲學究竟等同於哪一種西方哲學？什麼是中國哲學？我們喪失了對什麼是自在的、不為西方所「動」的中國哲學的感覺，其實也是陷入了一種失語症。也就是說，中國的哲學史研究陷入了一種「殖民化」的地步。哲學史研究的「殖民化」是關於當代中國哲學研究現狀的第五個命題。這裡的「殖民地」一詞是借用，是比喻，不純是否定意義。當然，現在的研究是以肯定中國哲學的價值為主流的，而過去則是以否定為主流的。這是根本態度的差異。相同之處都是用西方哲學來證明中國哲學的是或非、正確或錯誤、有價值或無價值。學術的殖民化一方面是採用「哲學」範式的宿命，也就是說，只要採用了「哲學」，就不可避免地選擇了殖民化，把他者作為霸權話語。所以在某種意義上說，「殖民化」是不可避免的。但是，這種殖民化也有其積極意義。首先是它確立了並有助於人們理解什麼是中國哲學。其次，現在的殖民化是肯定中國哲學的價值，態度與過去根本不同。如果從這個角

度看,只能說殖民化只是表現在研究方法上,而在結論上,反而是西方哲學被殖民化了。如,牟宗三認為,康得沒有人具有智的知覺的思想,他從中國聖賢之學的角度肯定智的知覺,並反過來批評康得哲學。所以說殖民化只表現在方法上,不表現在結論上;是形式的而不是實質的。第三,某種程度的殖民化也是不可避免的。全部近代以來社會發展為殖民化提供了外部環境的合法性;學術理論自身發展則提供了內在合法性。所以,第四,對於殖民化,一方面要有客觀的認識;另一方面,我們也必須認識到,畢竟要確立從中國哲學自身的內在性出發論證其價值。這就要求我們擺脫物件性的方法,不能把中國哲學作為已死的過去之物,僅僅用幾個新方法研究一番而已。這是一種中斷後而重新連接和續起的態度,是一體化的建設性的態度,或者說是詮釋學的態度。

採取建設性的立場,在理解中建設和發展中國哲學,是本文希望提出的結論,也是我們關於中國哲學史研究方法論的建議之一,也可視為關於中國哲學研究的第六個命題。我們所說的建設性的立場首先是要打破物件性態度,即那種把中國哲學作為已死的客觀物件,認為自己可以和這種哲學保持一定的距離,「客觀地」觀察、審視、批判的態度,相反,我們需要建立一種和這種哲學的「對話」關係,從現實的視域出發不斷地和這種哲學進行視域融合的對話,透過對話擴展自己的視域,加深對「中國哲學」的理解,這種理解同時也是對中國哲學的建構。詮釋學在這裡具有方法論的意義。

建構也就是重新賦予這一傳統以活力,把中國哲學作為活著的、生長著的傳統對待,也就是說,在精神上重新接續近代以來的斷裂。使中國哲學死而復生,這是詮釋學立場的基本要求,也是我們希望提出的關於中國哲學史研究的第七個命題,也就是說,透過詮釋學所建立的不是中國的「詮釋學」,而是中國哲學。

由此我們可以提出當代中國哲學研究的第八個命題或希望:「確立中國文

化的主體性。」這種主體性是以「哲學」形式出現的，但不是「西方哲學」；它是以「中國哲學史」以前的中國學術為基本精神的，但不是原教旨主義地回到從前。這種主體性是在廣泛吸收西方哲學的基礎上，沿著中國哲學發展的延長線，提出新的世界文化理念，建立新的哲學以影響世界。這種哲學，既是接著西方講，也是接著中國講。主體性其實是一種創造性，更具體地說原創性，而不是回到自身。

全球性現代化視域的
中國少數民族哲學研究探析[363]

蕭洪恩[364]

「可以從哲學史,從外在歷史特有的形態裡去揭示哲學的起源和發展。」[365]這是黑格爾對哲學史研究價值的深刻闡明。但是,如何研究哲學史卻始終存在著一個方法論問題。近年來,隨著全球化、現代化研究理論成果的方法論意義日益凸顯,全球性現代化理論已日益成為哲學史研究的方法論,並引起了一些學者的關注,如張世寶《全球化審視下的中國少數民族哲學》[366]、袁東昇《全球化審視下土家族哲學研究的思考》[367]等,雖然沒有直接指認「全球性現代化」,而用的是「全球化」,但筆者認為,用「全球性現代化」更能凸顯其哲學史方法論意義。因為全球性現代化並不是全球化與現代化的簡單綜合,而是表明二者一體兩面的內在關係。一方面,全球化作為現代化的必

---

363 本文為 2006—2010 年國家重點圖書出版規劃專案(新出圖 [2006]358 號)《中國少數民族哲學思想史》子課題的階段性成果之一;2009 年度湖北省社科基金項目《20 世紀土家族哲學社會思想史研究》(206022)階段性成果之一。

364 蕭洪恩,華中農業大學教授,武漢大學哲學博士,現主要研究方向為農村社會學、中國少數民族哲學、漢代易學。

365 [德] 黑格爾:《小邏輯》,賀麟譯,商務印書館 2003 年版,第 54 頁。

366 張世寶 :《全球化審視下的中國少數民族哲學》,《西部發展的理論與實踐》,雲南教育出版社 2005 年版。

367 袁東昇 :《全球化審視下土家族哲學研究的思考》,《湖北民族學院學報(哲學社會科學版)》2010 年第 3 期,第 13—17 頁。

然趨勢與現實舞台，從一開始就成了現代化的宿命——從新大陸的開闢直到全球性的殖民掠奪，無不顯示出現代化的全球性擴張本性[368]。另一方面，現代化作為全球化的內生機制與現實內容，從一開始就同時成了全球化的根據——從文藝復興、啟蒙運動到近現代的思想擴張，從工業革命、資產階級革命到民族獨立運動等政治、經濟、文化變革，無一不顯示出現代化的強大張力。[369] 正是由於二者的內在關係，我們以全球性現代化來表明這樣的三方面內涵：全球性現代化進程、全球性現代化思維方式、全球性現代化運動。強調其進程是為了凸顯其歷時性的過程特徵；強調其思維方式特徵是為了凸顯其對人們的思想、觀念等方面的深刻影響；強調其運動特性則可以凸顯其影響的廣泛性和深刻程度。[370] 在全球性現代化視域下，中國少數民族作為後發現代化族群，因在全球性現代化運動中表現出自身的獨特性，從而在哲學思想的發展上也顯示出了自己的內在特色。因此，研究中國少數民族哲學，應有全球性現代化視野。

一、全球性現代化理論的哲學史方法論意義

「歷史理論的認識論視野就具體化為方法論，確切地說是歷史研究的方法學。」[371] 全球性現代化理論的哲學史方法論意義，也就是彰顯其在哲學史研究中的認識論視野，而其中最直接地表現在於全球性現代化運動對哲學發

---

368 馬克思、恩格斯：《馬克思恩格斯選集》第 1 卷，人民出版社 1995 年版，第 273—276 頁。

369 [意] 亞伯特·馬蒂內利：《全球現代化——重思現代性事業》，李國武譯，商務印書館 2010 年版。

370 蕭洪恩等：《全球性現代化視野下的湖北民族地區村落文化建設研究》，《湖北社會科學》2007 年第 10 期，第 72—75 頁。

371 [德] 約恩·呂森：《歷史思考的新途徑》，來炯等譯，上海人民出版社 2005 年版，第 3 頁。

展產生的多方面影響,其首要影響即在於使哲學發生了形態轉變,即哲學轉型。所謂哲學的形態,簡言之即哲學在歷史發展中所呈現的一定的思維方式,一定時期哲學的致思趨向、話語系統和哲學文化風貌都受制於這種思維方式,並因此使哲學呈現出明顯代差。也正是在這種意義上,人們強調哲學的真正使命在於捕捉自己時代的迫切問題並以之作為哲學思考的聚焦點:「問題是時代的格言,是表現時代自己內心狀態的最實際的呼聲。」[372] 哲學只有準確地捕捉和深刻地回答自己時代的迫切問題才能夠成為「自己時代的精神上的精華」。[373] 由於人類歷史發展表現為三大歷史形態,即「人的依賴關係」、「以物的依賴性為基礎的人的獨立性」和「建立在個人全面發展和他們共同的,社會生產能力成為從屬於他們的社會財富這一基礎上的自由個性」,[374] 與此相應,哲學也就可以劃分為相應的歷史形態。

哲學形態能夠在一個相當長的時間內保持基本不變,顯示出較大的穩定性,從而彰顯其時代特徵,如黑格爾曾在《小邏輯》中多次論述到近代哲學的形態特徵,強調「近代哲學的主要興趣」和特殊訴求在於對「思維的效果或效用,加以辯護,所以考察思維的本性,維護思維的權能」;[375] 強調「思想與事情的對立是近代哲學興趣的轉捩點」,是「到了近代才有人首先對於此點提出疑問,而堅持思維的產物和事物本身間的區別」;[376] 認識矛盾並且認識物件的矛盾特性是近代哲學界一個最重要的和最深刻的一種進步;[377] 但另一方

---

[372] 馬克思、恩格斯:《馬克思恩格斯全集》第1卷,人民出版社1995年版,第203頁。

[373] 馬克思、恩格斯:《馬克思恩格斯全集》第1卷,人民出版社1995年版,第220頁。

[374] 同上書,第107—108頁。

[375] [德]黑格爾:《小邏輯》,賀麟譯,商務印書館2003年版,第68頁。

[376] 同上書,第77頁。

[377] 同上書,第131—132頁。

面,近代哲學又被稱為同一哲學,即強調「要認識一切特定存在著的事物之間的內在統一性」。[378] 這種哲學的形態特徵,無論在西方哲學發展中,還是在中國哲學發展中,都可找到明顯的證據,如中國哲學自商周之際至明清之際都長期處於古代哲學形態中,形成了中國哲學的傳統形態。隨著全球性現代化運動引發的中國社會歷史的大變遷及相應的中西文化及其哲學的碰撞、交流與融會,中國哲學出現了哲學的近代形態,並於19世紀末20世紀初開始向現代形態轉變。[379] 因此,哲學形態也具有可變性。正是由於有哲學形態的轉變,所以造成了哲學發展的大的階段性劃分。從世界哲學發展的視域看,不同民族的哲學都有自己的轉型。但這種轉型,在西方哲學的發展中尤為鮮明和典型,呈現出由古代形態到近代形態到現代形態的相當分明的發展階段。[380] 對此,馮友蘭曾針對中國哲學的發展強調19世紀末以來在中國進入近代社會的過程中,中國哲學即產生了脫離古代形態的近代化的哲學,並且是指「近代化的」哲學,而不是哲學「在近代」。[381]

全球性現代化運動對哲學的另一深刻影響是使哲學的民族性得以彰顯,即文德爾班強調的「因為有了近現代哲學,各特殊民族的特性才開始表現出決定性的影響」。[382] 如果再向前延伸,我們看到,關注哲學形態的黑格爾也曾特別強調哲學的這一特性,認為「某一特定哲學之出現,是出現於某一特定的民族裡面的。而這種哲學思想或觀點所有的特性,亦即是那貫穿在民族精神一切其他歷史方面的同一特性,這種特性與其他方面有很緊密的聯繫並構成它們的基礎。因此,一定的哲學形態與它所基以出現的一定的民族形態是

---

378 同上書,第254頁。
379 李維武:《中國哲學的現代轉型》,中華書局2008年版。
380 李維武:《長江流域文化與近代中國哲學》,湖北教育出版社2005年版。
381 馮友蘭:《中國現代哲學史》,(香港)中華書局1992年版,第180頁。
382 [德] 文德爾班:《哲學史教程(上冊)》,羅達仁譯,商務印書館1997年版,第16頁。

同時並存的；它與這個民族的法制和政體、倫理生活、社會生活、社會生活中的技術、風俗習慣和物質享受是同時並存的；而且哲學的形態與它所隸屬的民族在藝術和科學方面的努力與創作，與這個民族的宗教、戰爭勝敗和外在境遇——一般講來，與受這一特定原則支配之舊國家的沒落和新國家的興起也是同時並存的」。[383] 哲學的這種民族性，一方面給我們提供了研究少數民族哲學的明確方向和豐富的材料，這就是具有民族特色的文化現象，包括黑格爾列舉的藝術、科學、風俗習慣、社會生活、倫理生活等都可成為民族哲學研究的材料。另一方面也應看到，由於這種民族特性，也會為我們研究少數民族哲學帶來某些不方便的地方，比如中國不少少數民族哲學的分期研究，就是一個「剪不斷，理還亂」的問題。如果把上述兩個方面的影響結合，假如要研究近現代哲學，那就必須注意的是，研究的「不僅是『近代化的』，而且是『民族化的』」，是「現代化與民族化融合為一」的哲學。[384]

全球性現代化運動對哲學的影響，還表現在對哲學史的書寫訴求上，這就是「哲學通史要包括所有民族的哲學」，但是，也由此帶來了非西方民族，其中包括中國哲學及中國少數民族哲學的合法性問題，因為在一些人看來，「不是所有的民族都已產生真正的思想體系，只有少數幾個民族的思辨可以說具有歷史」，「許多民族沒有超過神話階段」。[385] 中國少數民族哲學的合法性問題首先來自中國哲學史學界，但隨著「中國哲學的合法性」問題再次凸顯，歷史上對中國哲學的否定也再次成了確認中國少數民族哲學合法性的心病，如康得曾說孔子是「中國的蘇格拉底」但卻不是哲學家，甚至整個東方都根本沒有哲學；黑格爾在《哲學史講演錄》中雖然講了中國哲學、東方哲學，

---

383 [德]黑格爾：《哲學史講演錄》第1卷，賀麟等譯，三聯書店1956年版，第55頁。
384 馮友蘭：《中國現代哲學史》，(香港)中華書局1992年版，第204頁。
385 [美]梯利：《西方哲學史》，葛力譯，商務印書館1995年版，第14頁。

但卻在總體上強調能稱為「哲學」的只有希臘哲學和日爾曼哲學；[386] 文德爾班不僅否認東方哲學，甚至對「東方精神」都作出的是否定性評價；[387] 海德格爾則明確說哲學是西方專利，「常聽到的『西方—歐洲哲學』的說法事實上是同義反覆。為何？因為『哲學』本質上就是希臘的；『希臘的』在此意味：哲學在其本質的起源中就首先佔用了希臘人，而且僅僅佔用了希臘人，從而才得以展開自己。……哲學本質上是希臘的，這話無非是說：西方和歐洲，而且只有西方和歐洲，在其最內在的歷史過程中原始地是『哲學的』」。[388] 所以，雖然都訴求寫出所有民族的哲學通史，卻不得不面對著兩個方面的參照系：中國傳統哲學與現當代西方哲學範式，據此而產生了全面否定論和部分否定論兩個層次的中國少數民族哲學否定論。中國少數民族哲學研究者自身，則先後就中國少數民族哲學存在性問題提出過接受漢族哲學說、中國哲學融合說或代表說、中國哲學多元一體說等，並根據思考中國少數民族哲學存在性問題的形式，提出了範式說、階段說、層次說、廣狹義說等四類解決方案，而在確認中國少數民族哲學存在性的根據問題上，則先後提出了實踐論證說、文化核心論證說、哲學事實論證說、哲學產生條件論證說、發展水準說、存在形式說、社會貢獻說、文明生活必需品說等，總之是堅信中國少數民族哲學的存在性。[389]

最後，在全球性現代化進程中，由於後發現代化國家的民族民主革命等問題，還影響了對近現代哲學的歷史研究中出現「革命史觀」與「現代化史

---

[386] [德] 黑格爾：《哲學史講演錄》第1卷，賀麟等譯，三聯書店1956年版，第98—100頁。

[387] [德] 文德爾班：《哲學史教程（上卷）》，羅達仁譯，商務印書館1987年版，第38頁。

[388] [德] 馬丁·海德格爾：《什麼是哲學？》，孫周興選編：《海德格爾選集（上）》，上海三聯書店1996年版，第591頁。

[389] 蕭洪恩：《中國少數民族哲學合法性問題研究述評》，湖北省哲學史學會2010年年會論文集。

觀」兩種主要視野，具體表現在對哲學價值的評價上隨即可能出現民族性、階級性、現代性等多重複雜關係，難於進行客觀公正的評價。人們通常認為，看一種哲學代表的階級、民族，最基本的標誌是看他的思想反映哪個階級和哪個民族的利益，如猶太人馬克思和資本家恩格斯的哲學代表的卻是全世界無產階級的利益，是全世界被壓迫民族的代言人；湖南人毛澤東，其思想已成為中華民族的共同精神財富；斯賓諾莎、笛卡兒、萊布尼茨各自代表的是時代精神和當時歐洲各族人民共同達到的先進認識水準等。總之，「每個具體的哲學家雖然屬於一定的民族，但我們研究哲學史，卻不應把他看做僅僅屬於某一民族的哲學家，同時也要看到它代表著全人類的先進思想。」[390]

二、全球性現代化視域的少數民族哲學自覺

如果把現代化運動從西方文藝復興運動算起，則西方近現代科技傳入中國，就可算中國現代化運動的酵素，於此可從利瑪竇1583年來華算作起點，這是以「西方中心論」為界標的劃分；同樣，如果以資本主義萌芽、以中國早期啟蒙算作起點，則應從明清之際算起。也就是說，中國的現代化進程均可追根於明清之際。但是，作為一種中國式的現代化運動，無論如何都應從1840年鴉片戰爭開始，正是那場戰爭將中國強行捲入了全球性現代化運動的歷史進程。也正是在19世紀40年代，世界歷史和中國歷史都從此掀開了極為厚重的一頁：1848年《共產黨宣言》的發表宣告了馬克思主義誕生，從而揭示了世界歷史的科學社會主義前景；1840年鴉片戰爭拉開了中國現代化歷史的序幕。從1840年以後的歷次侵略與反侵略戰爭，一方面表現出了資本主義社會的巨大能量，另一方面也凸顯了資本主義的殘暴、貪婪本性。於

---

390 任繼愈：《如何看待中國古代哲學中的民族哲學家》，《南京大學學報》1982年第4期，第49—53頁。另見：《任繼愈學術文化隨筆：如何看待中國古代哲學中的民族哲學家》，中國青年出版社1996年版。

全球性現代化視域的中國少數民族哲學研究探析

是，中華民族就有了兩大歷史任務：一是實現現代化；二是反抗資本主義侵略。在這一過程中，中國人民遭受了西方資本主義的暴力壓迫，並逐漸認識到「遭受這種暴力的民族只有在擁有有效的自衛手段（即自己的國家）的情況下才是安全的」。[391] 為此，包括中國少數民族在內的整個中華民族都投入到了為新中國誕生而奮鬥的歷程中。從哲學思維發展的角度說，「中國向何處去」的問題即成了中國少數民族近現代哲學自覺的動力。

一般而論，全球性現代化進程開創了人類歷史中的一個真正統一的時代，並為各個不同歷史發展階段的民族提供了同一個「現代的」參照系，[392] 文化的民族地位、民族的文化地位，同時決定了民族的社會地位，甚至是「國際」地位。所以，「世界」作為一種文化或文明範疇生成了，相對落後的國家或地區追趕相對發達的國家或地區，甚至追趕最發達的國家或地區成為這種文化的最主要動力特徵。在現代化的進程中，不僅在地域上是全球性的，而且在政治制度、生活方式、價值取向、道德標準等方面，「世界」都成了各國或地區的文化參照。在這種「世界」文化下，參照與追趕實際上成為了一種普遍的機制性功能。也就是說，全球性現代化運動本身就是一種內生性動力，「現代化本身就是『內因』，就是這個運動的規定性。因此，從運動性質來講，現代化不可能由這個運動性質之外的東西（比如傳統）來決定；當然，從真實空間來講，也不可能由地球之外的東西（比如外星人）來決定。」[393] 就中國少數民族來說，全球性現代化運動給中國帶來的是中國文化歷史的巨大變遷，並提供了中西古今哲學碰撞與交流的宏大舞台，使得包括中國少數

---

391 [以] 耶爾·泰咪爾著，陶東風譯：《自由主義的民族主義》，上海譯文出版社 2005 年版，第 2 頁。

392 郭赤嬰：《民族哲學的現代化》，《北京第二外國語學院學報》1995 年第 4 期，第 105—109 頁。

393 孫津：《打開視域——比較現代化研究》，社會科學文獻出版社 2004 年版，第 167 頁。

民族哲學在內的中國哲學必須面對近現代中國所遭遇的重大問題而做出深入的思考和有效的回答，如中國現代化道路的選擇問題、中國文化傳統與現代化的關係問題、中國向何處去的問題等。「與此同時，由於全球日益統一，西方的思想、制度和技術正以不斷加快的速度傳遍全球。」[394] 正是由於全球性現代化進程，使中國少數民族人民，從一般民眾到鄉土精英人物，再到國家和民族的社會精英人物，都以特有的時代感和強烈的問題意識，生成了現代意識，出現了哲學自覺，其中包括有對西方文化霸權性格的反思和對自己民族傳統文化的再闡明，從而形成了各自民族的哲學自覺，並在 20 世紀 80 年代以後表現得特別明顯。

　　從理論思維自身發展的動力說，這種哲學自覺可以說同時來自國際與中國兩個方面。就中國而言，核心精神在於不滿足於當時的「中國哲學史」只是「中國的漢族哲學史」，因而強調從中國哲學史研究的現狀即可看出開展少數民族哲學研究的必要性，即豐富中國哲學史的內容，[395] 填補中國哲學史的空白，使中國哲學史成為各民族共有的中國哲學史，[396] 從而依據中國少數民族哲學史研究成果寫出一部從萌芽、形成到發展的內容全面、完整、系統的中國哲學史。[397] 就國際而言，目的在於彰顯中國少數民族哲學研究的國際意義，甚至本身就有一種中國少數民族哲學研究的世界化訴求，因為近百年來已有許多國家對中國少數民族進行了深入研究，如蒙古學在歐、亞、美等地區有 40 多個國家有專門研究機構，且自 1959 年 9 月以來已經開過多次國際

394　[美] 斯塔夫裡阿諾斯：《全球通史——1500 年以後的世界》，吳象嬰等譯，上海社會科學院出版社 1999 年版，第 781 頁。

395　吳德希、佟德富：《談談少數民族哲學研究》，《中央民族學院學報》1982 年第 1 期，第 57—60 頁。

396　佟德富：《中國少數民族哲學概論》，中央民族大學出版社 1997 年版，第 22—24 頁。

397　同上。

全球性現代化視域的中國少數民族哲學研究探析

蒙古學學者會議；對維吾爾族哲學的研究，特別是對《福樂智慧》的研究也十分活躍；其他如對藏、彝、傣、苗、土家、朝鮮、回等少數民族思想的研究，在國際上也很重視。正是基於這一國際視野，「從提高我國的國際威望和加強國際文化交流的角度著想，我們也有必要大力開展少數民族哲學思想的研究工作。而且，這樣做也有助於我們同各種錯誤觀點和反動宣傳作鬥爭，維護祖國的尊嚴」。[398]

從中國少數民族哲學自覺的表現說，可以說形成了一個基本趨勢，這就是由各少數民族成員自己書寫的各少數民族哲學史大量出現，併力求最終形成彙聚全部中國少數民族哲學的《中國少數民族哲學史》。具體表現在三個方面，一是研究的深入與成果的突出。據初步統計，從20世紀80年代以來，中國少數民族哲學研究在全國自然形成了北京、新疆、雲貴川地區、內蒙古地區、湘鄂渝地區五箇中心，其中內蒙古地區出版了《蒙古族哲學史》等著作或論文集達20多部，發表了包括蒙古族、滿族、朝鮮族、赫哲族、達斡爾族、鄂倫春族、鄂溫克族等民族哲學思想史論文100餘篇。新疆地區出版有《維吾爾族哲學思想史論》、《法拉比和他的哲學體系》及《維吾爾哲學史論集》等著作10餘部，發表了包括維吾爾族、哈薩克、俄羅斯族、塔塔爾族、錫伯族等民族哲學思想史論文50餘篇。雲貴川地區，四川出版有《南方少數民族哲學思想研究》、《涼山彝族哲學與社會思想史》等著作，發表了包括藏族、彝族、羌族等民族哲學思想史論文20餘篇；貴州出版有《苗族生成哲學研究》、《苗族哲學思想史》等著作，發表包括苗族、布依族、水族、瑤族、侗族等民族哲學思想史論文30餘篇；雲南出版《天、地、人——雲南少數民族哲學窺祕》等著作13部，發表了包括白族、彝族、納西族、傣族、哈尼族、景頗族、布朗族、獨龍族、佤族、拉祜族、普米族等民族哲學思想史論文100餘篇。北京地區出版了包括24個民族的通史性哲學著作《中國少數

---

398 佟德富：《中國少數民族哲學概論》，第22—24頁。

民族哲學史》，並從 1982 年開始在中央民族學院政治系哲學專業本科生中開設了「中國少數民族哲學」課程，出版了研究生教材《中國少數民族哲學概論》等，並出版了《中國少數民族哲學、宗教、儒學》等一批相關著作，發表了包括蒙古族、滿族、藏族、朝鮮族、壯族、維吾爾族、納西族、彝族等民族哲學論文 60 餘篇。湘鄂渝地區形成了《土家族哲學通史》等 8 部著作，發表了包括土家族、苗族、侗族等民族哲學思想的論文 40 餘篇。此外，藏族出版有《藏族生態倫理》、《藏族哲學思想史論集》等著作，發表了論文 40 餘篇；滿族出版有《滿族哲學思想研究》等著作，發表了論文 20 餘篇；回族出版有《伊斯蘭哲學史》、《伊斯蘭文化哲學》、《伊斯蘭哲學》等著作，發表了論文 90 餘篇；壯族出版有《壯族哲學思想史》等著作，發表了論文 40 餘篇。[399] 二是不少少數民族哲學研究都開始進入到了自覺的總結反思階段，出現了研究綜述一類總結性文獻，如何金山的《評近代蒙古族哲學思想研究》[400]、蕭洪恩的《20 世紀土家族哲學研究綜述》[401] 等，此外還形成了一批對中國少數民族哲學進行總體研究的論文，不僅著眼於總結成就、反思問題，而且面向未來，探索中國少數民族哲學自身的發展。[402] 三是謀求寫出包括全部中國少數民族哲學在內的《中國少數民族哲學史》，併力求匯通中華民族多元一體格局的思想關係[403]。總之，中國少數民族的哲學自覺，已在各方面得到

---

[399] 朝克等主編：《科學發展觀與民族地區發展研究》，Russian Buryat Scientific Cfenter Press，2010，第 2—6 頁。

[400] 何金山：《評內蒙古近代哲學思想研究》，《內蒙古社會科學》2001 年第 6 期，第 56—59 頁。

[401] 蕭洪恩：《20 世紀土家族哲學研究綜述》，《土家族研究五十年》，湖北人民出版社 2008 年版。

[402] 寶貴貞：《從合法性到新範式——中國少數民族哲學研究困境與出路》，《內蒙古師範大學學報》（哲學社會科學版）2009 年第 1 期，第 76—79 頁。

[403] 朝克等主編：《科學發展觀與民族地區發展研究》，Russian Buryat Scientific Cfenter Press，2010。

了彰顯。

　　問題還在於，光有自覺還只是初步的，深刻的問題在於如何自覺。綜合考稽20世紀80年代以來的中國少數民族哲學研究，事實上形成了不同的自覺路徑，筆者此前曾概括為範式說與文化內部構成說兩個方面，並提出了自己的哲學要素論證說。[404]有學者曾概括為要採取還是拒絕「以西解中（少）」、「以中解少」、「以少解少」的自覺？[405]但實際上，目前存在的是三類自覺方式：一類是傳統教科書範式，堅定地承認少數民族有自己的哲學並用傳統馬克思主義哲學原理理解模式和概念框架分析問題，筆者也曾有過這種嘗試。這種範式中還包括從教科書的哲學定義出發否認少數民族有自己的哲學，從而放棄在哲學意義上探究民族文化。[406]二類是生存論範式，即把哲學理解為「以某種文化樣式對關於自身存在的這種自我意識的表達」。[407]從這個意義上講，只要有人的存在，就會有某種形態的哲學存在。所以，少數民族哲學即「是存在於少數民族各種文化樣式或『文本』形式之中，以少數民族哲學理解和把握世界的各種獨特方式……為仲介，所反映出來的他們關於自身存在的自我意識，以及他們對『思維和存在關係問題』的思索和『覺解』」。[408]三類是思想權力說。寶貴貞即強調「哲學是一個民族思想的權力」。她以哲學是時代精神和民族精神的精華為前提，闡明特定時代、特定民族所特有的哲學

---

[404] 蕭洪恩：《土家族哲學成立的可能與現實》，《湖北民族學院學報》（哲學社會科學版）2004年第5期，第1—5頁。

[405] 張世保：《淺談少數民族哲學史的書寫方式——兼評蕭洪恩教授〈土家族哲學通史〉》，《社會轉型與土家族社會文化發展學術研討會論文集》，中國長陽，2010年，第521—526頁。

[406] 李兵、吳友軍：《少數民族哲學何以可能——兼論民族文化的哲學基礎》，《學術探索》2002年第3期，第14—16頁。

[407] 同上。

[408] 同上。

思想。[409]

　　筆者認為，由於中國少數民族哲學發展的特殊性，在全球性現代化背景下，應以哲學與生存體驗的關係來加以闡明，並堅持「以哲學史為中心的思想史研究」方法進行研究。這一方法可以說是石峻「寬領域哲學思想史研究」[410]的發展，特別是受到《哲學史研究中的純化和泛化》[411]的啟示。這裡涉及哲學史與思想史的關係，在中國少數民族哲學思想研究中，如何使哲學史研究更多地吸取思想史研究的內容，使「思」與「史」結合起來？開展「以哲學史為中心的思想史研究」應是馬克思主義哲學史觀的當代化，因而也應是中國少數民族哲學研究的正確方法。當然，還應強調的是，堅持「以哲學史為中心的思想史研究」，還應堅持「以少數民族文化為中心的地域文化研究，以少數民族思想為中心的區域思想研究」的方法；根據少數民族哲學發展的實際，還應以全球性現代化運動為社會背景，以西方哲學中國化與中國哲學現代化兩種哲學運動為哲學背景，以少數民族的傳統哲學與文化性格為歷史文化的背景，以少數民族地區的區域文化為地域文化背景等相結合的研究方法。[412]

三、全球性現代化背景下少數民族哲學研究的特殊價值

　　全球性現代化運動在使全球成為單一場所、形成所謂「地球村」的同時，也提出了全球性現代化運動中的一系列矛盾，其核心矛盾即是西方學者所提到的「普遍性的特殊化」與「特殊性的普遍化」的矛盾，即強調全球化的形成

409　寶貴貞：《從合法性到新範式——中國少數民族哲學研究困境與出路》，《內蒙古師範大學學報》（哲學社會科學版）2009 年第 1 期，第 76—79 頁。

410　《蒙古族哲學及社會思想史論稿》編委會編：《蒙古族哲學及社會思想史論稿》，內部資料，1982 年，第 1 頁。

411　蕭洪恩：《土家族哲學通史》，導言，人民出版社 2009 年版。

412　同蕭洪恩：《土家族哲學通史》，導言，人民出版社 2009 年版。

全球性現代化視域的中國少數民族哲學研究探析

過程本是一個世界的和民族的、全球的（global）和本土的（local，或譯在地的）、普遍的和特殊的兩者的矛盾展開過程，如羅伯森（R.Roberson）用全球在地化（glocalize，glocalization）來說明全球化是一個相對自主的雙向過程，其間存在著「普遍性的特殊化」和「特殊性的普遍化」的雙向互動；[413] 貝克（U.Beck）認為這是思維的悖論即自反性（reflexivity）[414]；吉登斯（A.Giddens）認為這是現代性的後果，即賦予物件與自己原來的理論、概念、論述以完全相反的性質。[415] 儘管這些西方學者各自的出發點不盡相同，但都力求揭示全球性現代化過程中的這一思想文化矛盾的特質。

全球性現代化運動是起源於西方的，它本身就是一個「特殊性的普遍化」過程，按羅伯森的理解，這一趨向意味著隨著全球性現代化運動引發的社會差異的擴大，特定群體為特定目的提出的主張具有合法性，如女權主義、民族主義等；意味著具有特定意義的實踐活動日益具有世界意義或影響，如麥當勞化等。同樣，當全球性現代化成為「全球性」時，也同時意味著「普遍性的特殊化」，如男女平等轉向從男女差異方面尋求，標準化與當地經驗結合等。正是由於這兩種趨向的統一，決定在全球性現代化運動中，從思想文化發展看，就既不可能是同質化的，也不應該是兩極或多極「對立」的。按照費孝通1993年在與日本學者的學術交流中所言，[416] 應該是「各美其美，美人之美，美美與共，天下大同」。[417] 當然，費孝通所說的只是一種理想的應然

413　[美] 羅蘭‧羅伯森：《全球化：社會理論與全球文化》，梁光嚴譯，上海人民出版社2000年版。

414　[德] 烏爾裡希‧貝克等：《自反性現代化》，趙文書譯，商務印書館2001年版。

415　[英] 安東尼‧吉登斯：《現代性的後果》，田禾譯，譯林出版社2000年版。

416　張榮華、費宗惠、費皖：《老來依然一書生》，群言出版社2004年版。

417　費孝通在日本召開的「東亞社會研究討論會」上做題為《人的研究在中國》的演講。會議結束時，他寫下「各美其美，美人之美，美美與共，天下大同」的題詞。

狀態，要達於實然，則還需要各民族作出艱苦的努力。

鴉片戰爭以後，為因應全球性現代化進程，中國少數民族被捲入了全球性現代化運動進程中。隨著現代化因素的增長，不僅中國少數民族傳統文化的活力得到釋放，轉化成民族地區社會變遷和思想發展的動因；而且，隨著國家的軍事鬥爭及軍事現代化進程，隨著作為現代市民社會基礎的商業生產力的發展及傳統農業的更進一步積累，新式教育等得以在民族地區推廣，從而在19世紀末20世紀初產生了各民族近現代知識份子，生成了各民族現代意識，於是在20世紀，各民族知識份子得以前赴後繼地探索著救國救民的真理，不斷地接受和闡釋體現著時代精神、民族形式和個人風格的新哲學，形成了20世紀的各民族思想者群體，他們的思考並不是傳統思想的簡單再現，而是體現了各民族從傳統社會向現代社會轉型過程中的整體的文化形態轉換，從而體現了西方哲學的中國化與中國少數民族傳統哲學的現代化兩種哲學運動及其相因關係，具有了「普遍性的特殊化」與「特殊性的普遍化」相結合的現代社會特徵。在這一轉變過程中，先進的少數民族知識份子以各種近現代哲學精神為核心，建構各民族20世紀的時代精神，鑄造各民族社會變遷的思想靈魂。也正是在這個意義上說，筆者並不滿足於中國少數民族哲學研究的功能主義視角，而強調中國少數民族哲學研究的目的在於哲學自身的發展，筆者率先在中國少數民族哲學界提出中國少數民族哲學的現代轉型問題，並發表一系列論文加以闡明，其意正在於此。[418] 這樣，在全球性現代化視野下，中國少數民族哲學研究的價值即轉化為兩個內在的關聯層面：「一方面，它應當將歷史思考與全球化進程聯繫起來，透過批判和反思使全球化進程參與歷史思考，將歷史思考轉化為該進程的一種文化生產力；另一方面，它同時還應當將歷史思考在全球化進程中的特殊任務清楚無誤地表達出來：

---

[418] 蕭洪恩：《20世紀上半葉土家族對儒家文化的反思與重構》，《武漢科技大學學報》2008年第3期，第9—15頁。

即讓作為歷史固有特性的眾多的獨特之處出現在該進程中（而不只是起反作用）。」[419] 也就是說，全球性現代化理論要求中國少數民族哲學研究與中國哲學研究、與外國哲學研究處於一種創造性的、開放性的關係之中，從而促成一種跨文化的交流和中國少數民族哲學自身的創造性轉化。

當然應當看到，這種跨文化交流和中國少數民族哲學自身的創造性轉化必須以哲學史研究為基礎。一方面，少數民族哲學思維作為少數民族對社會存在的反映，充分體現著各該民族的意識形態、生活方式和行為方式，因而首先應該把握其民族性。但另一方面，這也並不否認少數民族哲學中的一般性，只是由於「各個民族所占的地位，至少是在近代所占的地位，直到今天在我們的歷史哲學中都闡述得很不充分，或者更確切些說，還根本沒有加以闡述」。[420] 因此，不少學者都對哲學的民族性與普適性加以特別關注。[421] 結合上述所論的中國少數民族哲學研究的價值訴求，這種關注的根據至少可從兩個方面進行，並且可以從否認中國有哲學的黑格爾的思想中獲得啟示。一方面是「思維使靈魂首先成為精神。哲學只是對於這種內容、精神和精神的真理的意識，不過是意識到精神在使人異於禽獸並使宗教可能的本質性的形態裡」；[422] 另一方面是「我們可以在正確有據的意義下說，哲學的發展應歸功於經驗」，因為「哲學的發展實歸功於經驗科學，……哲學又能賦予科學以必然性的保證，使此種內容不僅是對於經驗中所發現的事實的信念，而且使經

---

419 [德] 約恩·呂森：《歷史思考的新途徑》，來炯等譯，上海人民出版社 2005 年版，第 6 頁。

420 馬克思、恩格斯：《馬克思恩格斯選集（第 1 卷）》，人民出版社 1995 年版，第 19 頁。

421 宋浩：《論哲學的民族性內涵》，《邊疆經濟與文化》2009 年第 6 期，第 43—44 頁。

422 [德] 黑格爾：《小邏輯》，賀麟譯，商務印書館 2003 年版，第 13 頁。

驗中的事實成為原始的完全自主的思維活動的說明和摹寫」。[423] 要之,應依據中國少數民族自身在全球性現代化背景下反思歷史、經歷現實,並透過「經驗」面向未來。

---

423 同上書,第54頁。

問道中國哲學
中國哲學史研究的現狀與前瞻（修訂版）

編　　著：	郭齊勇
發 行 人：	黃振庭
出 版 者：	崧燁文化事業有限公司
發 行 者：	崧燁文化事業有限公司
E - m a i l：	sonbookservice@gmail.com
粉 絲 頁：	https://www.facebook.com/sonbookss/
網　　址：	https://sonbook.net/
地　　址：	台北市中正區重慶南路一段六十一號八樓 815 室

Rm. 815, 8F., No.61, Sec. 1, Chongqing S. Rd., Zhongzheng Dist., Taipei City 100, Taiwan (R.O.C)

電　　話：	(02)2370-3310
傳　　真：	(02) 2388-1990
印　　刷：	京峯彩色印刷有限公司（京峰數位）

國家圖書館出版品預行編目資料

問道中國哲學：中國哲學史研究的現狀與前瞻 (修訂版) / 郭齊勇 編著 . -- 第一版 . -- 臺北市：崧燁文化事業有限公司 , 2021.06
　　面；　公分
POD 版
ISBN 978-986-516-651-9(平裝)
1. 中國哲學史
120.9　　110007097

電子書購買

臉書

- 版權聲明 -

本書版權為作者所有授權崧博出版事業有限公司獨家發行電子書及繁體書繁體字版。若有其他相關權利及授權需求請與本公司聯繫。
未經書面許可，不得複製、發行。

定　　價：410 元
發行日期：2021 年 06 月第一版
◎本書以 POD 印製